权威·前沿·原创

皮书系列为

“十二五”“十三五”“十四五”时期国家重点出版物出版专项规划项目

BLUE BOOK

智库成果出版与传播平台

青海蓝皮书
BLUE BOOK OF QINGHAI

2024年青海经济社会形势分析与预测

SOCIAL AND ECONOMIC CONDITIONS IN QINGHAI: ANALYSIS AND FORECAST (2024)

主　编／索端智
副主编／鄂崇荣

社会科学文献出版社
SOCIAL SCIENCES ACADEMIC PRESS (CHINA)

图书在版编目(CIP)数据

2024年青海经济社会形势分析与预测 / 索端智主编；鄂崇荣副主编. --北京：社会科学文献出版社，2024.3
（青海蓝皮书）
ISBN 978-7-5228-3249-4

Ⅰ.①2… Ⅱ.①索… ②鄂… Ⅲ.①区域经济-经济分析-青海-2023 ②社会分析-青海-2023 ③区域经济-经济预测-青海-2024 ④社会预测-青海-2024 Ⅳ.①F127.44

中国国家版本馆CIP数据核字（2023）第257082号

青海蓝皮书
2024年青海经济社会形势分析与预测

主　　编 / 索端智
副 主 编 / 鄂崇荣

出 版 人 / 冀祥德
责任编辑 / 薛铭洁　侯曦轩
责任印制 / 王京美

出　　版 / 社会科学文献出版社 · 皮书出版分社（010）59367127
地址：北京市北三环中路甲29号院华龙大厦　邮编：100029
网址：www.ssap.com.cn
发　　行 / 社会科学文献出版社（010）59367028
印　　装 / 天津千鹤文化传播有限公司

规　　格 / 开 本：787mm×1092mm　1/16
印 张：20.5　字 数：305千字
版　　次 / 2024年3月第1版　2024年3月第1次印刷
书　　号 / ISBN 978-7-5228-3249-4
定　　价 / 168.00元

读者服务电话：4008918866

2024年“青海蓝皮书”编委会

主要编撰者简介

索端智 博士，教授。青海省社会科学院党组书记、院长。兼任中国民族学学会副会长、中国西南民族研究学会常务副会长、教育部高等学校社会学学科教育指导委员会委员。长期从事藏学、民族学、人类学研究，先后主持完成国家社会科学基金项目“三江源生态移民研究”“青藏高原藏族游牧区公共服务研究”等多项课题，发表专业学术论文50余篇。

鄂崇荣 哲学博士，二级研究员。青海省社会科学院副院长。兼任青海省政协常委、民族和宗教委员会副主任，国家文化公园专家咨询委员会黄河组专家等。长期从事青海民族宗教、国家文化公园研究。独立、合作出版学术著作10部；主持完成国家重大项目子课题、一般项目和省部级项目8项。发表学术论文和报告80余篇，多篇论文被中国人民大学复印报刊资料、《北京大学学报》等期刊全文复印或观点摘编。

摘 要

《2024年青海经济社会形势分析与预测》是专题梳理和分析青海省改革发展的综合性年度研究报告，它以青海省经济、社会、生态等各领域的重大理论和现实问题为研究内容，真实、全面地反映青海经济社会发展形势。

本书由青海省社会科学院主编，由总报告、经济篇、社会篇、生态篇、特色篇等五个部分组成。

总报告，包含两篇文章，在对2023年青海省经济和社会发展总体情况分别阐述的基础上，结合省情实际对2024年青海经济社会发展趋势进行了预测，提出了具有可操作性的对策建议。总报告《2023~2024年青海经济发展形势分析与预测》认为，2023年以来，在疫情防控平稳转段后，我国经济总体呈明显向上向好修复态势，服务消费回升、货物消费回落的趋势较为明显，整体保持平稳向好发展总基调，前三季度经济运行平稳回升、发展质量不断提高。展望2024年，随着国家重大战略的实施，我国经济总体呈明显向上向好修复态势，在此背景下，青海抢抓机遇，经济稳定恢复的积极因素正在不断积累，全省经济有望温和回升，且增速逐步向趋势性增长水平回归。总报告《2023~2024年青海社会发展形势分析与预测》认为，2023年，青海坚持稳中求进工作总基调，统筹发展和稳定大局，大力推进生态文明高地建设，健全完善公共服务体系，统筹城乡区域协调发展，巩固拓展脱贫攻坚成果同乡村振兴有效衔接，法治建设和民族团结进步再上新台阶，社会建设水平显著提升。2024年，青海将通过扎实推进生态和环境保护、持续保障和改善民生福祉、全面推进乡村振兴重点工作、大力提升社会治理现代化水平等举措推动现代化新青海建设取得新成效。

经济篇，以展示2023年度青海经济发展状况为目标，重点围绕青海省“一带一路”建设、居民收入与消费形势、投资形势、税收收入形势、“国家级清洁能源产业高地”建设等进行了专题研究。社会篇，对2023年度青海省实施乡村振兴战略，文化、医疗卫生、教育事业发展状况，人才工作创新及社会治理情况等进行了较为全面的梳理。生态篇，立足省情特点，对青海生态文明建设、黄河流域生态保护、国家公园示范省建设、碳达峰碳中和目标等的实践进行了分析。特色篇，就六个现代化新青海建设、兰西城市群青海部分发展、对口援青工作发展、青海非物质文化遗产保护与传承、铸牢中华民族共同体意识等热点难点问题进行了研究。

关键词： 经济发展　社会发展　青海省

Abstract

The *Analysis and Forecast of Qinghai Economic and Social Situation in 2024* is a comprehensive annual research report focusing on the reform and development of Qinghai Province. It covers major theoretical and practical issues in various fields such as the economy, society, and ecology, providing a true and comprehensive reflection of the economic and social development situation in Qinghai.

This book is edited by the Qinghai Academy of Social Sciences and is divided into five parts: the General Reports, Economic Chapter, Social Chapter, Ecological Chapter, and Special Features Chapter.

The General Reports consist of two articles. On the basis of elaborating the overall economic and social development of Qinghai Province in 2023, it predicts the economic and social development trend of Qinghai Province in 2024 in combination with the actual situation of the province, and puts forward operational countermeasures and suggestions. The general report "Analysis and Forecast of Qinghai's Economic Development Situation from 2023 to 2024" believes that since 2023, after the steady turn of epidemic prevention and control, China's economy has shown an obvious upward trend of good repair, and the trend of service consumption rising and goods consumption falling is relatively obvious. The overall tone of steady and sound development was maintained. In the first three quarters, economic performance picked up steadily and the quality of development continued to improve. Looking forward to 2024, with the implementation of the national major strategy, China's economy as a whole shows a significant upward trend of good repair, in this context, Qinghai seized the opportunity, the positive factors of economic stability and recovery are accumulating, the province's economy is expected to moderate recovery, and the growth rate is gradually returning to the trend growth level. The general report "Analysis and Forecast of Qinghai's Social Development Situation from 2023 to 2024" believes that in 2023, Qinghai will adhere to the general tone of seeking progress while maintaining stability, coordinate the overall situation of development and stability, vigorously promote the construction of an ecological civilization highland, and improve the public service system. We coordinated development between urban and rural areas and between regions, consolidated and expanded the achievements in poverty alleviation and effectively connected them with rural revitalization, raised the rule of law and ethnic unity and progress to a new level, and significantly improved social development. In 2024, Qinghai will make new achievements in promoting the construction of a new modern Qinghai through measures such as steadily promoting ecological and environmental protection, continuously guaranteeing and improving people's livelihood and social welfare, comprehensively promoting the key work of rural revitalization, and vigorously improving the modernization level of social governance.

The Economic Chapter, with the goal of showing the economic development of Qinghai in 2023, focuses on the construction of the "Belt and Road" in Qinghai Province, residents' income and consumption situation, investment situation, tax situation, and the construction of national-level clean energy industry highland. In the Social Chapter, a more comprehensive review of the rural revitalization strategy of Qinghai Province in 2023, the development of culture, medical and health care, education, talent work innovation and social governance is carried out. Based on the characteristics of the province, Ecological Chapter analyzes the practice of ecological civilization construction in Qinghai Province, ecological protection in the Yellow River Basin, national park demonstration province construction, carbon peak carbon neutrality and so on. In the Special Features Chapter, the author researches on the construction of six new modern Qinghai provinces, the development of Qinghai part of Lanxi City Cluster, the development of Qinghai aid work, the protection and inheritance of Qinghai intangible cultural heritage, and the strengthening of the consciousness of the Chinese nation community.

Keywords: Economic Development; Social Development; Qinghai Province

目 录

Ⅰ 总报告

Ⅱ 经济篇

Ⅲ 社会篇

Ⅳ 生态篇

Ⅴ 特色篇

皮书数据库阅读使用指南

CONTENTS

I General Reports

II Economic Chapter

V Special Features Chapter

总报告

B.1
2023~2024年青海经济发展形势分析与预测

"青海经济发展形势分析与预测"课题组*

摘　要： 2023年以来，在疫情防控平稳转段后，我国经济总体呈明显向上向好修复态势，服务消费回升、货物消费回落的趋势较为明显，整体保持平稳向好发展总基调，前三季度经济运行平稳回升、发展质量不断提高。展望2024年，随着国家重大战略的实施，我国经济总体呈明显向上向好修复态势。在此背景下，青海抢抓机遇，经济稳定恢复的积极因素正在不断积累，全省经济有望温和回升，且增速逐步向趋势性增长水平回归。

关键词： 经济形势　高质量发展　青海省

---

* 课题组成员：杜青华，青海省社会科学院经济研究所所长、研究员，主要研究方向为宏观经济与政策选择；刘畅，青海省社会科学院经济研究所助理研究员，主要研究方向为城市经济；魏珍，青海省社会科学院经济研究所助理研究员，主要研究方向为区域经济；王礼宁，青海省社会科学院经济研究所助理研究员，主要研究方向为能源经济。

一　2023年青海经济运行基本态势

2023 年以来，在疫情防控平稳转段后，我国经济总体呈明显向上向好修复态势，服务消费回升、货物消费回落的趋势较为明显，整体保持平稳向好发展总基调。2023 年前三季度，青海省经济总体平稳、稳中有进、回升向好，生产供给稳中有升，市场需求持续改善，就业、物价总体稳定，高质量发展扎实推进。循环工业、高新技术产业、新兴服务业和生态农牧业发展取得显著成效。第一产业保持稳定增长，生态畜牧业、现代农业发展取得显著成效；第二产业科技创新水平不断提升，高新制造业、生物医药、新能源新材料等产业发展迅速；第三产业发展迅猛，成为引领高质量发展的重要驱动，具有青海特色的现代产业体系初步确立。

（一）经济运行整体呈向上修复态势，经济发展质量持续提升

2023 年前三季度，青海实现地区生产总值 2695.7 亿元，按可比价格计算，较上年同期增长 5.6%，经济运行整体呈现向上修复的主要趋势，但修复斜率趋于缓和。2023 年第一、第二、第三季度地区生产总值分别增长 5.1%、6.8%、5.6%，较全国水平高 0.6 个、0.5 个、0.7 个百分点，增速均高于全国。第一、第二季度青海经济向上修复的态势较为明显；进入第三季度，青海经济发展转入更多依靠内生动能推动的平稳修复期，经济修复斜率趋缓，增速较第二季度放缓 1.2 个百分点，较第一季度高 0.5 个百分点（见图 1）。①

分三次产业来看，2023 年前三季度，青海第一产业增加值 206.9 亿元，同比增长 4.2%，较前三年同期平均增速下降 0.8 个百分点，比 2019 年同期增速高出 0.7 个百分点，疫情影响减弱以来较快增长势头虽有所趋缓但较疫情之前仍呈现增长趋势；第二产业增加值 1127.9 亿元，同比增长 5.2%，较

① 资料来源：青海省统计局网站，http://tjj.qinghai.gov.cn/tjData/newData/index_ 1.html。

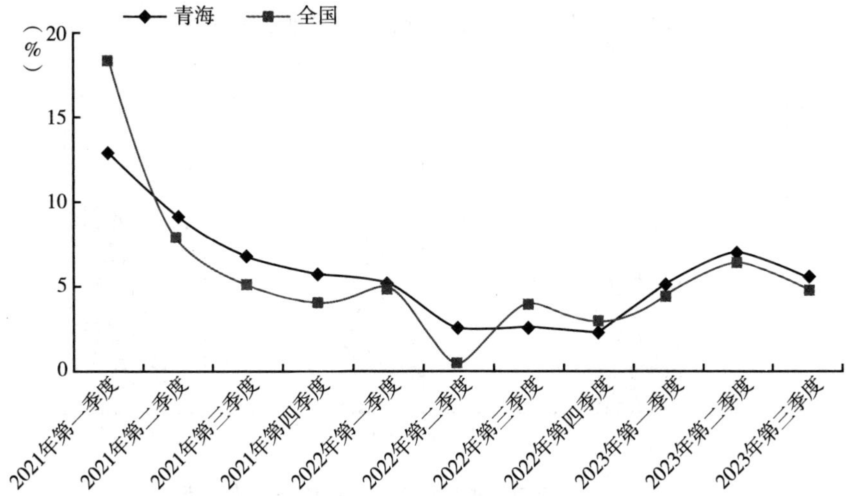

图1 2021年至2023年第三季度青海生产总值增速与全国生产总值增速比较

资料来源：青海省统计局。

前三年同期平均增速下降约4.2个百分点，比2019年同期增速低1.4个百分点，增速已由升转降；第三产业增加值1360.9亿元，同比增长6.2%，较前三年同期平均增速提高3.3个百分点，比2019年同期增速提升1.4个百分点，增速明显加快。总体来看，2023年前三季度，青海第一产业增速保持较快增长，第二产业增速回落，且低于疫情前水平，第三产业修复回升速度最快，较疫情期间提升效果显著，增速已基本恢复至疫情之前水平（见图2）。①

2023年，青海积极推行多项稳定就业、促进产业发展相关政策，对城乡居民就业及收入增长积极作用明显，居民收入呈现持续增长态势，基本与经济增长保持一致。前三季度，全省财政收入持续增长，居民收入稳步增加。全省一般公共预算收入452.1亿元，同比增长31.0%。全省全体居民人均可支配收入20180元，同比增长5.6%，增速比上半年增加0.3个百分点。城乡收入比由上年同期的2.87下降为2.77，缩小0.1。全省城镇新增就业

① 资料来源：青海省统计局网站，http://tjj.qinghai.gov.cn/tjData/newData/index_1.html。

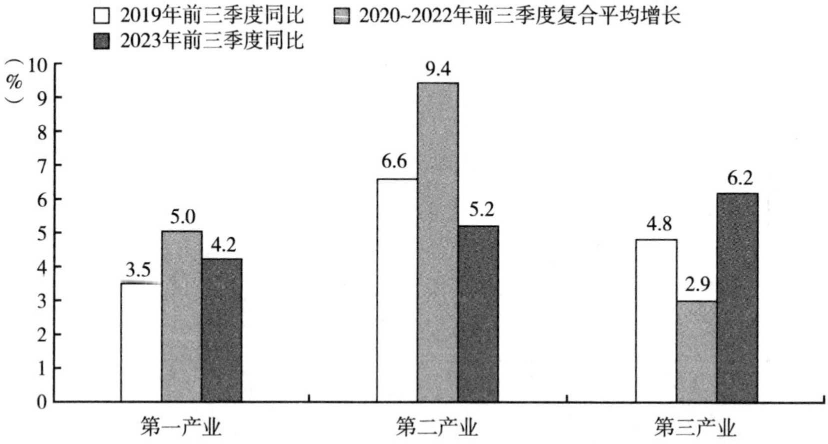

图 2　2023 年前三季度青海各次产业增加值增速与 2019 年同期、2020~2022 年同期平均水平对比

资料来源：根据青海省统计局公布数据计算所得。

5.5 万人，农牧区劳动力转移就业 104.2 万人次。农村居民人均可支配收入 10536 元，同比增长 7.8%，较上年同期提高 1.7 个百分点，增速高于全国平均水平 0.2 个百分点。主要得益于全省上下积极推进巩固拓展脱贫攻坚成果同乡村振兴有效衔接取得明显成效，对农牧民增收产生积极影响。

从消费市场相关指标来看，促消费政策持续发力，市场活力不断增强，消费需求稳步释放，消费品市场持续回暖。2023 年前三季度，全省实现社会消费品零售总额 728.8 亿元，同比增长 13.1%，增速较上半年提高 0.3 个百分点（见图 3）。批发业零售额 223.5 亿元，同比增长 8.9%；零售业零售额 444.5 亿元，增长 15.2%；住宿业、餐饮业分别实现零售额 8.4 亿元和 50.6 亿元，同比分别增长 13.0%和 14.1%。全省限额以上批发零售业大类商品中，化妆品类、金银珠宝类、书报杂志类等反映消费升级的商品零售额均保持增长。①

① 《青海省前三季度经济“成绩单”出炉：经济发展动力不断积聚 高质量发展稳步推进》，2023 年 10 月 22 日，青海新闻网。

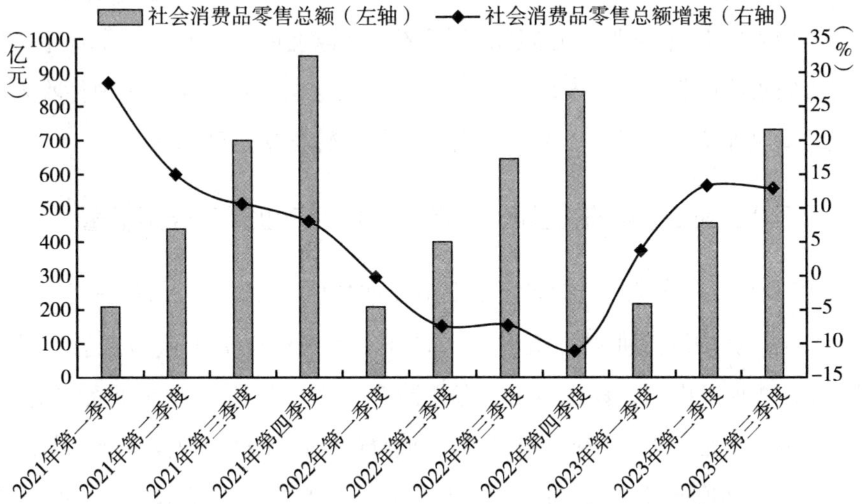

图3　2021~2023年第三季度青海社会消费品零售总额情况

资料来源：青海省统计局。

（二）农牧业基础作用不断夯实，打造绿色有机农畜产品输出地成效显著

2023年前三季度，全省围绕打造绿色有机农畜产品输出地，做优做强绿色有机农牧产业，多措并举加大投入，“非粮化”“非农化”整治取得积极成效，农业综合生产能力持续提升。蔬菜面积、产量实现“双增”，经济作物种植面积434.7万亩，增长2.5%，其中，蔬菜种植面积63.5万亩，增长0.9%；青饲料种植面积93.3万亩，增长20.0%。蔬菜、食用菌产量达118.2万吨，增长6.9%。牛、羊肉产量分别增长0.9%和6.3%。全省累计认证绿色食品、有机农产品和地理标志农产品1069个，其中地理标志农产品认证77个，全省农畜产品质量安全例行监测合格率达到98%。牦牛藏羊追溯体系覆盖39个县市，认证有机草原面积突破1.2亿亩，认证有机牦牛藏羊780万头（只），成为全国最大的有机畜牧业生产基地。牦牛、藏羊、油菜3个特色优势产业集群带动龙头企业、合作社规模化经营、集约化发展。都兰枸杞、

泽库牦牛、门源青稞油菜、共和藏羊等4个国家级现代农业产业园建设有序推进。累计创建15个农业产业强镇，创建省级及以上现代农业产业园33个。培育省级农牧业产业化联合体50个。培育国家级龙头企业3家和年销售收入超亿元的省级龙头企业5家，主要农畜产品加工转化率达到62%。①

（三）工业经济稳进提质，制造业、特色产业带动作用显著

2023年第三季度，全省规模以上工业增加值同比增长8.2%（见图4）。规模以上工业中制造业增加值增长12.2%，占规模以上工业增加值比重为73.2%，贡献突出。计算机通信、有色冶金、医药制造业等行业支撑增长。电力、黑色冶金、非金属矿物制品等行业降幅持续收窄。规模以上工业高技术制造业增加值同比增长78.9%，装备制造业增加值同比增长77.3%，占规模以上工业增加值的比重均超27.0%，比重同比分别提高9.6个、9.5个百分点。新能源产业、生物产业增加值分别为99.4%和19.7%。特色产品中单晶硅、多晶硅、碳纤维等产量均成倍增长，碳酸锂、中成药、太阳能电池均两位数增长。全省固定资产投资中，工业投资增长10.7%，增速较上半年提高8.4个百分点，占全省投资比重的47.3%。高技术服务业、高技术制造业投资增速较上半年均有所提高，战略性新兴产业投资增长1.9%，由第一季度下降转为增长。盐湖化工产业投资增长80.1%，保持快速增长势头。

清洁能源发展方面，推动形成了土地、生态、价格、金融、技术等全方位支持清洁能源发展的良好局面。以零碳品牌汇聚绿色发展动能，建立园区绿电溯源认证、碳排放实时监测平台。以100%绿电巨大影响为基础，建设中国（青海）零碳产业园区，推动亚洲硅业等一批新型载能项目落地。新能源同比增长99.4%，全省规模以上企业增加值增速提高了14.6个百分点。单晶硅增长1.5倍，多晶硅增长3倍，太阳能电池增长71.9%。② 盐湖化工

① 《青海省前三季度经济“成绩单”出炉：经济发展动力不断积聚 高质量发展稳步推进》，2023年10月22日，青海新闻网。

② 《工业经济“压舱石”进一步彰显 新兴产业挑起经济发展“大梁”——青海前三季度经济亮点观察》，2023年10月27日，青海新闻网。

产业发展方面，持续推进世界级盐湖产业基地建设，钾、钠、镁、锂产业协同发展，产业集群持续壮大。

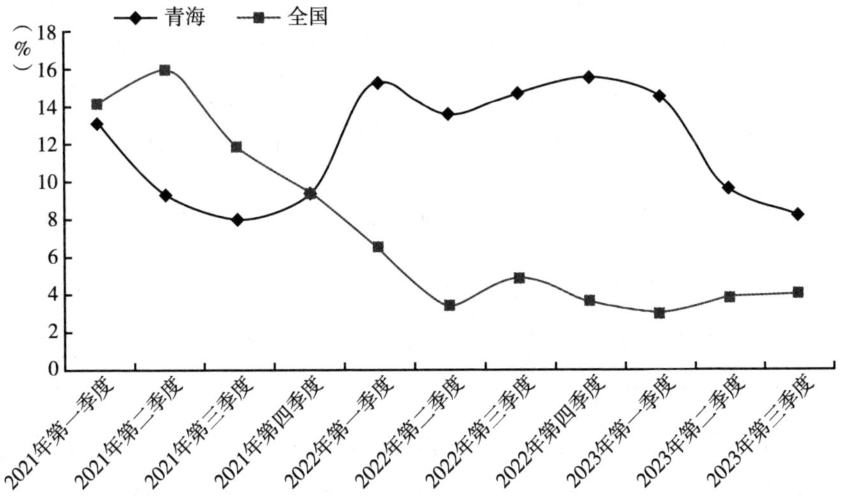

图 4　2021 年至 2023 年第三季度青海规模以上工业增加值增速

资料来源：青海省统计局。

（四）服务业加快回温，旅游业增长势头强劲

2023 年以来，随着社会经济恢复常态化运行，以及在一系列稳增长措施的带动下，全省服务业加快复苏，交通运输、住宿餐饮等接触型、聚集型服务业恢复明显，金融信贷业支撑稳定，邮政电信业快速增长，旅游业持续升温，为全省经济发展注入活力。

2023 年前三季度，全省服务业增加值同比增长 6.2%，对全省经济的贡献率达 56.3%。其中，全省金融业增加值 222.4 亿元，同比增长 4.8%，增速比上半年快 0.4 个百分点；交通运输、仓储邮政业增加值 146.8 亿元，同比增长 16.8%。全省完成货运量 1.68 亿吨，同比增长 17.6%。全省接待游客人数 3938.2 万人次，同比增长 99.2%；实现旅游总收入 375.7 亿元，增长 1.7 倍。全省有 A 级旅游景区 160 家，国家级生态旅游示范区 3 家、全域旅游示范区 2 家，省级旅游度假区 10 家、全域旅游示范区 17 家、休闲街区 17 家。国家级文化产业示范基地 10 家，国家文化和旅游消费试点城市 2 个、夜间消费集聚区 2 个，省级文化旅游产业示范基地 103 家，文化旅游企业 9000 余家，省级民族手工艺品加工生产扶贫基地 191 家。黄南州、西宁市入选国家文化和旅游消费试点城市，唐道·637 商业综合体、力盟商业巷步行街入选国家级夜间文化和旅游消费集聚区，旅游承载力显著提升。①

（五）出口产品呈现多元化发展局面，对外贸易稳定向好发展

2023 年前三季度，青海省进出口总值 34.5 亿元，同比增长 19.7%（见图 5），其中，出口增长 13.5%、进口增长 29%。进出口、出口、进口增速分别高出同期全国平均水平 19.9 个、12.9 个和 30.2 个百分点。有进出口实绩的外贸企业 165 家，其中，民营企业进出口 17.9 亿元，占全省进出口总值的 51.9%，外商投资企业进出口 0.7 亿元，同比增长 17%。

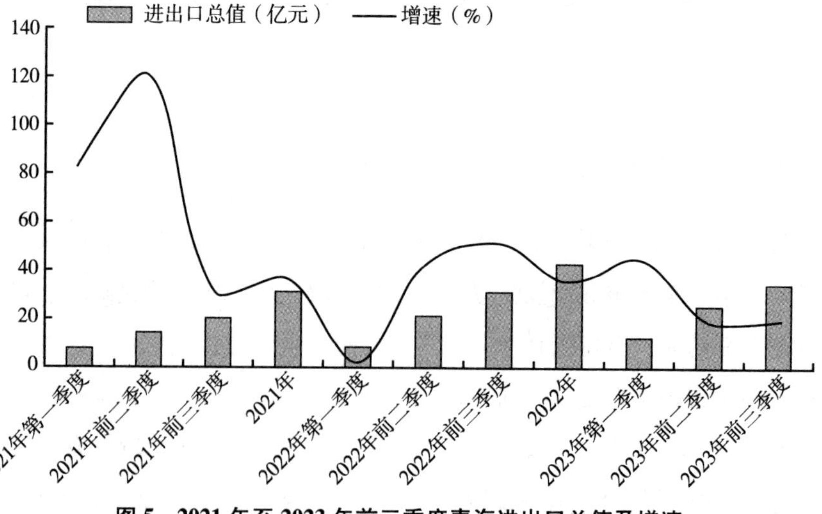

图 5　2021 年至 2023 年前三季度青海进出口总值及增速

资料来源：青海省统计局。

① 《青海省前三季度经济“成绩单”出炉：经济发展动力不断积聚 高质量发展稳步推进》，2023 年 10 月 22 日，青海新闻网。

“专精特新”企业进出口 2 亿元，同比增长 72.8%。对共建“一带一路”国家进出口 22.8 亿元，同比增长 15%，占全省进出口总值的比重达到了 66.1%。共与 105 个国家（地区）有贸易往来，新增蒙古、阿根廷、科特迪瓦、波多黎各等 21 个贸易伙伴。太阳能电池出口增长明显，磷酸铁锂、金属锂等锂电材料出口 1.5 亿元。特色农产品出口 1.4 亿元，同比增长 16.1%，其中，冬虫夏草出口增幅 76.3%，枸杞出口增幅 3.1%。

由国家电投集团黄河上游水电开发有限责任公司研发的 IBC 电池组件在 2023“一带一路”清洁能源发展论坛上获颁 EPD 体系认证证书，该证书是青海省获得的首份国际 EPD 认证证书，在清洁能源产业高地建设和清洁能源企业外向型发展方面均是显著突破。2023 年，青海农畜产品进出口品类增加，西宁曹家堡机场海关为首批从哈萨克斯坦进口的苜蓿草办理通关验放手续，并由青海曹家堡保税物流中心（B 型）出区进入国内市场。在引进优质饲料保障海东畜牧企业需求的同时，也是发挥中亚班列回程优势的有益探索。从 6 月开始，青海累计供应粤港澳大湾区包括冷生菜、苦菜薹、火焰参、羽衣甘蓝等品类在内的凉蔬菜达 3.82 万吨，产值超过 1.14 亿元。穿心莲粉实现首次出口，出口农产品的市场影响力进一步提升。[①]

二　青海经济发展面临的主要困难

2023 年，随着新冠疫情防控取得重大决定性胜利，其对宏观经济的影响也在逐渐消退，市场预期加快好转，各项先行指标呈现持续向好趋势，全国经济企稳回升，经济增长动能持续增强，高质量发展的步伐稳健。但目前国际经济深刻变化，不稳定性增强，不确定性增多，全球产业链供应链面临重构，全国经济运行面临诸多压力与困难。从青海的发展情况来看，前三季度经济持续恢复，发展质量进一步提高，特别是多项重大项目加速推进，工业经济企稳向好。但在外部环境不断变化、市场需求减弱、原材料价格回落

① 资料来源：西宁海关。

的环境下，全省经济恢复的基础尚不牢固，投资支撑乏力、民间投资信心不足、消费倾向降低、房地产市场表现低迷等因素，制约着生产恢复和效益提升。长期来看，青海在推动经济实现质的有效提升和量的合理增长方面机遇与挑战并存。

（一）投资增长不及预期，民间投资活力不足

投资是经济增长的基本动力。2020 年以来，受新冠疫情及经济恢复发展中的多重矛盾问题影响，全省经济下行压力增大，投资活动受到严重干扰，市场主体预期普遍较弱、观望情绪浓厚、扩产积极性不高、投资信心不足。2020~2022 年，全省固定资产投资增速明显回落，转正为负。2023 年第一季度，随着经济快速复苏，项目复工复产，全省固定资产投资开局较好，但受需求收缩、预期转弱等多重因素制约，第二季度增速有所回落，自 6 月起，全省 500 万元及以上固定资产投资连续 4 个月负增长。1~9 月全省固定资产投资增速为-7.9%，较上年同期下降 9.7 个百分点，除第二产业外，第一、第三产业投资降幅明显，第三产业降幅超 20%。受用工、物流、资本要素等方面成本上升因素影响，民营企业预期收益降低，企业对项目投资意愿低，民间投资持续走低，增速低于全部投资，1~9 月较上年同期下降 16.8%，7 月以来已连续 3 个月降幅超过两位数。房地产开发投资降幅大，市场低迷，1~9 月房地产开发投资下降 36.0%，7 月以来降幅均在 30%左右，房地产开发投资下行态势短期内难以回升。全年全省固定资产投资增速预期不及 2022 年水平。①

（二）消费市场冲击明显，人均消费强度低

2020 年以来，受新冠疫情影响，全省消费市场受冲击明显，各类聚集性、流动性强的消费行业受到极大冲击。特别是 2022 年疫情经历几轮反复，全年社会消费品零售总额较 2021 年下降 11.2%，为近五年来最高降幅。

① 资料来源：青海省统计局。

2023年前三季度消费市场虽恢复较快，但人均消费支出强度低，旅游景区、综合商业体均表现出“人流量高、人均消费低”的特征。从全省金融机构人民币各项存贷款情况来看，居民的储蓄意愿居高不下，前三季度住户存款增速均保持在两位数，居民消费倾向降低，消费支出被进一步缩减。从消费增长的基础来看，受经济下行、部分商业经营困难等影响，灵活就业人员、中小企业主等部分居民收入下降，对未来的不确定性和担忧增多，2023年前三季度，全省全体居民人均可支配收入20180元，仅为全国平均水平的68.6%，低于2021年同期69.1%的水平，居民收入低导致消费稳定增长基础薄弱，居民消费意愿受到制约，消费潜力难以激发。

（三）财政收支存在矛盾，支出保障压力缓解难

由于经济恢复需要过渡期，在财政收入方面，地方收入增长存在较大不确定性。且在中央持续规范财政转移支付政策和分配办法的背景下，青海人口、经济、财政供养等因素相对固定，争取转移支付存在一定困难。在政策性支出方面，规范机关事业单位工资津贴补贴政策实施后配套的社保缴费将明显增长，国家统一提高基本养老金以及城乡居民基本医疗保险财政补助标准，这些都需财政予以保障。在债务性支出方面，全省法定债务余额逐年攀升，相应还本付息逐年增加，如期完成既定的隐性债务化解任务都需安排大量财政资金。在项目性支出方面，稳住经济发展需要保持必要的财政支出强度，打造“高地”、建设“四地”项目资金需求旺盛，生态保护、公共服务、区域协调发展等方面还有许多短板需要财政弥补，财政收支矛盾日益突出。

（四）金融服务供给不充分、结构不均衡

首先，青海金融供给结构与经济多元化需求还不够匹配，经济社会发展主要依赖信贷融资，且贷款的行业和地区集中度偏高。多层次资本市场发展存在短板，上市挂牌公司少，直接融资占比依然偏低。其次，金融发展不平衡、不充分。青海金融服务供给城乡、区域、大中型企业与小微企业获得金融要素支持的差别较大。在市场总体需求不高和生产要素价格走高、出厂价

格回落等因素影响下，企业盈利能力受到压缩，停运负荷加重，总体发展呈低迷状态。金融支持实体经济发展的力度仍不足，民营企业和小微企业等领域的金融支持力度仍远远不够，融资难、融资贵问题仍较突出。金融领域风险突出的主要原因在于结构性、体制性问题难以在短期内得到有效解决，金融风险防控压力仍将持续增大。最后，地方法人金融机构较少，资本实力及竞争力不强、市场化程度不高。地方法人金融机构和地方金融组织资本规模普遍较小、人才资源相对匮乏、业务创新能力较弱。

（五）外贸规模实力偏弱，市场主体活力有待提升

青海对外贸易总量偏小、结构不优。和全国及西北其他省区相比，青海民营外贸企业进出口份额不高、波动较大，市场主体活力有待进一步增强。对外贸易发展呈现出区域间的不均衡状态，西宁市（含西宁经济开发区）占据了全省进出口总值的2/3。从全省出口商品结构来看，出口份额大幅下降，硅铁、铝材等缺乏科技含量、附加值低的产品占了较大比重。高新技术产品出口额增长缓慢，新能源、新材料、盐湖化工、高原绿色农畜产品、文化产品等新领域特色产品仍处于培育阶段，产业优势尚未得到充分发挥，短期内无法为提升青海外贸水平作出贡献。从外商投资来看，青海外商投资以中小投资者为主，缺少出口型、高科技型和长线性、战略性投资项目，且受国际投资环境变化、企业风险防控能力弱等因素影响，投资底气不足、动力不强、规模不大。

三　2024年青海经济发展形势分析与预测

2023 年以来，全球经济形势仍然错综复杂，共建“一带一路”的中东、中亚、非洲等地区的部分国家存在政局动荡的可能，世界政局仍存在不确定性。从国内看，随着国家重大战略的实施，我国经济总体呈明显向上向好修复态势，在此背景下，青海抢抓机遇，经济稳定恢复的积极因素正在不断积累，全省经济有望温和回升，且增速逐步向趋势性增长水平回归。

（一）发展环境分析

1. 我国经济正处在服务业修复的顺风与全球对制造业产品需求下降的逆风叠加影响的特殊时期，青海对外贸易面临结构调整的窗口期

当前，全球经济结构仍处在恢复阶段，服务消费替代货物消费的态势较为明显。在新冠疫情影响消退的背景下，全球消费重心从商品向服务转换仍未结束，同时以发达国家为中心的货币紧缩对商品消费也形成了一定抑制作用。商品需求不足导致全球制造业景气度低迷。分地区来看，在全球29个主要国家和地区中，七成国家制造业PMI低于50，企业活动萎缩。电子产品和化工产品订单持续低迷，在全球制造业需求下行过程中，我国货物出口将持续面临一定压力。青海长期以来对外贸易的95%以上均为一般贸易，服务贸易发展水平滞后，全球制造业发展低迷为青海探索服务贸易发展、深入开展对外文化交流提供“窗口期”。

2. 从国内环境来看，我国经济有望呈现温和上升态势，青海服务业发展有望快速回温

2023年7月下旬召开的中央政治局会议指出，当前我国经济运行面临新的困难和挑战，主要是国内需求不足，一些企业经营困难，重点领域风险隐患较多，外部环境复杂严峻；会议同时强调，加大宏观政策调控力度，着力扩大内需、提振信心、防范风险，不断推动经济运行持续好转、内生动力持续增强、社会预期持续改善、风险隐患持续化解。从近期政策变动情况看，包括北上广深在内的全国一些核心城市陆续调整优化了房地产政策。随着这些政策调整效果的逐步显现，下半年我国经济有望呈现温和上升态势。

从一些经济指标的走势看，服务业特别是接触型、聚集型服务业明显回升，但同时受全球制造业产品供需缺口收缩影响，我国货物出口已由前三年的大幅增长转为较快回落。目前，我国经济正处在服务业修复的顺风与全球对制造业产品需求下降的逆风叠加影响的特殊时期，经济发展既有一些行业向上修复的动能，也有一些行业周期性下行的压力。青海在融入国家发展大局的过程中，应紧密结合“四地”产业部署，发挥特色产业优势，实现错位发展。

（二）主要发展目标预测

2024 年，在贯彻落实“四地”建设要求的基础上，以产业生态化、生态产业化发展为核心，围绕盐湖化工、生物医药、清洁能源、绿色有机农业、跨境电商、会展经济、数字经济等特色产业、战略性新兴产业、高新技术产业，打造产业发展先导区、示范区应当是今后青海经济发展的主要趋势。

1. 我国经济有望继续温和回升

2023 年初，由于前期积压的部分需求得到集中释放，我国消费修复的斜率较为陡峭，进入第二季度消费修复的斜率开始趋缓。2023 年第一季度，青海社会消费品零售总额同比增长 3.6%，1~7 月，青海社会消费品零售总额同比增长 10.9%，前三季度该指标增长速度进一步提升至 13.1%，增速显著加快。基础设施投资，在前几年基数抬升的情况下，累计同比增速可能有所下降；房地产投资可能仍将维持较大负增长，成为拖累投资增长的主要因素；制造业投资虽有一定韧性，但累计同比增速也将处于稳中有降的状态。外需方面，在海外需求总体收缩和上年同期基数抬升的情况下，下半年我国外贸出口可能会持续一段时间负增长，从青海的具体情况来看，青海外贸体量小，出口产品相对单一，具备一定开拓新市场的能力。综合青海投资、消费、进出口三指标的现实情况，预计青海 2023 年可以实现全年 5%的经济增长目标，并且这一态势将延续至 2024 年，增长目标实现情况有望略高于全国整体水平。

2. 城镇调查失业率可能缓慢趋降

2023 年 2 月以来，随着我国疫情防控较快平稳转段，我国服务业特别是需要人员密接的服务业得到较快修复，这带来了我国城镇调查失业率的下降。2023 年前三季度，青海城镇调查失业率维持在 5.6%的水平。虽然青海统计局未公布 2023 年以来的青年人口调查失业率，但按照往年的季节性规律，在高校毕业生大量进入劳动力市场后，青年人口调查失业率在7月会达到年内高峰，8月以后则会逐步走低，从而带动整体城镇调查失业率的下降。同时，随着国家及省级层面稳就业政策在下半年逐步落地见效，预计我国城镇调查失业率可能会缓慢趋降。

3. 居民收入增长预期有待完全修复

当前，我国经济已全面转入常态化修复阶段，居民消费将更多基于就业和收入（包括收入预期）增长状况，企业投资则更多基于市场前景和投资信心。2023年以来，我国居民可支配收入名义增速预期值连续两个季度回升，第三季度已回升至5.6%，这带动了居民消费率的提高；但目前居民可支配收入名义增速预期值仍大幅低于疫情前的水平，这制约了居民消费增长。同时，居民购房支出往往需要未来收入进行偿还，因此收入增长预期离疫情前仍有相当大差距，这将从根本上制约短期内房地产销售的企稳，如果考虑人口增长及结构变化这些长期因素，房地产承受的压力将更大。未来一段时间，居民收入增长预期和居民可支配收入占GDP比重的变动仍需持续关注。

4. 服务业支撑能力明显提升

近年来，青海的产业结构已经从“二三一”模式转变为“三二一”模式，第三产业对经济的贡献度不断提升，成为全省经济拉动的主要动力。随着疫情防控取得重大胜利，第三产业将快速恢复，旅游市场活力也将逐步释放，从而带动和重塑全省酒店、景区、交通、餐饮、娱乐等新业态。随着旅游业的逐步复苏、接待游客数量的有效增长，服务业也将迎来新的发展窗口期。金融业、邮政电信业务也将保持稳定的增长态势，2024年，第三产业发展曲线有望矫正回疫情前发展区间。自2023年疫情对青海经济社会发展的影响逐步减弱以来，接触型与聚集型服务业发展具备良好条件，在恢复速度方面明显快于其他领域。此外，由于要素流动效率和流动频率的提升，经济活动更加活跃，对相关服务业的带动作用明显增强，从旅游市场来看，前三季度接待游客数为上年同期的近2倍，带动文化演出、电影票房、体育活动等城市文娱活动增长明显加快。此外，创新驱动、数字经济赋能服务业发展作用更加明显，线上线下融合速度更快、效率更高，网上零售、直播带货等新服务模式呈现较快增长。

四　促进青海经济发展的对策建议

2023 年以来，青海省以习近平新时代中国特色社会主义思想为指导，坚持稳中求进工作总基调，经济基本盘稳中向好，消费需求持续回暖，民生福祉持续改善，经济运行呈现回升向好态势。2024 年，青海将继续以高质量发展为主线，在稳供给、扩内需等方面持续发力，进一步巩固经济基础，构建富有青海特色的现代产业体系，推动一、二、三产业深度融合，持续推动经济绿色低碳发展，发展外向型经济，扎实推进共同富裕，全面推进乡村振兴，奋力谱写全面建设社会主义现代化国家的青海篇章。

（一）扩大有效投资，持续激发民间投资活力

一是围绕 2023 年初制定的全省项目投资攻坚行动，抢抓经济企稳向好关键期和政策红利窗口期，积极争取中央预算内资金、专项资金和地方债券资金支持，用足用好政策性开发性金融工具，支持制造业、基础设施、绿色发展等领域和薄弱环节投资，强化重大项目谋划，确保重大项目接续有力，最大限度释放叠加效应，加快形成投资实物工作量，发挥有效投资对经济发展的巨大推动作用。二是释放积极信号，优化投资环境，规范和引导资本健康发展，夯实民间投资信心。扩宽投资行业领域，破除制约民间投资参与市场竞争的障碍。引导企业在发展中找准定位，发现新的增长点，提高投资的科学性、精准性，鼓励企业组成联合体共同投资、建设运营重大产业、基础设施等项目，努力促进民间投资回稳，夯实高质量投资基础，为经济增长提供源源不断的动力。三是持续推进“保交楼”“保民生”“保稳定”工作，稳妥化解房企资金链断裂风险，满足合理融资需求，提升房企信心，加强对房地产企业运营状况和项目建设情况的跟踪监测，确保在建项目顺利推进，房地产市场平稳运行。

（二）深挖消费潜能，提振消费信心

一是加快消费市场扩容提质，将扩大内需与深化供给侧结构性改革有机结合，加大对商贸、旅游、餐饮住宿等实体经济的帮扶，改善消费环境，规范市场秩序，丰富产品供给，精准识别需求群体和潜在消费群体，持续改善居民消费预期，完善城乡不同层级消费载体，持续提振旅游市场消费活力，鼓励消费场景创新，存量上提质、增量上做优。二是出台汽车、家电、家具等大宗商品消费补贴政策，针对受疫情影响严重的基础性消费、聚集性消费，开展个性化、多元化、多层次的促消费活动，多渠道、多种类提供消费服务，进一步释放农村消费潜能。三是保证消费基础，促进居民收入稳定增长，关注就业困难人员、农民工等重点人群的就业问题，稳步提高低收入群体的收入水平，进一步激发消费意愿，实现促消费与稳就业良性互动。

（三）着力加强对接机制建设，大力推进经贸产业合作

一是加强合作机制建设，强化地方合作。加强和与青海具有产能互补性和有青字号产品需求的国家和地区的沟通协调，鼓励全省各市州借助友城平台，全面落实友好省、友好城市关系建设，加强双多边友城合作机制建设，探索共同制订青海与相关国家地区产业合作的早期收获计划，以农业、旅游、能源、矿产、交通及跨境经济合作区建设等为重点，分批次、分阶段有序推进项目建设，并通过重点项目形成示范与带动效应。

二是推动差异化国际产能合作。鼓励青海盐湖化工、光伏光热、新材料、高原特色农牧、藏医药等优势产能走出去，支持交通、电力等领军企业积极参与国际工程承包，不断拓展海外发展空间。强化产业合作的针对性和精准性，有针对性地选择合作潜力巨大、前景良好的国家和地区就特色优势产业合作展开建设性对话，持续拓宽合作领域。支持青海企业联合周边省区企业在“一带一路”各类合作框架内围绕水利水电、盐湖化工、新能源、特色轻工、生物制品等领域开展对外投资合作，打造一批外贸转型升级专业型示范基地。

三是加快高标准市场体系建设，推动公共资源交易平台整合。健全现代流通网络，完善市场信息交互渠道，争取国家支持兰西城市群要素市场化配置综合改革试点，签署兰西城市群甘青合作框架协议，制定共建工作要点，抓好重点项目和重要事项落实。持续优化营商环境，出台降低市场主体制度性交易成本工作方案，完善涉企收费项目清单，复制推广营商环境创新试点改革举措，持续开展突出问题专项治理。积极融入“一带一路”建设，落实外资准入负面清单，持续优化外商投资便利度。协力推动中欧班列和铁海联运班列常态化运行。

（四）强化产业支撑，助推盐湖产业基地、清洁能源产业高地协同发展

聚力增强企业活力、完善创新体系、培育先进制造业集群、推动制造方式转型、完善和优化产业链、优化制造业发展环境，全力实施创新引领、集群培育、绿色发展、企业培育、品牌质量、开放合作等工程，推动产业规模和质量提升。建设世界级盐湖产业基地，出台钾肥扩能发展规划、推动多让中国粮用上青海钾肥行动方案，推进金属镁一体化项目电解槽技术改造，进一步扩大碳酸锂生产能力，继续支持相关创新平台建设。打造国家清洁能源产业高地，第一批大基地建成并网、第二批全面开工，加快羊曲、玛尔挡水电站建设，力争李家峡扩机并网发电，开工建设哇让、同德、南山口、玛沁抽水蓄能项目，力争建成压缩空气储能、氢能等示范项目。组织实施一批省级重大重点科技创新项目，加大深层卤水开采、废旧锂离子电池回收等一批关键技术攻关。积极筹建国家盐湖资源综合利用技术创新中心，引导有条件的企业积极创建省级企业技术中心、制造业创新中心，为产业发展提供技术支撑。以源网荷储一体化建设为依托，打造新能源应用与制造垂直一体化发展新模式，抢抓氢能产业发展机遇，推进氢能相关示范项目落地实施。全力实施海西州清洁供暖试点城市及同德、贵南等清洁供暖示范县建设，持续推动试点扩面。

（五）提升旅游承载力，加快国际生态旅游目的地建设取得实效

打造国际生态旅游目的地，实施一批旅游基础设施、文物保护展陈中心等项目，推进黄河、长江、长城、长征国家文化公园青海段建设。加快完善服务标准和规范，大力发展节约资源、保护环境、节能低碳、主客共享的绿色旅游，积极培育生态、红色、冰雪、文博、研学等文旅新业态。将文艺创作、文化场馆、考古基地、非遗场所等各类文化资源融入环线建设，优化推出东部、南部、西部、北部生态旅游精品线路。协调整合农业农村、住建、交通、卫健、林草等部门优势资源，支持重点地区、村镇发展乡村旅游、康养旅游、休闲旅游、度假旅游，推进生态旅游特许经营试点，打造生态旅游风景廊道，完善生态旅游服务体系。推出更多定制化旅游产品、线路，开发体验性强、互动性强的旅游项目，更好满足大众旅游特色化、多层次需求。着力推动文化产业转型升级，健全现代文化产业体系、现代文化和旅游市场体系，推进文化产业和旅游产业融合发展示范区、文化和旅游消费试点城市、国家级夜间文化和旅游消费集聚区建设，推动文化产业数字化发展。坚持查处与激励并举、“当下改”与“长久立”并重、目标与结果相统一，加强旅游市场硬核监管，常态化开展旅游市场秩序整治提升行动，坚决打击各类违规违法行为，精心维护大美青海形象。着力推进对外文化交流和旅游推广，积极借助文化和旅游部驻外及驻港机构优势，通过部省合作，开展港澳台和海外市场推介、视频联展、线上展播、文化旅游节等系列活动。

（六）着力优化人才结构，推动实现高质量充分就业

高标准推动科技创新，加快国家和省级高新区建设，打造创新驱动示范区，推动科技成果转化。加大优势创新团队培养，深化职业院校体制改革，夯实科技创新人才基础。围绕打造生态文明高地和建设产业“四地”，实施更加开放的人才政策，构建充分体现创新要素价值的收益分配机制。推进人才服务体系建设，加强人才服务信息化建设，全面落实人力资源服务业高质量发展政策措施，优化人才队伍结构，统筹组织各类专家服务基层活动，积

极引导专家人才向省内、向基层一线柔性流动。实施创新创业、高技能、乡村振兴、社会工作等类型人才培养工程，加强创新型、应用型、技能型人才队伍建设，搭建更多青年人才施展才华的舞台。优化学科专业设置、招生结构和培养模式，实施知识更新工程、技能提升行动，支持企业与高校、职校联合培养开发人才。实施急需紧缺人才集聚工程，加大急需紧缺专业人才培养力度，推动产业工人队伍建设，壮大高水平工程师和高技能人才队伍。鼓励和推进订单培养，实现产教融合、协同育人。

参考文献

申现杰、肖金成：《国际区域经济合作新形势与我国“一带一路”合作战略》，《宏观经济研究》2014 年第 11 期。

刘伟、苏剑：《“新常态”下的中国宏观调控》，《经济科学》2014 年第 4 期。

蔡昉、李雪松、陆旸：《中国经济将回归怎样的常态》，《中共中央党校（国家行政学院）学报》2023 年第 1 期。

黄群慧：《稳定和扩大内需是当前经济工作重点》，《中国国情国力》2023 年第 8 期。

魏后凯：《加快构建中国特色的农村经济学》，《中国农村经济》2023 年第 7 期。

邓创、吴健：《中国宏观经济尾部风险评估与利率规则优化》，《当代财经》2023 年第 10 期。

张彬斌、陆万军：《宏观环境和劳动力供给变化下就业新态势与应对措施》，《经济纵横》2023 年第 10 期。

B.2
2023~2024年青海社会发展形势分析与预测

文斌兴　索南努日　张雪悦*

摘　要： 2023年，青海省坚持稳中求进工作总基调，统筹发展和稳定大局，大力推进生态文明高地建设，健全完善公共服务体系，统筹城乡区域协调发展，巩固拓展脱贫攻坚成果同乡村振兴有效衔接，法治建设和民族团结进步再上新台阶，社会建设水平显著提升。但是，基础设施还有明显短板，民生保障与群众期盼还有一定差距，城乡融合发展的体制机制还不健全，技术人才还有较大缺口。2024年，青海省将通过扎实推进生态和环境保护、持续保障和改善民生福祉、全面推进乡村振兴重点工作、大力提升社会治理现代化水平等举措推动现代化新青海建设取得新成效。

关键词： 生态文明建设　城乡融合　乡村振兴　青海省

2023年是青海省贯彻党的二十大精神的开局之年，也是实施“十四五”规划、推进现代化新青海建设的重要一年。青海省委、省政府以习近平新时代中国特色社会主义思想和党的二十大精神为指引，深入贯彻习近平总书记考察青海重要讲话精神，全面贯彻新发展理念，主动服务和融入新发展格局，着力推动高质量发展，各项社会事业取得新进展，为奋力谱写全面建设社会主义现代化国家的青海篇章打下坚实基础。

---

* 文斌兴，青海省社会科学院社会学研究所副所长、助理研究员，主要研究方向为农村社会学；索南努日，青海省社会科学院社会学研究所助理研究员，主要研究方向为民族社会学；张雪悦，青海省社会科学院社会学研究所研究实习员，主要研究方向为教育社会学。

一 2023年青海社会发展总体形势与工作亮点

2023 年，青海省全面贯彻新发展理念，持续推动社会发展稳步向上向好，主要体现为人与自然和谐共生、公共服务更加健全、城乡区域协调发展、基础设施更加完善、乡村振兴全面推进、法治建设深入开展、民族团结巩固提升。

（一）生态文明高地建设高位推进

2023 年，青海省以习近平生态文明思想为指引，扛起生态保护重大责任，持续推进生态文明建设，促进人与自然和谐共生。一是全力建设以国家公园为主体的自然保护地体系。青海省以《青海以国家公园为主体的自然保护地体系示范省建设总体规划》为统领，制定完善各个国家公园相关政策和法规。截至 2023 年 8 月，青海省自然保护地总面积 27.22 万平方公里，国家公园共 4 处，占青海省自然保护地总面积的 75.85%。二是污染防治有效攻坚。全国最大的装配式污水处理厂——西宁市湟乐污水处理厂已于 2023 年 9 月开建，建成后日处理污水能力将达到 10 万吨。印发《青海省新污染物治理工作方案》，并明确全省将严厉打击新污染物非法生产和使用，着力消除新污染物带来的负面影响。三是野生动植物数量明显增加。据《青海湖国家级自然保护区野生动植物名录》所示，青海湖地区的国家重点保护野生动物新增至 82 种，赤狐、黑颈鹤、普氏原羚等珍稀野生动物逐渐增多。

（二）公共服务体系更加健全完善

2023 年，青海省坚持以习近平新时代中国特色社会主义思想为指导，深入贯彻落实党中央的各项决策部署，优化基本公共服务资源配置模式，推进公共服务高质量发展，推进公共服务高效化、丰富化。一是就业服务有序推进。2023 年上半年，全省城镇新增就业 4.1 万人次，农牧区劳动力转移就业 81.9 万人次，超额完成了“双过半”的目标。开展“2023 年春风行动暨就业援助月”、“雨露计划”、“1131”就业帮扶等一系列专项活动，有效引导高校毕业生、登记失业人员、脱贫劳动力、退役军人等重点群体多渠道就业，切实保障就业形势稳定。二是教育公平和现代化水平逐渐提高。义务教育巩固率达97.28%，顺利通过国家义务教育基本均衡发展验收。“双减”成效明显，682所义务教育阶段学校开展课后服务，学生参与率达89.68%，在全国率先实现学科类校外培训机构清零。职业教育不断深化校企合作、产教融合，培养出10万技能人才，全面启动组建本科层次职业大学。高等教育不断推进高质量现代化发展，全省高等学校达到14所，青海理工大学筹建工作全面推进。三是医疗卫生服务体系不断优化。印发《关于进一步改革完善医疗卫生服务体系的实施方案》，在卫生人才队伍、诊疗服务体系、医疗质量、公共卫生体系、体制机制改革等方面提出具体措施。截至2023年8月，全省个人卫生支出占卫生总费用的比重下降到22.09%，基本公共卫生服务人均补助标准提高到89元，建立42个紧密型县域医共体，与全国31个省区市6.88万家医疗机构开通异地就医直接结算业务，就医负担持续减轻。四是养老服务水平不断提高。首次推出《基本养老服务清单》，实施“万千百十”养老民生工程，有效满足老年人养老需求。

（三）城乡区域协调发展深入推进

2023年，青海省坚持全省一盘棋，健全统筹协调发展的体制机制和政策体系，深入有效促进城乡区域协调发展。一是协同推进兰西城市群发展。印发《甘青两省深入推进兰州—西宁城市群建设2023年重点工作任务》《兰州—西宁城市群要素市场一体化改革实施方案》等文件，推动青甘两省“1+1+3+10”合作框架协议进一步落实，逐步推进政务、市场、警务等一体化建设。完成兰新客专地震复旧及兰州至西宁段达速提质项目，加快推进G109小峡口改建工程、G6京藏高速等重要节点互通立交及联络线建设，交通“一卡通”逐步拓展应用到城乡公交、出租汽车和班线客运等领域。二是加快西宁海东一体化发展。研究规划西宁海东市域（郊）铁路，打造“通道+枢纽+网络”的物流运行体系，实施城镇污水和垃圾处理、农村环境连片整治等工程，打造“绿河谷”生态景观，减少对环境和居民健康的危害。三是加快城镇化转型升级。打造格尔木省域副中心城市、玉树三江源地区中心城市、共和区域中心城市、玛沁高原雪域新城。设立格尔木陆港园区，推动格尔木国家物流枢纽建设。开展乌图（昆仑山）750千伏输变电工程、乌图美仁多能互补（光伏光热耦合）300万千瓦光储和76000立方米油品仓储物流工程。共和县以建设“泛共和盆地”区域中心城市为目标，遵循“北拓、西进、中优、南特、东控”的城市发展理念，努力弥补短板，优化品质，全面展开城市更新行动。

（四）基础设施建设提质增效

2023年，青海省基础设施建设取得重大进展，有效夯实基础保障能力，提高供给质量和运行效率，助力高质量发展。一是交通运输系统愈加完善。全力打造“1+9+N”高原民用机场群，西宁曹家堡国际机场三期扩建全面封顶，玉树机场改扩建项目竣工运营，为青海民航事业的发展注入了新的动力。围绕加快打造“两心、三环、三横四纵”复合型铁路网，西成铁路和格库铁路扩能改造加速进行，复兴号高铁首次在青藏铁路运行，兰西动车组列车提速至每小时250公里，铁路在综合交通运输体系中的支柱作用不断加强。二是大力整改自建房及老旧小区。截至2023年8月，全省排查出145万栋自建房，对存在安全隐患的经营性自建房实行了全面管控。改造19.33万套城镇老旧小区，显著提升住宅的品质和价值。三是供电供水持续优化。新能源电网装机占比高达65.4%，发电量占比46.1%，创历史新高。完成核准哇让、同德、南山口3个抽水蓄能电站项目，实现抽水蓄能项目核准零的突破。全省用水总量为24.46亿立方米，能够满足生产和生活的基本需求。

（五）乡村振兴全面推进

2023年，青海省以乡村振兴“八大行动”为载体，全面推进产业、人才、文化、生态、组织“五个振兴”，扎实推动巩固拓展脱贫攻坚成果同乡村振兴有效衔接。一是坚守防止规模性返贫底线。截至2023年4月，各地根据最新调整后的防止返贫监测范围，全面跟踪脱贫群众的收入变化情况、“两不愁三保障”的巩固以及饮水安全情况。加强动态监测和帮扶救助，排查出64.8万困难群众，保障全省28.3万农村低保对象，1.52万农村特困供养对象，19.4万老年人、未成年人以及重病重残人员基本生活。二是因地制宜发展特色产业。全省累计输出各类绿色有机农畜产品158万吨，总价值高达232亿元，培育出40个省级农牧业产业化联合体，创建5个国家现代农业产业园、4个优势特色产业集群和18个产业强镇。大力发展乡村旅游业，共推出213个省级乡村旅游重点村，其中5个村入选2023年中国美丽休闲乡村。三是推动农牧民持续增收。截至2023年3月，全省脱贫人口年度人均纯收入达到13035元，同比增长9.5%。实现务工就业脱贫人口达到22.08万人，同比增加3.4万人。为符合条件的脱贫人口兑现一次性交通补助，进一步促进农牧民就业增收。四是扎实推进乡村建设行动。截至2023年7月，全省新改建农村公路1583公里，对41条农村公路进行环境整治，全面完成7.27万座问题厕所整治任务。“青松治”乡村治理平台正式运行并面向全省村庄试行推广，标志着乡村治理开启“云端”服务新模式。

（六）法治建设迈上新台阶

2023年，青海省全面推进依法治省，奋力推进和提升法治青海建设水平。一是纵深推进法治政府建设。启动《青海省法治政府建设实施方案（2021-2025年）》推进情况中期评估工作，对10个方面33项重点任务推进情况进行评价。加强行政执法规范化建设，开展行政执法重点领域顽瘴痼疾专项整治，推进行政执法“三项制度”。发布《青海省行政处罚听证程序办法》，推动政府行为全面纳入法治轨道。二是完善立法，加强法治保障。我国首部聚焦青藏高原生态保护的法律《中华人民共和国青藏高原生态保护法》正式施行。出台中国首部包虫病防治地方性法规，确定首批25个省政府基层立法联系点。三是严格执法，维护社会稳定。2023年9

月，青海省公安厅在全省范围内组织开展“百日破案攻坚”行动，共抓获涉诈嫌疑人292名，打掉涉黑组织160余个、恶势力犯罪集团1520余个，破获各类刑事案件2万余起，有力巩固了扫黑除恶专项斗争成果。四是大力普法，增强全民法制观念。印发《深化“法律九进”助推平安青海法治青海建设实施方案》，促进“法律九进”活动规范化、精准化、常态化。正式出版发行《汉藏双语法律词典》，填补了我国汉藏双语对照法律词典类书籍的空白。首个“8·15全国生态日”普法宣传活动成功举办，推动平安青海、法治青海建设再上新台阶。五是持续提供司法救助，完善政法公共服务体系。自2019年“12348青海法网”运营以来，累计为7万人提供法律服务，服务满意率高达99%。成立“未爱·守心”未成年人观护基地，进行“1+N”联合帮教。

（七）民族团结全面巩固提升

2023年，青海省认真贯彻落实习近平总书记关于加强和改进民族工作的重要思想，持续推进民族团结进步。一是深化民族团结进步示范省建设。青海是全国首个所有市（州）和82%的县（市、区）建成国家级示范的省份，实施“民族团结+”融合发展行动，培育民族团结进步教育基地、100个主题公园，建成60个青少年民族团结进步教育示范点，打造360个社区“石榴籽家园”，居全国前列。二是推进铸牢中华民族共同体意识建设。2023年7月，在西宁市建成全省首家“铸牢中华民族共同体意识”主题公园，召开中国民族学学会2023年高层论坛暨中国式现代化与中华民族共同体建设理论与实践论坛，联合西藏、四川、重庆、贵州和云南六省（区、市）共建铸牢中华民族共同体意识长江上游示范带，举行首届青川毗邻三州四县“铸牢中华民族共同体意识示范区建设”联席会，组织“手拉手”夏令营各族青少年参观青海原子城纪念馆。三是加强各民族交往交流交融。黄南、海南、海北藏族自治州庆祝成立70周年，《中华民族交往交流交融史料汇编·青海卷》编纂工作有序推进，将40个单位命名为第四批青海省民族团结进步教育基地。四是依法管理宗教事务。青海省海西州新修订民族团结进步条例，为海西州民族团结进步事业提供更加稳固和全面的保障。

二　2023年青海社会发展存在的主要问题

2023 年青海社会发展再上新台阶，但是也存在许多困难，我国社会主要矛盾变化在青海表现尤为突出，发展的基础薄弱、任务艰巨、动力不足仍然是现实之困，城乡和区域发展不平衡不充分问题依然突出，基础设施还有短板，民生保障还有一定差距，城乡融合体制机制不健全，技术人才短缺制约高质量发展。

（一）基础设施还有明显短板

城镇基础设施还有较大提升空间，集污水、生活垃圾、固体废弃物和医疗废弃物处理处置和监测监管于一体的环境基础设施体系还有待进一步健全。农业农村基础设施建设与农业农村现代化发展要求还有较大差距，农畜产品冷藏和冷链物流设施不足，部分老旧设施温棚面临提升改造，水利工程综合效益发挥有待提升，乡村道路沙化现象较为普遍，山洪、山体滑坡等自然灾害防御体系建设还需多方协调、同向发力，乡村旅游示范点、重点景区和精品线路建设打造水平有待进一步提高。

（二）民生保障还有一定差距

近年来青海省公共服务总量和质量不断提高，城市基本公共服务不断向农村延伸，但是城乡公共服务不均衡、不充分问题仍然较为突出，基层医疗卫生、养老和学前教育、物业管理等一系列民生领域的短板和难题仍然存在。优质就业岗位、医疗资源、教育资源和公共文化资源主要集中在西宁和海东市，其他市州相对不足且地区间差异较大。另外，基本公共服务均等化过程中，农牧区承接能力有限，由于配套资金、专业技术和管理人才缺乏，存在优质项目无法落地或较难推进的困境。

（三）城乡融合还有制度藩篱

随着乡村振兴战略和城乡融合发展不断推进，农业农村现代化水平快速提高，城乡人口流动日益频繁，但是城乡融合发展的体制机制还存在一些明显的制度短板。主要是城乡基础设施一体化发展的体制机制还不健全，城乡要素流动仍然存在障碍。现代农业产业体系尚处于起步阶段，农产品生产经营模式转变较为缓慢，新产业新业态培育面临人才和资金制约，一、二、三产业融合发展体系需要进一步构建。农民增收长效机制有待完善，县域就业水平有待提升，进城农民工市民化机制有待进一步健全。

（四）技术人才还有较大缺口

人才是第一资源，青海省作为人口和人才小省，人才缺乏对于全省经济社会发展的制约仍然较为显著。如何加快建立聚天下英才而用之的体制机制，是当前青海发展面临的重要课题。从当前“四地”建设的紧迫需求和“六个现代化”新青海建设的长远规划来看，青海省的人才缺口涵盖生态环保、盐湖资源综合开发、清洁能源、特色农牧业、文化旅游、教育卫生、乡村振兴、新型城镇化、装备制造业等各个重点领域，需要进一步优化人才培育和使用机制，大力引进和培养一批真正用得上、干得好、留得住的紧缺人才。

三　2024年青海社会发展形势预测

2024 年，青海省将继续锚定党的二十大擘画的宏伟蓝图和省十四次党代会确定的目标任务，在生态文明建设、增进民生福祉、社会治理现代化、推进乡村振兴等领域持续发力，在努力建设现代化新青海和实现高质量发展的道路上迈出坚实的步伐。

（一）生态文明建设将进一步推进

生态是青海的生命线，保护好青海的生态环境是国之大者。2024 年，青海省将持续以打造习近平生态文明思想实践新高地为统领，保持绿色低碳转型战略定力，凝聚生态环境治理合力，从中华民族永续发展的高度扎扎实实推进生态文明建设和生态环境保护。一是全面推进生态文明高地建设。实施“中华水塔”保护等专项行动，扎实推进国家公园示范省建设，深入推进“洁净青海”建设，积极稳妥推动“双碳”工作，在全国率先建立纪检监察监督与生态环境监管贯通协同机制。二是探索构建青海特色生态文明建设实践体系。深入践行“绿水青山就是金山银山”理念，协同推进生态环境高水平保护和经济社会高质量发展。坚持生态文明建设全民共建共享，构建降碳、减污、扩绿、增长的机制。坚持人与自然和谐共生，建立点、线、面结合的一体化保护和修复体系。坚持深化体制机制改革，系统推进法治建设、生态环境保护制度改革。三是奋力谱写美丽青海建设新篇章。建立健全以生态系统良性循环和环境风险有效防控为重点的生态安全体系，继续开展巩固提升青海生态环境三年行动，加快构建青海特色生态产品价值实现机制，着力构建绿色低碳循环发展经济体系，持续完善生态文明制度体系，努力建设全球生态文明交流互鉴高地。

（二）民生福祉将进一步增进

持续保障和改善民生，扎实推进共同富裕，是党和国家矢志不渝的奋斗目标，也是建设人民幸福的现代化新青海的必然要求。2024 年，青海省坚持以人民为中心的发展思想，统筹经济社会协调发展，持续提高民生保障水平。一是持续稳定和扩大就业，进一步激发企业发展活力，扩大城乡就业规模，拓宽就业渠道，强化就业服务，促进高校毕业生等青年群体就业，加强农民工等重点群体就业帮扶，保持就业形势稳定和就业质量持续提升。二是覆盖城乡的社会保障体系将更加巩固，将更多符合条件的单位和人员纳入社会保障，健全农民工、灵活就业人员、新就业形态就业人员等重点群体参加社会保险的机制，加强城镇与农村社会保障制度衔接，完善更好适应社会流动性的社会保障政策，逐步缩小职工与居民、城市与农村的筹资和保障待遇差距，逐步提高城乡居民基本养老金水平。三是城乡公共服务均等化水平将进一步提升，不断健全义务教育、养老和医疗、基本住房、社会救助等基本公共服务体系，逐步缩小城乡居民收入差距，持续扩大中等收入群体，全面推进乡村振兴，民族团结进步创建继续走在全国前列，让人民群众的获得感、幸福感、安全感更加充实、更有保障、更可持续。

（三）社会治理现代化将进一步提升

社会治理现代化是国家治理体系和治理能力现代化的内在要求，也是推进国家安全体系和能力现代化的重要举措。2024 年，青海省将坚定不移贯彻国家总体安全观，坚决维护国家安全和社会稳定，不断完善社会治理体系，提升社会治理效能，持续开创和巩固安定有序的社会发展局面。一是社会治理现代化机制将更加完善。各级党委和政府将牢牢把握统筹发展和安全的根本要求，不断加强对社会治理的统筹谋划和宏观指导，及时研究解决社会治理重点领域和关键环节的突出问题，协调各部门、市场主体和社会力量广泛参与，进一步形成主导有力、联动融合、集约高效的多元治理格局。二是市域社会治理试点将有力巩固。以西宁和海东市完成全国市域社会治理现代化试点为契机，持续实施社会治理工程，深化打造具有地方特色、时代特征的市域社会治理模式和社会治理品牌，进一步巩固拓展试点建设成果，全面提升市域社会治理能力和水平。三是平安青海建设将迈上新台阶。持续以省委平安建设“十个一”要求为工作指引，以千分制考评体系为总抓手，落实好“双月”调度、季度评估等有效措施，聚焦治安防控、安全生产、食品药品和交通运输等领域突出问题整治，为全省经济社会发展提供安全保障。

（四）推进乡村振兴将有更实举措

解决好“三农”问题是全党工作的重中之重，巩固脱贫攻坚成果同乡村振兴有效衔接是全面建设社会主义现代化国家开局起步的关键一环。2024 年，青海省将以颁布实施《青海省乡村振兴条例》为重要保障，全面落实中央涉农重点工作，全力推动乡村振兴高质量发展。一是全面落实强农惠农政策。按时足额发放各项农牧业转移支付补助补贴，及时兑现新型经营主体创新创业奖励政策，简化农村劳动力跨省就业一次性交通补助申报发放程序，促进农牧民持续稳定增收。二是巩固脱贫攻坚成果同乡村振兴有效衔接。优化防贫返贫动态监测帮扶机制，强化项目建设要素保障，以乡村振兴试点和高原美丽乡村建设为依托，统筹推进高标准农田、乡村道路、厕所卫生等基础设施建设，持续开展农村人居环境整治提升五年行动，保证财政资金有效投入，持续吸纳脱贫户、监测对象、易地搬迁户就地就近务工就业，提升农村劳动力工资性收入。三是以特色产业推动高质量发展。依托省内农牧业资源禀赋、拉面产业发展基础和特色劳务发展优势，持续强化政策扶持，整合优质稀缺资源，构建现代产业体系，培育本土知名品牌，有效推动产业发展和消费升级，辐射带动农村劳动力转移就业。四是扎实推进乡村建设行动。强化乡村振兴规划，新建改建省道和农村公路，推动解决大电网未覆盖乡镇用电问题，优化提升农牧区安全饮水水平，加快建设宜居宜业和美乡村，让农牧民就地过上现代文明生活。

（五）干部作风将进一步转变

2024 年，省委、省政府将一以贯之强化全面从严治党和党员干部作风建设，持续巩固作风建设阶段性成效，为现代化新青海建设提供纪律作风保障。一是进一步健全完善全面从严治党制度体系。全面落实新修订贯彻落实中央八项规定精神若干措施和全面从严治党主体责任清单、加强省委领导班子作风建设的若干措施以及《全省党员干部违规吃喝“十严禁”》规定，不断健全完善工作机制，推动整合各类监督力量，牢牢扎紧制度笼子，形成常态化、长效化治理。二是持续强化干部作风问题整治。深入开展以案示警、以案明纪、以案说法、以案促改，用“关键少数”带动“绝大多数”，教育引导全省党员干部心存敬畏、行有所止、坚守底线，推动全面从严治党向纵深发展，持续营造风清气正的良好政治生态。三是进一步激发干事创业的精气神。深入贯彻落实中共青海省委十四届四次全会精神，廓清模糊认识，明确使命责任，推动全省上下形成“想干、敢干、会干”的良好局面。

四　促进青海社会全面发展的对策建议

中国共产党青海省第十四届委员会第四次全体会议明确提出，青海省各级党委和政府要深入贯彻党的二十大精神，持续推进青海省第十四次党代会确定的各项任务。青海省需要进一步通过扎实加强基础设施建设、提升产业现代化水平、推进城乡融合发展、着力提升提高公共服务能力等有力举措，切实推动全省社会各项事业坚定不移地沿着党的二十大指明的方向前进。

（一）持续加强基础设施建设

一是构建新型基础设施建设、运营模式。坚持政府主导，积极拓宽全省基础设施建设投融资渠道和主体。精准解读和把握国家政策导向，以先行一步推动计划内基础设施项目建设为基础，争取国家相关项目资金支持。深挖自身潜力，依托青海省高质量发展政府投资基金，统筹全省基础设施建设相关专项资金，紧密结合全省“十四五”规划以及“万千百亿”三级项目库对符合条件的项目予以支持。通过市场化、企业化运作，适度向各类市场主体开放基础设施竞争性领域，加快推动、积极引入社会力量参与全省基建投资运营。二是着眼于区域协调发展，主动服务、融入国家区域发展战略。省域内坚持全省一体化布局，建立青海省基础设施建设协调机制，统筹全省基础设施建设。巩固“万千百亿”三级项目库建设，推动各市（州）、各行业主管部门建立重大项目库。各级各类项目实现滚动、动态、梯级实施。建立健全基础设施专项考核体系，充分利用省内各类智力资源，建立专家库，实现项目规划、资金筹措、项目实施、效益评估全过程参与，确保各项工作有序推进。三是贯穿绿色发展理念于基础设施建设始终。立足“三个最大”省情定位，充分评估投建基础设施建设项目产生的环境影响、环境效益，建设过程加大清洁能源推广应用，推动基础设施建设项目本身成为打通绿水青山和金山银山的通道。四是以以人民为中心的理念为引领布局全省基础设施建设，立足本省经济、社会、生态等方面的现状和发展，切实明确基础设施建设为民所建、为民所用、为民谋利的根本属性，向广大人民群众提供用得上、用得起、用得好的基础设施与服务。五是持续强化科技创新摆在全省基础设施建设中的核心位置，着力实现国家战略科技力量“青海分量”引领基础设施崛起，统筹发展和安全。

（二）扎实推进生态高地建设

牢记保护好青海生态环境是“国之大者”，坚持以打造习近平生态文明思想实践新高地为统领，以“三个最大”省情定位为根本，凸显人与自然和谐共生的中国式现代化的青海实践。一是在完成青海湖国家公园创建工作的基础上，充分发挥青海湖国家公园创建专家委员会作用，积极、稳妥、周全地做好创建自评工作。保护和开发统筹兼顾，全力推进国际生态旅游目的地青海湖示范区创建工作，按照生态优先、产业升级、辐射带动、汇聚发展的要求，力争在2024年5月前完成一批设施与服务建设，升级打造一批参与性强的旅游精品项目和国际旅游品牌项目。持续加强可可西里世界遗产地保护工作，继续推进昆仑山国家公园青海片区前期工作，积极推进青藏高原国家公园群建设。二是通过扎实推进包括国土绿化、黑土型退化草原治理在内的一系列专项行动计划，切实推动重点生态区保护修复和生物多样性保护工作。三是持续深入打好蓝天、碧水、净土保卫战。持续强化大气污染物控制，实施土壤、地下水、危险废物污染一体防治，加强农业、工业生产污染重点环节监控，推动“无废城市”建设工作。实现天蓝、山绿、水清、环境美的总体目标。四是不断完善生态保护、治理、监测、奖补机制。全面贯彻“四水四定”原则、持续强化“三线一单”生态环境分区管控。建立并落实湟水河流域横向生态补偿及草原补奖制度，持续深化全民所有自然资源资产有偿使用制度改革，搭建生态系统价值核算与实现平台，开展生态产品价值实现机制试点，推动形成具有青海特点的生态文明建设新实践。深入研究保护和弘扬以黄河文化为代表的“水文化”，打造生态文化旅游带。积极融入沿黄、长江经济带发展，提升江河源头区生态服务功能。

（三）提升城乡融合程度

坚持全省一盘棋，明确城乡各自在区位、功能、特点上的定位，坚持体制机制和政策体系统筹协调发展，进一步提升城乡融合程度，实现区域协同共进。一是全面推进乡村振兴。通过落实全省耕地保护责任目标，坚决遏制耕地“非农化”、防止“非粮化”，为全省“米袋子”“菜篮子”提供坚实的耕地基础。紧密围绕“产业四地”建设，实施农业生产“三品一标”提升行动，实施生态畜牧业转型升级、食用菌产业发展三年行动计划，发展高原冷凉蔬菜等产业，全面促进全省农牧产业转型升级。推进农村基础设施建设再上新台阶，更全面地解决全省乡村路、电、水以及生产生活污染物治理。完善返贫动态监测帮扶机制，重点对帮扶乡村、易地搬迁乡村自身造血能力开展监测，有针对性加大帮扶力度，坚决杜绝规模性返贫的发生。二是以人为本推进新型城镇化建设，通过对老旧小区和燃气、污水等地下管网改造，城市内涝治理和海绵城市建设等一系列基础设施建设，补齐以往建设中存在的短板，提升城镇宜居程度。推进以县城为重要载体的城镇化建设，完善县城基础设施、公共服务等一系列配套措施，确保既有及新增城镇化人口住得下、能发展。深度融入新时代西部大开发、长江经济带、黄河流域生态保护和高质量发展战略。积极协同推进兰西城市群建设，在加快西宁城市副中心建设的同时推动西宁海东一体化发展，增强格尔木省域副中心城市带动能力，培育共和区域中心城市，因地制宜推动同仁、海晏等一批主打旅游品牌的区域城市中心建设，实现全省各区域协调发展新格局。三是立足青海城乡发展基础和发展阶段，推进城乡数字化融合程度。城市、乡村同步推进5G、千兆光网建设。完善城镇通信网络建设的同时，加快推进农牧区4G、光纤网络建设，提高乡镇、农牧区数字化程度。

（四）提高公共服务能力

聚焦人民群众急难愁盼问题，保持 75%以上的财政支出用于保障和改善民生，通过高质量发展不断提升人民群众的获得感和幸福感。一是牢固树立就业是最大的民生观念，贯彻落实《青海省优化调整细化实化稳就业政策全力促发展惠民生若干措施》，通过激发企业发展活力、拓宽就业渠道、加强重点群体就业帮扶、完善就业服务功能等一系列措施，扩大就业规模、增加用工需求、兜牢民生底线、提升就业质量。二是全面贯彻党的教育方针，努力办好人民满意的教育。稳步推进大中小学思政课一体化建设，培养有知识、有信仰的合格社会主义事业建设者、接班人。推动学前、义务教育、职业教育、高等教育统筹发展，一体推进。推动学前教育发展，改善并提升义务教育薄弱环节，改善职业教育办学条件，提升职业技术教育水平，支持高校“双一流”建设。三是全方位推进健康青海建设，确保“病有所医”。加强新冠病毒感染“乙类乙管”，持续强化全省疫情防控体系。持续扎实推进《青海省“十四五”卫生健康事业发展规划》《青海省“十四五”医疗卫生服务体系规划》《青海省基层中藏医药服务能力提升工程“十四五”行动计划实施方案》等一系列规划贯彻实施，持续推进全省深化医疗卫生体制改革、放管服改革，持续推进健康青海建设，持续推进改善医疗服务计划，创新中藏医发展，深化教育医疗援青合作等一系列工作走向深入。四是依据省情促进人口长期均衡发展，持续构建多主体、多样化养老服务体系，完善三孩生育政策，发展普惠托育服务，守护“一老一小”的幸福。优化住房供给，推进老旧小区改造，让各族群众住有所居。

（五）完善社会治理现代化体系

不断完善社会治理现代化体系建设，着力构建安全和谐稳定的发展环境。坚定不移贯彻总体国家安全观，以安全保发展、以发展促安全，安全和发展统筹发展、一体推进。一是切实推进政府职能转变，扎实贯彻落实《国务院重大行政决策程序暂行条例》《青海省人民政府重大行政决策程序暂行规定》等要求，持续规范青海省政府重大行政决策程序，持续促进科学民主依法决策。推进全省一体化政务大数据体系建设，具备数据目录管理、数据归集、数据治理等基础能力，满足群众、企业和政府发展的政务数据共享需求。各级行政机关普遍建立行政裁量权基准制度，基本实现行政裁量标准制度化、行为规范化、管理科学化，确保行政机关在具体行政执法过程中有细化量化的执法尺度，逐步实现行政裁量权边界明晰、行政执法行为有效规范、行政执法质量和效能大幅提升，确保社会满意度有明显提高。二是提升社会治理主体多元化程度。不断完善多元主体参与治理的体制机制，推动形成政府主导、社会参与的协同治理格局。充分调动以市民公约、村规民约为代表的基层治理力量，引导公众加强自身道德规范，通过社会规范协调社会关系，促进社会和谐稳定。三是继续把城乡基层作为社会治理的重心，不断提升城镇社会治理能力和治理水平，打造社区新型治理单元，不断深化乡村治理体系建设试点示范，加强城乡基层治理能力现代化建设。坚持和发展新时代“枫桥经验”，完善党政领导干部下访接访制度，把矛盾解决在萌芽、化解在基层。

（六）持续巩固主题教育成果

全面贯彻落实中国共产党青海省第十四届委员会第四次全体会议精神，牢牢把握“学思想、强党性、重实践、建新功”的总要求，聚力教育成果转化，推动党的二十大精神在全省范围内的深入贯彻执行。切实促进全省社会各项事业沿着党的二十大指明的方向稳步前进。一是继续深入学习《习近平关于“不忘初心、牢记使命”重要论述选编》《习近平新时代中国特色社会主义思想学习纲要》，跟进学习习近平总书记最新重要讲话，学习习近平总书记关于青海及全省各项事业工作的重要讲话和重要指示精神，结合党史学习，全面系统掌握习近平新时代中国特色社会主义思想的核心要义、精神实质、丰富内涵和实践要求。更加坚定拥护“两个确立”、坚决做到“两个维护”，以学习指导实践、以实践指导发展，有效破解全省发展中的难点、堵点问题。二是不断深刻认识和把握在全党大兴调查研究的重大意义和实践要求，继续在全省开展调查研究工作，学好、记好、用好习近平总书记提出的“深、实、细、准、效”调查研究五字诀，着力开展事关全局的战略性调研、破解复杂难题的对策性调研、新时代新情况的前瞻性调研、重大工作项目的跟踪性调研、典型案例的解剖式调研、推动落实的督察式调研，让调查研究成为推动青海省高质量发展的谋事之基、成事之道。通过扎实调研，切实发现群众身边“急难愁盼”问题，察民情、解民忧、暖民心，在主题教育中持续提升老百姓的满意度和获得感，将巩固主题教育成果作为青海省高质量的坚实保证，不断把人民群众对美好生活的向往变成现实。三是持续对主题教育中“政治站位、履职担当、求真务实、为民服务、斗争精神”作风突出问题进行专项整治，在全省范围内扎实落实从严治党永远在路上、党的自我革命永远在路上的新时代党的建设总要求，健全全面从严治党体系，压紧压实从严管党治党责任，严格落实“十严禁”，全面推进党的自我净化、自我完善、自我革新、自我提高，持续营造干部清正、政府清廉、政治清明、社会清朗的良好政治生态。

参考文献

吴晓军：《2023 年青海省政府工作报告》，《青海日报》2023 年 1 月 20 日。

薛军、莫昌伟：《中共青海省委十四届四次全体会议召开》，《青海日报》2023 年 7 月 22 日。

陈刚：《深学笃行习近平生态文明思想　为推进美丽中国建设扛牢青海担当》，《党建》2023 年第 6 期。

经 济 篇

B.3
2023年青海“一带一路”建设发展报告

孙发平　杨　军　刘　畅*

摘　要： 2023年，青海积极作为，主动融入共建“一带一路”的发展大局，政策沟通更加深入、通道建设更加完善、贸易质量不断提升、资金融通持续推进、国际交流活动成效显著，“一带一路”建设质量不断提升。但仍存在国际贸易结构不合理、对外开放东西不平衡、本土企业国际化经营经验不足等问题，未来有望通过持续完善公铁航运设施基础，深入对接国际贸易规则，构建互利共赢的产业链供应链，深化医疗、教育、人才交流合作等措施，推动“一带一路”迈入高质量发展新阶段。

关键词：　“一带一路”　对外开放　青海省

2023年是共建“一带一路”的重要时间节点，标志着“一带一路”倡

* 孙发平，青海省社会科学院研究员，主要研究方向为区域经济学；杨军，青海省社会科学院办公室副主任、副研究员，主要研究方向为区域经济史；刘畅，青海省社会科学院经济研究所助理研究员，主要研究方向为区域经济协调发展。

议历经10年历史考验，迈入高质量发展新阶段。10年来，共建“一带一路”致力于构建以经济走廊为引领，以大通道和信息高速公路为骨架，以铁路、公路、机场、港口、管网为依托，涵盖陆、海、天、网的全球互联互通网络，有效促进了各国商品、资金、技术、人员的大流通，为全球经济注入新活力。2023年，从“中国—中亚合作论坛”到“中国共产党的故事”专题宣介会，再到第三届“一带一路”国际合作高峰论坛引发全世界范围内的热烈回响，中国和世界市场的联系更加紧密，中国式现代化对发展中国家的积极作用更加显著。在此背景下，青海积极作为，主动融入共建“一带一路”的发展大局，2023年以来，政策沟通更加深入、通道建设更加完善、贸易质量不断提升、资金融通持续推进、国际交流活动成效显著，“一带一路”建设的质量不断提升，外向发展对青海经济社会发展的带动作用更加凸显。

一　2023年青海参与“一带一路”建设进展

2023年，青海省积极融入共建“一带一路”大局，全面落实“一带一路”建设年度重点工作分工方案，主动作为，推动全省开放型经济向更全面、更充分、更高水平迈进，共建“一带一路”成效显著。

（一）政策保障不断完善

《区域全面经济伙伴关系协定》（RCEP）生效实施一周年，RCEP生效实施以来贸易成本显著下降，青海出口企业在区域内开展贸易往来的意愿明显提升。2022年，西宁海关累计签发143份RCEP原产地证书，在产品方面，省内主要出口化工产品和有机枸杞原汁、有机沙棘原汁等青海特色农产品，均获得RCEP原产地证书。在省级层面，西北五省（区）政协助推服务丝绸之路经济带建设联席会议通过了《西北五省（区）打造丝绸之路绿电走廊和西北绿电特区情况及意见建议》，为青海进一步发挥资源能源禀赋优势提供了绿色低碳发展新机遇，在持续深化与西北各省（区）的清洁能源示范基地建设、清洁能源产业创新发展、关键技术的攻关合作等方面搭建了合作平台。先后出台《进一步发挥出口信用保险作用 做好跨周期调节稳外贸工作举措》《“十四五”全省外贸高质量发展实施方案》《青海省推动外贸保稳提质若干措施》，针对企业面临的困难和问题，及时出台了“1+5”外经贸支持政策，支持加工贸易、跨境电商、外贸综合服务等外贸新业态快速发展。从市州层面来看，海西州制发《海西州商贸领域营商环境优化年行动方案》，建立重点外贸企业服务联系制度，利于“一带一路”发展的营商环境进一步优化。在助推企业走出去的保障措施方面，西宁海关为企业搭建平台，申请获得对韩国、欧盟等国家和地区出口水产品的资质，高原特色冷冻虹鳟鱼有序出口，拓宽境外销售渠道，并且将冷冻虹鳟鱼纳入“查检绿色通道”，即报即查即放，稳定通关预期。

（二）对外贸易稳定向好发展

一是对外贸易发展质量稳步提升。2023 年前三季度，青海省进出口总值 34.5 亿元，同比增长 19.7%，其中，出口增长 13.5%，进口增长 29%。进出口、出口、进口增速分别高出同期全国平均水平 19.9 个、12.9 个和 30.2 个百分点。有进出口实绩的外贸企业 165 家，其中，民营企业进出口 17.9 亿元，占全省进出口总值的 51.9%，外商投资企业进出口 0.7 亿元，增长 17%。此外，青海省“专精特新”企业进出口 2 亿元，增长 72.8%。对共建“一带一路”国家进出口 22.8 亿元，增长 15%，占进出口比重 66.1%，拉动全省外贸增速 10.4 个百分点，占青海省进出口值的比重达到了 66.1%。共与 105 个国家（地区）有贸易往来，新增蒙古、阿根廷、科特迪瓦、波多黎各等 21 个贸易伙伴。太阳能电池出口增幅明显，磷酸铁锂、金属锂等锂电材料出口 1.5 亿元。特色农产品出口 1.4 亿元，增长 16.1%，其中，冬虫夏草出口增幅 76.3%，枸杞出口增幅 3.1%。

二是出口产品呈现多元化发展局面。由国家电投集团黄河上游水电开发有限责任公司研发的 IBC 电池组件在 2023“一带一路”清洁能源发展论坛上获颁 EPD 体系认证证书，该证书是青海省获得的首份国际 EPD 认证证书，在清洁能源产业高地建设和清洁能源企业外向型发展方面均是显著突破。2023 年，青海农畜产品进出口品类增加，西宁曹家堡机场海关为首批从哈萨克斯坦进口的苜蓿草办理通关验放手续，并由青海曹家堡保税物流中心（B 型）出区进入国内市场。在引进优质饲料保障海东畜牧企业需求的同时，也是发挥中亚班列回程优势的有益探索。6 月开始，青海累计供应粤港澳大湾区包括冷生菜、苦菜薹、火焰参、羽衣甘蓝等品类在内的凉蔬菜达 3.82 万吨，产值超过 1.14 亿元，穿心莲粉实现首次出口，出口农产品的市场影响力进一步提升。

（三）对外通道建设日趋完善

一是铁路运输通道建设步伐加快。格尔木至库尔勒铁路（青海段）扩能改造工程设计获批，格库铁路扩能改造工程实施后可大幅提升铁路通道能力，运输能力可提升至 3300 万吨/年以上，能够有效缓解兰新铁路运能紧张，并形成中欧班列辅助运输路径，在推进“一带一路”高质量发展、建设向西开放大通道、保障国家能源资源供应安全方面具有重要意义。二是枢纽经济功能更加完善。青海以枢纽建设为突破口，通过交通大发展带动区域开放。航空货运枢纽地位提升，西宁至格尔木高铁开行，公路网不断拓展，基本形成以西宁为中心的一体化联动发展的综合交通枢纽，先后开通西宁至曼谷、东京等共建“一带一路”国家重点城市国际航线，打造海陆空立体化内外衔接顺畅的物流通道，开行西宁—比利时、俄罗斯—西宁中欧班列，西宁—越南同登国际货运专列，内外联通、安全高效的物流网络加快形成。三是通关便捷度显著提升。航空口岸、电子口岸和海关特殊监管区域（场所）协同发展，西宁海关在落实海关总署十条措施的基础上，及时出台十一条细化举措，7 条措施纳入青海省政府稳住经济实施方案。截至 2023 年 1 月“多证合一”备案占比达到 62.5%，“互联网+核查”占比达到 33%。“两步申报”应用率提高至 31.3%，进出口整体通关时间优于全国平均水平。四是货运枢纽地位进一步提高。西宁入选国家综合货运枢纽补链强链支持城市，通过补链强链，推动兰西城市群交通网络共建共享、货运枢纽协同互补、多式联运一体发展，更好支撑国家战略部署在西北区域落地，进一步增强兰西城市群服务“双循环”新发展格局的枢纽能级。

（四）开放平台建设成效显著

一是以综合保税区、跨境电子商务综合示范区为引领的对外贸易平台取得新成效。西宁市跨境电子商务综合试验区于2020年11月获批以来，着眼于西宁跨境电商生态链的培育，陆续开通跨境电商9610业务、B2B直接出口9710、跨境电商1210进口业务，先后与全球102个国家和地区、30余个共建“一带一路”国家实现贸易往来。在建成跨境电商公共服务平台、跨境电商网购保税查验系统等基础设施的基础上，先后引进大龙网、敦煌网、青海环贸3家国内跨境电商知名企业，启动建设城西、城东、综保区3个跨境电商产业基地。2022年西宁综合保税区跨境电商“1210”网购保税进口业务实现“零突破”，成为助力青海外贸发展的新增长点。企业依托西宁综合保税区开展生物医药和高原动植物资源深加工、光伏制造、锂电储能、有色合金材料研发、生产的基础上，开展本集团国内自产产品保税维修业务。西宁海关所属西海海关发挥职能优势，积极宣传落实海关总署促进外贸保稳提质十条措施，落细西宁海关十一条措施，组织开展“线上+线下”对企政策宣讲12次，促进惠企政策直达快享。提前为企业制定高效、便捷的海关报关、查验、放行等监管方案，实现进出区货物快速通关，使区内企业充分享受海关通关便利化服务。

二是以青洽会、“一带一路”清洁能源发展论坛为代表的展会平台建设有效推进。第24届青海绿色发展投资贸易洽谈会在青海省西宁市举办，签约项目数量与签约金额较上届分别实现55%、232%的增长，均创历届新高。2023年9月，以“绿色低碳·智创未来”为主题的2023“一带一路”清洁能源发展论坛在西宁举办，共计有18个国家的相关领域代表参会。围绕加快建设世界级盐湖产业基地，打造国家清洁能源产业高地、国际生态旅游目的地、绿色有机农畜产品输出地，成功签订各类合作项目225项，签约金额超过3470亿元，项目涵盖新材料、装备制造、节能环保、文化旅游等19个行业领域，有效提升名优商品知名度、美誉度。青海的自然景观、人文历史、民族风情、发展潜力得到了多层次、宽领域的宣传展示，知名度和影响力得到进一步提升。

（五）国际交流成果斐然

2023 年，青海省在国际交流方面蓄力勃发，交流活动开展的范围更广、站位更高、成效更加凸显。6 月，外交部新闻司、中国国际新闻交流中心、青海省外事办、青海省政府新闻办共同组织邀请南亚、中南美洲和加勒比地区包括巴基斯坦、尼泊尔、蒙古、所罗门群岛在内的 14 个国家 14 家外国媒体的 16 名外国记者分别前往西宁市、海东市、海南藏族自治州等地开展实地采访报道。通过参观青海省民族语影视译制中心、青海湖湿地自然保护区、塔尔寺、共和水光互补清洁能源基地、海东青绣产业园等地，亲身感受在生态保护、民族文化传承与发展、清洁能源、共同富裕等方面的现代化新青海建设的具体实践。2023 年 9 月，“中国共产党的故事——习近平新时代中国特色社会主义思想在青海的实践”专题宣介会在西宁召开。来自亚洲、欧洲、非洲、大洋洲、拉丁美洲的近 30 个国家 150 余名政党领导人或代表出席会议。宣介会以“中国式现代化：人与自然和谐共生”为主题，通过展示青海贯彻落实习近平生态文明思想的实践和成效，以青海为窗口宣介中国式现代化的实践成效，通过实地参观，生动展现了习近平生态文明思想的重要引领作用，在增加青海国际知名度的同时，增进了国际社会对中国式现代化的理解和认同。

二　青海省参与“一带一路”建设存在的主要问题

2023 年，青海面对复杂严峻的国内外形势，外贸进出口顶住多重压力，实现稳定增长，对外贸易质量稳步提升，在融入“一带一路”实践中取得了丰硕成果。但与此同时，青海在参与“一带一路”建设与发展中还存在一些短板与困难。

（一）国际贸易结构不合理，市场主体活力有待提升

近年来，青海的交通区位优势不断提升，但由于铁路网络建设尚未完成等，尚未真正形成协同发展，同时高附加值制造业基础相对薄弱，导致青海对外贸易总量偏小、结构不优。青海2022年GDP占全国GDP比重为3‰，而2022年净出口总值占全国净出口比重仅为0.1‰，同时，对外贸易结构性问题比较突出，从贸易方式来看，青海对外贸易主要以一般贸易为主，加工贸易和其他贸易占比较小。2022年，青海省一般贸易进出口42亿元，增长36.4%，占全省进出口总值的97.7%，占比远高于全国平均水平，其中，出口26.5亿元、增长58.1%，进口15.5亿元、增长10.4%①，参与国际分工程度较低的局面难以破解。从市场主体来看，2022年，青海民营企业进出口额占全省进出口总额的54%，高于我国民营企业进出口额占比50.9%的总体水平，较甘肃省高22.1个百分点，较陕西高15.1个百分点，较宁夏低15.8个百分点，较新疆低35.9个百分点，和全国及西北省区相比，青海民营外贸企业进出口份额不高，有较大波动，市场主体活力有待进一步增强（见图1）。

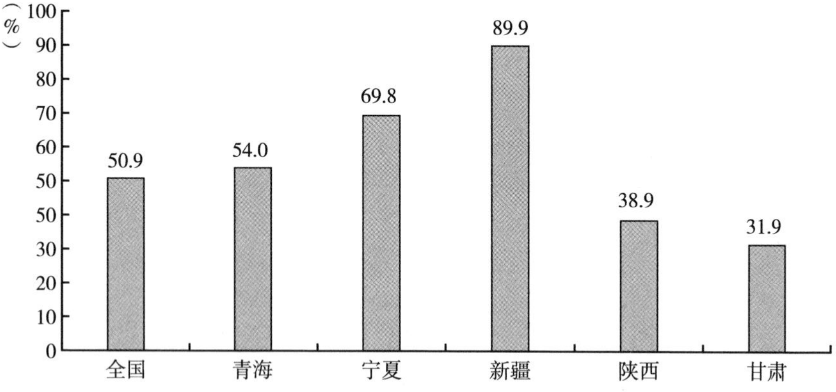

图1　民营企业进出口额占全省进出口总额比重

资料来源：根据国家及各省区2022年政府工作报告整理所得。

---

① 资料来源：《青海省2022年国民经济和社会发展统计公报》。

（二）与共建“一带一路”国家之间的深度合作交流有待提升

一是“互联互通”综合体系有待完善。当前，青海与共建“一带一路”国家之间跨境物流供应链建设相对薄弱，互联互通综合体系有待完善，物流供应链运转速度难以有效提高，导致青海参与“一带一路”高质量共建受阻。二是智能制造业产能合作推进不畅。青海的智能制造业上下游产业链尚未形成，先进工业软件普及度较低，加上与共建“一带一路”国家在智能制造业技术标准方面存在较大差异，使青海在与共建国家进行智能制造业产能合作时推进不畅，“一带一路”高质量共建步伐难以加速。三是对外合作机制和平台建设缺乏。目前，西北内陆省区积极外向发展，陕西、甘肃、宁夏、新疆已分别与共建“一带一路”国家建立起有效的合作机制，青海与共建国家之间的合作机制缺乏，既缺少国家级合作平台，与共建国家地方层面之间的合作交流机制也明显不足，青海与共建“一带一路”国家之间开展合作的长效性、稳定性难以保障。

（三）与国内有关省份的合作有待加强，对外开放东西不平衡

一是和国内有关省份合作有待加强。多年来，青海积极开展与国内其他省份在市场、资源、产业等方面的合作，特别是在对口援青和东西部协作工作的助力下，江苏、浙江、山东、上海、北京、天津等地在青海项目资金投入成效显著，但是青海与周边省份和中西部省份之间的经济合作仍然比较薄弱，合作领域和层次都有待拓展和提升。二是开放存在明显的不平衡性。从 2022 年青海进出口总值的国别差异来看，与青海有贸易合作的前五位国家分别为日本、新加坡、南非、马来西亚、韩国，青海与中亚、南亚等区域的国家和地区之间的经贸合作规模有待提高。随着青海省陆港城市建设的推进，贸易陆路不断向西向南延伸，对外开放的不平衡性不能充分发挥青海在交通区位方面积累的优势，不利于青海在外向型经济发展中向货运枢纽型区域转变。

（四）本土企业国际化经营经验不足，竞争力有限

一是企业和项目规模偏小、层次不高。对外贸易总体规模小，特色优势产品国际市场竞争力不强，对外贸易企业主体少、规模小、市场开拓能力弱，支撑外经贸发展的产业集群程度低。企业分散化经营，缺乏横向联系和协作。2022 年有进出口实绩的企业 150 家①，单个企业平均进出口额仅 2800 万元，且从进出口产品来看，主要外贸企业多为资源密集型和劳动密集型企业。综合利用外资能力不强，吸收外资渠道单一的问题还没有得到根本改观，仍有待进一步拓宽。二是企业海外经验不足，参与国际化经营活动欠缺合规意识。面对国际国内企业合规管理发展大趋势，青海本土企业在深化国际化参与程度的过程中合规意识普遍不强。对境外投资环境缺乏足够了解，对国际投资规则及运作方式不够熟悉，缺乏跨国经营专业人才，风险管控能力不足，驾驭国际化经营的能力较弱，外贸综合服务企业少，青海企业整体外向型发展受制约。

（五）国际环境不稳定因素增加，企业外向发展主动性不足

共建“一带一路”国家众多，各国国情差异巨大，经济规模、文化背景、社会环境、政治制度各异，在融入过程中，包括青海企业在内的中国企业有可能面临政治风险、商业环境风险、法律风险、财产安全风险、文化冲突风险等一系列风险考验。中国作为贸易顺差大国，将面临各种贸易壁垒、贸易摩擦。此外，“一带一路”建设项目往往资金需求较大，投资周期较长，风险相对较高，在经济增长乏力的背景下如何实现融资，并保证项目成功落地将面临更大困难。“一带一路”合作伙伴的中东、中亚、非洲等地区的部分国家存在政局动荡的可能，军事冲突、动乱时有发生，加剧了当地政局的不确定性和社会的不稳定性。与此同时，网络安全、公共卫生安全、跨国犯罪、自然灾害、粮食安全、核安全等非传统威胁依然严峻，增加了区域环境风险。

① 资料来源：西宁海关。

三　青海参与“一带一路”建设的趋势分析与对策建议

世界处于百年未有之大变局，国际环境日益复杂，共建“一带一路”作为全球重要的国际公共产品和国际合作平台，在政策沟通、设施联通、贸易畅通、资金融通、民心相通等方面发挥重要的作用。在新形势下，青海需要深入参与国际供应链、产业链分工，对标更高水平贸易规则，强化数字引领、拓宽合作领域、提升监管水平，谱写全面深度融入“一带一路”高质量发展新篇章。

（一）深入对接国际贸易规则，推动制度型开放

一是全面对接 RCEP 高水平贸易规则。充分利用 RCEP 协定的新规则、新标准、新制度，结合青海比较优势，积极参与 RCEP 跨境电商、原产地、服务贸易等规则、标准的研究制定。在跨境电商方面，积极开展与共建“一带一路”国家和地区合作，进一步完善跨境电商信息系统建设，完善监管、金融、物流、财税、外汇等制度，加强跨境电子商务国际认证和监管等合作，推动建立符合跨境电商发展的国际通用规则。在原产地认证方面，深化各级部门之间原产地管理信息共享、互认，推广应用原产地证书自助打印和智能审核，为外贸企业提供 RCEP 原产国认定、海关关税查询等线上服务和一体化便利服务。

二是实施精准化产业开放举措。顺应经济全球化发展大势，强化产业链、供应链、创新链精准对接，实施全产业链系统化开放。围绕医疗、教育、文化等领域，加快推进服务业对内对外开放进程，实施差异化开放。精准推进产业招商，持续提升先进制造业水平，加快培育战略性新兴产业，大力发展现代服务业，引进产业链高端环节、高端要素，推进国际合作产业园区建设，实施新产业、新业态、新模式前瞻性开放。支持优势产业、特色产业、龙头企业参与国际竞争，探索以区域合作模式参与建设境外经贸合作区，提高风险防范能力，推进对外投资和经济合作有序发展。

（二）构建互利共赢的产业链供应链，扩大双向贸易投资

一是推动对外贸易创新发展。顺应互联网平台和数字经济发展趋势，以建设“一带一路”为契机，以“跨境电商综试区”为抓手，大力发展跨境电商，推动对外贸易高质量发展。持续推进对外贸易制度、管理和服务创新，扩大外贸主体和商品范围，挖掘外贸新增长点，拓展外贸发展空间。充分发挥综试区对跨境电商的示范引领作用，培育外贸竞争新优势。健全跨境电商发展支持政策，实施跨境电商规则和标准建设、品牌培育和海外仓高质量发展等专项行动，重点培育和建设企业、品牌和标准。支持综试区、跨境电商企业等加强在跨境电商全流程各领域的国际合作。探索与共建“一带一路”国家相关城市及有意愿的企业和社会组织建立跨境电商物流合作联盟，形成资源互通、互利共赢、优势互补、风险共担的新兴物流共同体。

二是加强国际产能合作，深化产业链供应链合作，增强弹性和韧性。顺应新一轮科技革命和产业革命发展趋势，立足青海比较优势，积极强化技术、资金、设备、管理经验等方面支持，通过建立生产基地、工业园区，参与国际产能合作，构建更加密切的产业链供应链分工合作关系。坚持共商、共建、共享原则，以项目为依托，以金融服务为支撑，完善基础设施，推动技术标准软联通，在加快能源设备与服务贸易“走出去”的同时，探索新能源、新产业，强化数字赋能，拓展“一带一路”产能合作的深度和广度。

（三）提升出口产品附加值，推动货物贸易优化升级

一是实施外贸经营主体发展壮大工程。制定出台促进外贸经营主体发展的政策措施，开展外贸高成长企业培育行动，在全省范围内选择一批有一定外贸规模、创新能力和国际化经营能力的重点企业，打造一批进出口规模大、市场拓展能力强、经营模式领先的总部型、龙头型、综合型进出口贸易公司；开展中小外贸企业帮扶活动，加强外贸业务培训，形成一批产品竞争力领先、发展潜力大、是细分领域“隐形冠军”的工贸一体出口行业骨干企业。吸引央企、实力较强的外贸企业、航空物流企业以及货代企业、外贸

中介服务企业等在青海设立贸易型公司，开展各类进出口业务。

二是巩固优势特色产品出口。做大优势产品市场份额，聚焦青海机电产品、纺织纱线、铁合金等优势出口产品，依托西宁综合保税区，国家和省级开发区、出口加工区等，优化原产地证书办理成本和时间，定期开展“一带一路”政策宣讲培训，让企业最大限度享受政策红利。支持企业向外开拓尼泊尔、中亚地区市场，重点以通信设备、新能源汽车及零部件等产品为主体，列举整理出口产品清单。围绕青海农产品种植及加工产业，结合绿色有机农畜产品输出地相关政策打造特色农产品出口示范区，提高农产品贸易效率和出口竞争力。

（四）深化医疗、教育、人才交流合作，推动民心相通

强化医疗、教育、人才等领域合作，通过开放合作实现其对本土公共服务水平提升的带动作用，着力补齐人才短板，提升产业链供应链发展韧性。在医疗合作方面，以“中藏医药”为突破口，加强中藏医药文化研究，推动中藏医药文化海外传播，打造中藏医药专科专病品牌，深化与国内外中藏医药交流合作。加大公派出国留学工作力度，以西部地区人才项目、国别区域研究人才项目等为带动，鼓励支持有条件的高职院校与东盟、非洲、中亚等地区的学校和机构开展“订单式”、“语言+技能”、学徒制等多种人才合作，在具备条件的国家设立海外教学、实习实训、教师实践基地。以传统体育赛事和在省内举办的国际赛事为依托，加强与国际体育组织之间的商洽对接，推动在体育事业发展方面的国际合作，支持引导单项体育运动协会与共建“一带一路”国家赛事组织建立平等、友好协作关系。

（五）持续深化重点国家合作，推动绿色、数字丝绸之路建设

深入研究共建“一带一路”国家和地区的政治、经济、文化等情况，加强与重要节点国家和地区的平台搭建和融合发展，积极探索青海深度参与“一带一路”共建工作的新亮点。以国内外展会为切入点，开展“青货”推广活动，支持有条件的企业设立海外仓、外贸基地，发展境外商品展示、品

牌推广、仓储物流、批发零售、线下体验、售后维修保养、备件供应等一体化服务，拓展国际营销服务网络。统筹使用国家和省专项资金，积极争取丝路基金和亚投行、国家开发银行等政策性资金，引导有条件的企业通过跨国并购、股权置换、境外上市、品牌合作等方式，在共建“一带一路”国家和地区拓展营销网络，开展产能合作。

在绿色丝绸之路建设方面，顺应全球绿色低碳发展趋势，围绕“清洁能源”“低碳产品”“碳足迹”等生态环保领域，加强合作交流，积极参与绿色丝路使者计划，加强海内外环境管理人员和专业技术人才互动交流，提升共建“一带一路”国家环保能力和水平。积极参与“一带一路”科技创新行动，以数字经济、信息通信和新型基础设施为抓手，建设青藏高原数字产业集聚区，深入开展交流合作。围绕优势学科和特色产业，加强与共建“一带一路”国家的科技交流，实施好国家重点研发计划政府间国际科技创新合作项目，加强与创新大国和关键小国政府间的科技项目合作。探索离岸创新、远程合作等智力引进新模式。

（六）持续完善公铁航运设施基础，推动设施联通提质增效

加快推动西成铁路建设，积极推进格库铁路（青海段）扩能改造工程。加速推进西宁机场三期、海南州、海西州机场建设工作，通过增加与新疆、西藏的航空联系提升西宁在向西、向南发展的客运中转枢纽地位。完善综合运输通道和交通枢纽节点布局，着力提升西宁、格尔木等“一带一路”节点城市综合货运枢纽服务水平和辐射能力。推动西宁加强功能性补短板设施建设，完善集疏运体系，整合资源优化冷链运行网络，加快国家骨干冷链物流基地建设。

有序推进西宁与各市州物流联系网络，有效衔接市州之间的冷链物流环节，建立全省物流资源电子地图。推广多式联运“一单制”，支持各地电子产品、机械装备、纺织服装、食品、特色农产品等优势产品组团出口，提升本地货源集聚能力。

参考文献

孙发平、史可双：《论中国式现代化与“六个现代化新青海”建设》，《青海社会科学》2023 年第 1 期。

孙发平、胡芳：《“一带一路”背景下深化青海与尼泊尔人文交流的路径与对策研究》，《甘肃政协》2021 年第 5 期。

王煜鹏：《青海为共建“一带一路”贡献文化力量，《青海日报》2023 年 3 月 6 日，第 10 版。

B.4

2023年青海省居民收入与消费形势分析报告

魏 珍*

摘 要： 2022年，青海经济社会平稳发展，经受住了复杂严峻的国内外形势和多重超预期因素影响的考验，全省民生保障及各类强农惠农政策投入力度持续加大，全省居民收入呈现稳定增长态势，城乡居民收入相对差距持续缩小，但绝对差继续拉大。居民消费结构波动幅度小，但个人消费支出等核心指标下降明显，恩格尔系数持续上升。目前，实现居民收入大幅上升的难度较大，制约青海居民收入和消费支出持续较快增长的因素依然较多，城乡居民收入结构优化缓慢。为确保居民收入水平稳定增长，消费支出不断增加和消费结构持续优化，仍需在破解经济发展困境，推动经济增长；扶持民营经济，稳定就业市场；促进农牧民增收，挖掘农村消费潜力；保障兜底等方面统筹谋划，持续加力。

关键词： 收入 消费 中等收入群体 高质量发展 青海省

近年来，受国内外经济环境更趋复杂严峻和国内疫情冲击的超预期影响，青海始终沿着习近平总书记指引的方向，攻坚克难、勇毅前行。宏观经济形势稳中向好。虽然地区生产总值增速下降，但经济社会发展基本盘保持稳定，2020年以来，经济总量突破3000亿元大关，2019年至2023年上半年，在多重不确定因素叠加影响下，经济保持正增长。2022年地区生产总

---

* 魏珍，青海省社会科学院经济研究所助理研究员，主要研究方向为区域经济、农村经济。

值3610.07亿元，较2021年增加225亿元，增速6.6%；2023年上半年地区生产总值1798.32亿元，增速6.8%；前三季度全省完成生产总值2695.7亿元，比上年同期增长5.6%，高于全国同期0.4个百分点，虽然与其他省区相比增速不高，但经济增长相对稳定，来之不易。在此基础上，青海居民收入、消费发生了新变化。

一　青海城乡居民收入发展形势

（一）居民收入稳定增长，增幅有所收窄

党的十八大以来，青海城乡居民收入持续增长。2022年，全体居民可支配收入与城乡居民可支配收入较2012年均实现了翻一番。2022年全年全体居民人均可支配收入27000元，较上年增长4.2%，较2021年增幅减少3.6个百分点，仅占全国平均水平的73.2%，收入绝对值相差9883元。城镇居民人均可支配收入占全国平均水平的78.6%，收入差10547元。农村居民人均可支配收入占全国平均水平的71.8%，收入差5677元。2023年以来，青海开展助企暖企行动，优化营商环境，恢复市场信心，政策性增资效应明显，政企收入保持增长，居民收入平稳增长，上半年，全省居民人均可支配收入12907元，同比增长5.3%。前三季度全省居民人均可支配收入20180元，同比增长5.6%，增速比上半年增加0.3个百分点。

由数据可以看出，一是青海居民人均可支配收入绝对值增长幅度较大，正在加快橄榄形收入分配结构的形成；二是受疫情等因素影响，近年来居民收入增速有所放缓，但保持稳定增长态势，2023年前三季度，增速回升速度较快，农村居民收入增速快于城镇；三是相较而言，虽然青海整体收入水平有了持续稳健增长，但从绝对值来看，在全民收入与城乡收入上与全国平均水平的差距都较大。

（二）城乡居民收入差距持续缩小，绝对差继续拉大

从城乡居民收入来看，2022 年青海城乡居民收入持续增长，其中，城镇居民人均可支配收入 38736 元，增长 2.6%，较 2021 年增幅减少 3.7 个百分点；农村居民人均可支配收入 14456 元，增长 6.3%，较 2021 年增幅减少 3.9 个百分点。农村居民收入增速高于城镇增速，也高于全国农村居民人均可支配收入平均水平。从城乡居民收入倍差来看，2022 年，城乡居民人均收入比为 2.68∶1，较 2012 年的 3.28∶1 缩小 0.6，较 2021 年缩小 0.09。但与全国平均水平相比仍高出 0.23 个比值，在西北五省区中排位第 3（见表 1）。2023 年上半年，全省城镇居民人均可支配收入 19005 元，增长 3.6%，农村居民人均可支配收入 6365 元，增长 7.8%，城乡收入比较 2022 年同期下降了 0.12。城乡收入上涨的趋势稳定，收入比在持续缩小。但从收入绝对值来看，2012 年全省城乡收入绝对差为 12201 元，2022 年为 24280 元，2022 年上半年为 12440 元，2023 年上半年为 12640 元。

表 1　2022 年全国与西北五省区城乡居民人均收入情况

单位：元

地区	城镇居民	农村居民	城乡居民收入比(农村为 1)
全国	49283	20133	2.45
陕西	42431	15704	2.70
甘肃	37572	12165	3.09
宁夏	40194	16430	2.45
青海	38736	14456	2.68
新疆	38410	16550	2.32

资料来源：国家数据官方网站。

从以上数据判断，近年农村居民人均可支配收入增速快于城镇居民收入增速，也快于同期 GDP 增速，极大地缩小了城乡居民收入倍差。但因农村居民收入基数低，虽然增速快，但对城乡收入绝对差缩小作用不显著，城乡居民收入绝对差正在不断拉大。

（三）收入构成较稳定，呈小幅波动态势

从工资性收入、经营净收入、财产净收入、转移净收入四项收入来源看。工资性收入是青海居民收入构成的主体，是拉动人均可支配收入增长的主要力量，2022 年，全省居民工资性收入 15237 元，增速 1.8%，增幅较 2021 年有所收窄，在居民人均可支配收入中占比 56.4%，近年来呈现小幅下降趋势。经营净收入 4113 元，下降 1.1%，占比 15.2%，较 2020 年、2021 年有所降低。财产净收入 988 元，下降 3.7%，占比 3.7%，2018 年以来，由占比 5.1%下降到 3.7%。转移净收入在居民人均可支配收入中占比第 2，近年来上升趋势明显，2022 年较上年增长 15.5%，5 年间占比上升 3.1 个百分点（见表 2）。

表 2　2018~2022 年青海省全体居民收入来源情况

单位：万元，%

项目	2018 年		2019 年		2020 年		2021 年		2022 年	
	收入	占比	收入	占比	收入	占比	收入	占比	收入	占比
人均可支配收入	20757		22618		24037		25919		27000	
工资性收入	12209	58.8	13204	58.4	13872	57.7	14967	57.7	15237	56.4
经营净收入	3014	14.5	3306	14.6	3781	15.7	4160	16.1	4113	15.2
财产净收入	1057	5.1	1141	5.0	1047	4.4	1026	4.0	988	3.7
转移净收入	4477	21.6	4967	21.9	5337	22.2	5767	22.3	6662	24.7

资料来源：根据《青海统计年鉴》、统计公报数据计算得出。

由上述几组数据可以看出，一是作为一次分配的工资性收入虽在绝对值上保持上涨，但增速放缓，2022 年在全体居民可支配收入结构中占比下降。二是受到疫情等因素影响，部分商业体经营困难，出现倒闭、关闭等情况，随着人口流动性减少，出租房屋等交易数量骤减，使居民动产和不动产获得收入较难或较少，经营净收入、财产净收入下降幅度较大。三是全省城乡居民最低生活保障标准有所提升，在财政收入压力较大的背景下，转移支付兜牢兜实民生底线，民生在各类冲击下得到支撑。

从城镇居民人均可支配收入结构来看，工资性收入在城镇居民人均可支配收入中占比最高，呈逐年下降趋势；转移净收入在城镇居民人均可支配收入占比排名第2；经营净收入排名第3，占比稳定在7%上下；财产净收入近年来有小幅下降，2022年占比4%。从农村居民人均可支配收入结构来看，经营净收入在农村居民人均可支配收入中占比近40%，随着农民收入渠道扩宽，农民工外出就业增加，经营净收入占比近年来有下降的趋势，工资性收入占农民可支配收入的比重增加，2019年突破30%，2022年占比32.9%，且未来将持续走高，在拉动农村居民人均可支配收入增长方面发挥显著作用。一系列惠及民生的增资政策落地，对农民转移净收入的增加起到了较大的促进作用，转移净收入对农村居民人均可支配收入的贡献排名第3，2022年转移净收入在农村居民人均可支配收入中占比25.9%，较2021年增加2.9个百分点。由于基数低、财产少、优势不足等，财产净收入在绝对量和占比上排名最末（见表3）。

表3　2018~2022年青海省城乡居民收入来源情况

单位：%

年份	工资性收入		经营净收入		财产净收入		转移净收入	
	城镇	农村	城镇	农村	城镇	农村	城镇	农村
2018	68.9	29.3	6.6	37.6	5.3	4.5	19.1	28.7
2019	67.6	31.5	6.8	37.4	5.6	3.6	20.0	27.6
2020	66.3	32.5	7.6	39.6	4.7	3.4	21.4	24.6
2021	65.5	35.3	8.1	38.9	4.4	2.8	21.9	23.0
2022	64.7	32.9	7.1	38.6	4.0	2.6	24.3	25.9

资料来源：青海统计年鉴、统计公报。

二　青海城乡居民消费形势分析

（一）居民消费受新冠疫情影响大，整体呈恢复趋势

结合近五年青海省城乡居民消费主要数据，2021年之前居民人均消费

支出逐年增长。2022 年降幅明显，全省居民人均消费支出 17261 元，比上年下降 9.2%，占居民收入的 63.9%。其中，城镇居民人均消费支出 21700 元，下降 11.5%，占居民收入的 56%；农村居民人均消费支出 12516 元，下降 5.9%，占居民收入的 86.6%。从社会消费品零售总额来看，疫情开始的 2020 年，全省社会消费品零售总额 877.34 亿元，较 2019 年下降 7.5%，2021 年有所恢复，全年 947.84 亿元，较 2020 年增长 8%，2022 年 842.08 亿元，较 2021 年下降 11.2%。2023 年以来，青海出台绿色消费、汽车消费、家政服务业提质扩容等系列惠企支撑政策，将 4300 万元资金用于促消费各项活动。① 上半年居民消费各项指标增速转负为正，全省居民人均生活消费支出 10250 元，同比增长 18.1%。其中，城镇居民人均生活消费支出 13457 元，增长 18.6%；农村居民人均生活消费支出 6809 元，增长 15.6%，居民消费稳步回升。2023 年上半年，全省社会消费品零售总额 455.79 亿元，同比增长 12.8%，已经超过疫情前 2019 年上半年社会消费品零售总额 403.66 亿元的水平。

（二）城乡消费结构差异小，消费信心有所提振

从居民八大类消费品支出情况看，2022 年，食品烟酒、居住、交通通信 3 项是城乡居民消费最高的品类，从增速来看，在疫情及房地产开发风险防控、“双减”等政策影响下，居民居住消费减少，交通通信、教育文化娱乐支出降幅超两位数，拉低全年社会消费品零售总额。全体居民消费除食品烟酒外，其余品类消费增速均为负。城镇居民生活消费支出除其他用品及服务外，其余品类增速均为负；农村居民生活消费支出增速除食品烟酒品类外均为负。居民除食品烟酒等必要支出外，缩减了其他领域消费，消费者信心缺乏，预防性储蓄意识强，消费保守。2023 年以来，随着经济逐步复苏，消费有序恢复，上半年全省居民人均生活消费支出 10250 元，同比增长 18.1%，占居民收入的 79%。城镇居民人均生活消费支出 13457 元，增长

① 董洁：《青海：着力扩大消费　大力提振市场信心》，《青海日报》2023 年 2 月 22 日。

18.6%，占居民收入的 70.8%；农村居民人均生活消费支出 6809 元，增长 15.6%，占居民收入的 107%。青海在 2023 年上半年西北五省区人均生活消费支出增长率中排名第 1，也高于全国平均增速（见表 4）。2023 年上半年，全省 CPI 在合理区间内保持温和上涨，限额以上批发零售业大类商品中，反映消费升级的商品零售额快速增长，汽车类零售额、石油及制品类零售额增速超两位数，金银珠宝类、书报杂志类、中西药品类、通信器材类零售额增势明显。粮油食品类、日用品类零售额有序下降，消费市场正在加快复苏。

表 4　2023 年上半年西北五省区居民人均收入、消费支出情况

单位：元，%

地区	全体居民				城镇居民				农村居民			
	收入	增速	消费	增速	收入	增速	消费	增速	收入	增速	消费	增速
全国	19672	6.5	12739	8.4	26357	5.4	15810	7.7	10551	7.8	8550	8.5
陕西	15902	6.7	10897	14	22150	5.46	13491	13.54	8450	7.92	7803	13.65
甘肃	11530	8.04	8908	7.83	18970	6.68	13030	6.33	5710	8.08	5683	8.58
宁夏	13806	7.04	10474	10.31	19590	5.89	13266	9.76	6500	7.76	6974	9.94
青海	12907	5.3	10250	18.1	19005	3.6	13457	18.6	6365	7.8	6809	15.6
新疆	11378	5.86	10214	6.32	20701	4.6	14131	4.22	2693	7.94	6566	9.42

资料来源：国家统计局、华经产业研究院。

（三）恩格尔系数整体上升，居民存款增速较快

一般而言，恩格尔系数在 20%以下为极其富裕，在 20%~30%为富足。2015~2020 年，青海恩格尔系数已经下降到 30%水平，且在逐年降低，2021 年以来，受疫情影响出现反弹性波动，全省恩格尔系数整体有所上升。2022 年，全省居民恩格尔系数为 34.0%，较上年提高 3.2 个百分点，较 2020 年提高 5.4 个百分点。其中，城镇 33.1%，较上年提高 3 个百分点，较 2020 年提高 5.3 个百分点，农村 35.7%，较上年提高 3.8 个百分点，较 2020 年提高 5.5 个百分点，全省及城乡恩格尔系数高于全国平均水平。城乡恩格尔系数差距由 2019 年的 0.7 扩大到 2022 年的 2.6（见表 5）。对比近三年城乡

居民各类消费支出占比情况，可以发现全省居民消费结构变化不大。食品烟酒支出占居民人均生活消费收入的比重增加，居民消费升级的空间压缩，农村居民可支配收入中用于教育文化娱乐、医疗保健等提升生活品质的消费预算被进一步缩减，一定程度上扩大了城乡各类差距。另外，尽管城乡消费比差距缩小，但是其建立在城镇居民人均生活消费支出下降、农村居民人均生活消费支出上升的前提下。从金融存贷运行来看，2022 年末，金融机构人民币各项存款增速 13.2%，为近五年来最高，其中住户存款余额增速 15.1%，各项贷款余额增长仅 3.3%，储蓄的增长抑制了部分消费。

表 5　2019~2022 年青海省恩格尔系数

单位：%

年份	全国			青海		
	居民	城镇	农村	居民	城镇	农村
2019	28.2	27.6	30	29.2	29	29.7
2020	30.2	29.2	32.7	28.6	27.8	30.2
2021	29.8	28.6	32.7	30.8	30.1	31.9
2022	30.5	29.5	33	34	33.1	35.7

资料来源：国家统计局、青海统计公报。

三　青海居民收入与消费发展形势研判预测

近年来，受经济下行压力和诸多复杂因素影响，青海居民收入与消费支出增长总体处于承压状态，结合上述分析，对青海 2023 年第四季度及 2024 年居民收入与消费形势进行初步研判预测。

1. 收入方面

2023 年，青海居民收入水平稳步增加，较以往同期有所放缓，农村居民收入消费增速快于城镇也高于全国平均水平，反映了青海乡村振兴发展成效。未来一个时期，随着经济加快复苏，宏观经济形势向好，拉动经济的

“三驾马车”持续发力，居民收入增加的基础将更加稳固，根据往年的发展规律，居民收入增速将与经济增速基本保持一致，在高质量发展、高品质生活背景下，收入增速有望略快于经济增速。在收入结构上，工资性收入、经营净收入在未来一个时期有上升的趋势，其中，由于农牧民剩余劳动力进城务工的壁垒被不断消除，因此农牧民工资性收入有较大提升空间，收入结构虽短期内不会有太大变化，但会持续优化。

2. 消费方面

2023 年以来，青海居民消费支出稳中有升，疫情对消费的负面影响正在逐渐散去，CPI 温和运行，市场消费依旧保持活力。随着就业、营商、消费环境的进一步优化，居民收入水平稳步提高，居民对于疫情造成的各类不确定性及收入下降的担忧会逐渐消除，前期被抑制的消费特别是旅游市场消费有望充分释放，消费增长速度或依然保持良性增长态势。在消费结构上，居民消费中用于食品烟酒的比例将明显下降，代表消费品质的教育文化娱乐、医疗保健等领域支出将提升，但短期内消费结构变动不大。随着经济逐步复苏，城乡间各类要素加快流通，居民消费信心快速恢复，未来青海恩格尔系数有较大下降空间，城乡间的差距也将进一步缩小。近三年来，青海金融机构居民储蓄存款余额的增长率均高于 2019 年水平，从侧面反映出微观主体对经济的预期，即选择规避风险。因此，未来青海居民的大额支出如购房、购车的消费倾向会受到抑制，但总体仍将维持较为稳定的增长。另外，消费通过传统渠道大规模增长的概率较小，具备大幅增长潜力的主要是通过网络渠道开展的批零住餐业。

四　高质量发展目标下促进居民收入与消费恢复性增长的对策建议

2023 年上半年，全省城乡居民收入虽实现平稳增长，但全省经济发展、居民增收面临诸多困难与挑战，主要表现在：一是全省经济呈现增长趋缓、投资降幅扩大、下行压力增大的态势，特别是民营经济规模小，企业发展信心不足，为城乡居民就业创业增收带来阻碍；二是农牧民收入增长缓慢，财产净收入等收入来源单一，渠道窄，一、二、三产业融合程度低，经营净收入增速不及预期，农业增产不增收现象凸显；三是城乡居民收入结构优化缓慢，城镇居民经营净收入及农村居民工资性收入增速下降幅度大，在人均可支配收入中比重提升较慢，进一步制约城乡居民收入较快增长。为进一步实现高质量发展目标，持续促进收入增长，提振消费，未来还需在以下几个方面积极筹划。

（一）推动经济恢复增长加速度，实现质的有效提升

党的二十大报告提出："高质量发展是全面建设社会主义现代化国家的首要任务。没有坚实的物质技术基础，就不可能全面建成社会主义现代化强国。"根据经济学基本原理，收入决定消费，收入提高是消费提高的基础和必要条件，收入增长乏力，提振消费也无从谈起。过去 20 年，青海居民人均可支配收入的增长更多依赖于经济增长，因此，无论是提升居民收入还是提振居民消费能力，还须破解经济增长困境，提高增长速度。一是加强外向型经济发展，扩大对外贸易往来。二是要通过投资拉动收入增长，支持制造业、基础设施、绿色发展等重点领域的投资，形成投资实物工作量，加快投资拉动经济增长见实效。释放积极信号提振和恢复民间投资的信心，激励民营企业发展。民营经济是创新创业的主阵地和人民收入的重要来源，为推动经济社会发展提供源源不断的新动能。三是持续优化产业结构，加快研究和布局一批新业态、新模式，培育经济新增长点。四是深化改革赋能，统筹推进"放管服"改革、建立健全惠企政策直通企业制度，助力企业减少后顾之忧，通过优化营商环境，挖掘内生动能，激发大众创业创新活力，力争经济增长韧性尽快恢复至疫情前水平。

（二）促进农牧民增收，促进四大收入水平整体增加

青海农村居民收入处于全国居民五等份收入分组数据"中间偏下收入组"和"低收入组"之间，与城镇居民可支配收入绝对量差距不断扩大，

与全国平均水平的绝对量差距也呈“喇叭口”趋势。从消费水平来看，青海农村居民消费水平不高，2022年，仅占青海城镇居民消费支出的57.7%，全国农村居民消费支出平均水平为75.3%，但是由于收入基数低，消费占收入比重高，且主要集中于较低水平的刚性需求，农民可支配收入中可用于预防性储蓄的部分少，一定程度抑制了农村居民发展型、享受型消费倾向，农村消费潜力尚待挖掘。因此，要千方百计扩大农村居民收入，缩小城乡收入差距，持续释放农村消费潜力。从收入来源视角看，要从四类收入的整体提高发力，但从重要程度与提升效果来看，财产净收入与转移净收入的增长潜力虽有待激发，但空间与增长量有限。相较之下，工资性收入和经营净收入的增长空间较大，增长途径与手段也较多，是稳定收入增长率和提高收入绝对量的核心力量，政策支持与关注应多倾向于此。一是提高农村人力资本效能，增强县域经济活力，注入工资性收入增长动能。二是推进产业深度融合，拓展经营净收入增收渠道。三是盘活农村资源，激发财产净收入增收潜力。四是完善强农惠农富农政策，保障转移净收入有效增长。

（三）优化消费结构，激发潜在消费群体

从青海居民消费支出情况来看，生活必需品是消费的主流，未来很长一个时期，为保障确定性的生活方式，生活必需品仍将是居民消费的主流，随着人民群众日益增长的美好生活需要，生活消费品的质量将逐步代替价格成为消费者的第一考量。疫情期间外出休闲旅游等领域的消费倾向被逐步释放，将驱动文体旅游产业快速发展。因此要充分考虑居民在物质、精神方面的需求，从供给侧精准识别需求群体和潜在消费群体，持续改善居民消费预期，引导消费者更加合理、更有性价比地进行消费。同时，应改善消费环境，完善城乡不同层级消费载体，鼓励消费场景创新，丰富产品供给，在存量上提质、增量上做优，加快实现人民群众在消费中享受高品质生活的目标。

（四）扩大中等收入群体，筑牢高品质生活根基

扩大中等收入群体是扩大内需、稳住消费底盘的重要支撑。要通过完善

收入分配制度，优化收入分配结构，形成按劳分配为主体、多种分配方式并存，初次分配、再次分配、第三次分配协调的配套制度体系，“做大蛋糕”的同时“分好蛋糕”。一是继续加大财政支出向民生倾斜力度，通过转移支付提高低收入群体的收入水平，维护好低收入群体利益，持续扩大中等收入群体。二是健全多层次社会保障体系和常态化帮扶机制，适当提高社保给付水平，尤其要使低收入群体感受到最直接的实惠和保障，在满足基本生活需要的同时，提振他们的消费能力。三是引导和发展三次分配，三次分配是促进共同富裕、缩小贫富差距的重要手段，在企业参与的基础上，引导个人积极参与三次分配。

参考文献

邢震：《城乡收入差距与消费结构优化——基于省域面板数据的实证分析》，《商业经济研究》2023 年第 19 期。

宋晓丽、李晓灿、张吉国：《地理标志农产品对城乡收入差距的影响研究——基于全国 30 个省份面板数据的实证分析》，《科技和产业》2023 年第 18 期。

陈斌开、林毅夫：《发展战略、城市化与中国城乡收入差距》，《中国社会科学》2013 年第 4 期。

王少平、欧阳志刚：《我国城乡收入差距的度量及其对经济增长的效应》，《经济研究》2007 年第 10 期。

张克俊：《我国城乡居民收入差距的影响因素分析》，《人口与经济》2005 年第 6 期。

王国华、李克强：《农村公共产品供给与农民收入问题研究》，《财政研究》2003 年第 1 期。

李实、赵人伟、张平：《中国经济转型与收入分配变动》，《经济研究》1998 年第 4 期。

B.5
2023年青海省投资形势分析报告

杜青华　杨春月*

摘　要：　投资作为与消费、出口并列拉动经济增长的“三驾马车”之一，在宏观经济平稳运行上起着举足轻重的作用。2000~2022年，青海先后经历了两轮宽松财政政策时期、一轮紧缩财政政策时期和三年新冠疫情特殊时期，全省固定资产投资增速总体呈现前增后降的趋势。2023年新冠疫情防控平稳转段，居民消费需求回暖趋势日趋明朗，国有企业和民营企业资产负债表逐步恢复，经济运行的基本盘呈现回升向好态势，有利于2024年的青海投资形势走向企稳回升的正常轨道。

关键词：　逆周期宏观调控　积极财政政策　投资形势　青海省

投资作为与消费、出口并列拉动经济增长的“三驾马车”之一，在宏观经济平稳运行上起着举足轻重的作用。2000年以来，在青海经济快速发展的过程中，投资始终是拉动全省经济增长的关键要素，先后在2008年全球金融危机、2018年中美贸易摩擦、2020年新冠疫情等重大困难时期，在稳经济、扩就业、降风险等方面发挥了重要的逆周期宏观调控作用。

一　2000年以来青海省固定资产投资的主要特点

2000~2022年，青海先后经历了两轮宽松财政政策时期、一轮紧缩财政

* 杜青华，青海省社会科学院经济研究所所长、研究员，主要研究方向为宏观经济与政策分析；杨春月，青海省社会科学院经济研究所研究实习员，主要研究方向为资源与环境经济学。

政策时期和三年新冠疫情特殊时期（具体来说，是 2000 年西部大开发初期和 2008 年全球金融危机期间的两轮宽松财政政策以及金融危机后的一轮财政紧缩政策），全省固定资产投资增速总体呈现前增后降的趋势。

（一）投资增速整体趋缓

在西部大开发初期，受国家宽松宏观政策环境影响，2001 年全省固定资产投资增速一度达到 30. 21%的阶段性高位，此后增速虽然有所放缓，但也始终保持在 11%以上的高速增长区间。2008 年受到全球金融危机冲击影响，国家实行扩张性的财政政策，青海省固定资产投资增速开始了新一轮的快速提升，2009 年一度达到 37. 34%的峰值。2012 年全球金融危机进入恢复期以后，随着国家财政政策开始逐步收紧，青海的固定资产投资增速也开始逐年趋缓，但始终保持了 5%以上的中高速增长水平。2020~2022 年，受新冠疫情影响，青海省连续三年固定资产投资增速降为负值（见图 1）。

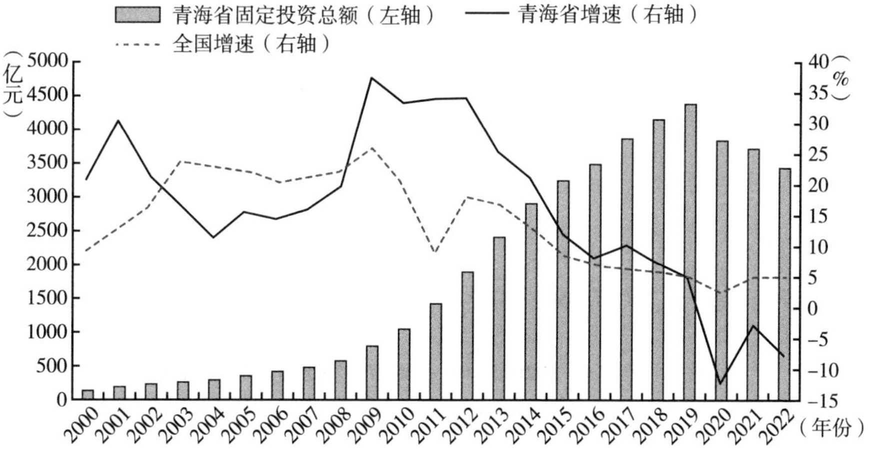

图 1　2000~2022 年青海省固定资产投资总额及其增速

资料来源：《中国统计年鉴》（1999~2022）、《中华人民共和国 2022 年国民经济和社会发展统计公报》、《青海省 2022 年国民经济和社会发展统计公报》。

根据统计局每年发布的全省固定资产投资增速数据，笔者计算出 2000~2019 年青海省固定资产投资总额从 154. 83 亿元增长至 4390. 71 亿元，年均增长率为 18.20%，整体处在一个增速较高的水平。作为典型的投资驱动型经济的省份，长期以来投资对青海经济始终发挥着至关重要的拉动作用。

（二）固定资产投资增速季节性波动特征明显

长期以来，受气候因素影响，青海省固定资产投资主要集中在第二、第三两个季度，且呈现明显的季节性波动。每年的第二季度是青海投资的高峰期，第三季度后期投资增速开始放缓，第一季度和第四季度由于气温低，是增速较低的时期。受新冠疫情影响，2020 年以来，全省固定资产投资增速虽然也会出现一次季节性升高，但会提前一个季度或者两个季度出现回落，且回落幅度明显放大（见图 2）。

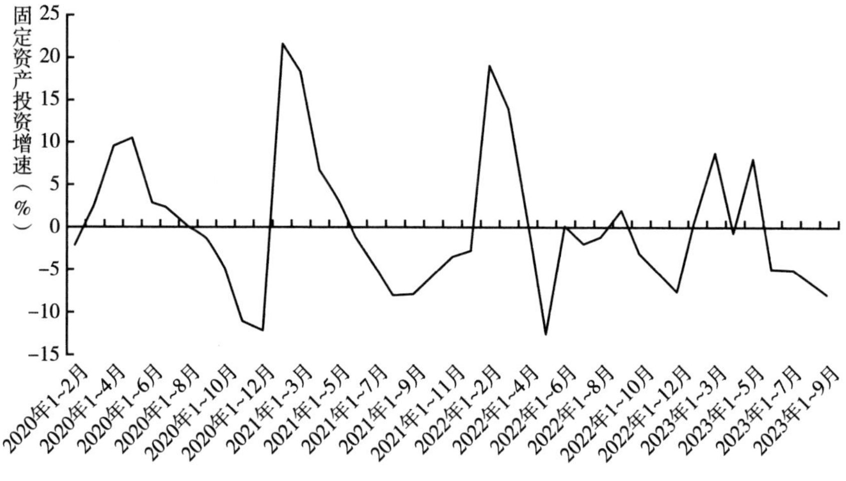

图 2　2020 年至 2023 年 9 月青海省固定资产投资增速

注：2022 年 1~4 月和 1~11 月的两个月份数据缺失，采用插值法补齐。

资料来源：青海省统计局《全省固定资产投资主要情况》，2020~2023 年各月份。

（三）国有投资和民间投资占比差距明显缩小

按照经济类型分类，固定资产投资可以分为国有投资、民间投资、外商投资、港澳台投资和其他投资。2002 年以前，青海省固定资产投资中国有投资占比在85%以上，国有经济在全省国民经济中的分量很重。2003年以后，随着民营经济的快速发展，民间投资在全省固定资产投资中的比重也得到了快速提升。具体观察，2000~2022年，全省国有投资占比总体呈现明显下降趋势，占比由2000年的88.72%降至2011年的45.71%，之后的10余年间虽然有所回升，但总体保持在63%以下，2022年又重新回落至53.51%。全省民间投资占比从2000年的11.28%不断升高，并在2011年达到54.29%的峰值，之后的10余年内虽然有所回落，但总体仍然保持在37%以上，2021年后占比又回升至50%左右（见图3），国有投资和民间投资在总投资中的占比差距明显缩小。

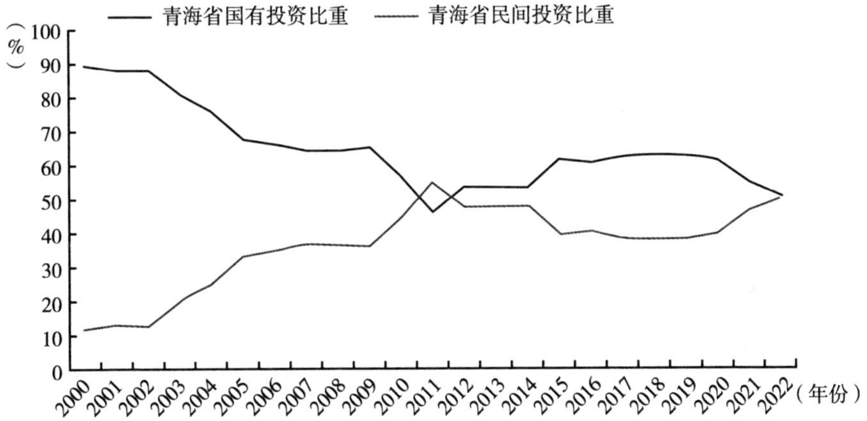

图3　2000~2022年青海省国有投资与民间投资占全省固定资产投资比重

资料来源：《青海省统计年鉴》（2001~2022）、《青海省2022年国民经济和社会发展统计公报》。

从国有投资和民间投资占固定资产投资比重的相互关系来看，国有投资和民间投资之间存在一定负相关的关系。但这种关系更多是指在统计意义上的负相关，即国有企业与民营企业之间相互竞争、相互合作，最终有利于全省产业结构的优化和转型升级。

（四）三大投资领域占比有升有降

工业投资、基础设施投资和房地产投资是分析固定资产投资的三大重要领域。从静态视角观察，2000~2022 年，上述三大投资领域占青海省固定资产投资均值达到 70%以上，在拉动全省经济稳步发展中发挥着举足轻重的作用。

从动态视角观察，工业投资占比总体呈现增加的趋势。这主要是由于青海省本身拥有丰富的矿产资源、盐湖资源以及风、光、水等资源，在发展工业方面具有得天独厚的优势。伴随着青海省生态文明高地、产业“四地”加快推进，青海逐步走上了经济高质量发展的道路，绿色工业投资不断增加，工业投资占比由 2001 年的 22.32%上升至 2022 年的 40.48%，工业投资占比不断增加。

基础设施投资占比呈现先降后升的趋势。2001 年青海省基础设施投资占比为 67.11%，2005 年以前基础设施投资占比均值在 65%以上，可以看出青海省基础设施投资在改善民生、促进经济中发挥着重要作用。后随着交通网络建设，城市化基础设施逐步完善，基础设施投资逐步回落，2010 年其占比一度下降至 26.61%的水平。近年来，随着生态环保领域补短板和城乡基础设施建设开始注重绿地公园、过街天桥、地下快速通道、新能源充电桩等方面的品质提升，基础设施投资占比又回升至 44.08%的水平。

房地产投资占比呈现先升后降的趋势。2001~2011 年，青海省房地产投资占比不断增加，2010 年房地产投资占比首次突破两位数，达到 10.12%的阶段高位。房地产行业逐渐成为经济发展的重要行业，快速扩张的房地产行业，一方面推动了青海的城市化进程、基础设施建设和钢铁、水泥、家具、家电、建材等一系列上下游关联产业的繁荣发展；另一方面房地产投资也出现了阶段性过热、房价涨幅过快、经济脱实向虚等诸多隐患。为确保全省宏观经济平稳健康运行，2010 年以来政府相关部门先后对房地产行业实施了多轮限购、限价、限贷等一揽子“降温”措施，房地产行业利润下滑，很多中小房企开始退出市场。2012 年房地产投资占比降至 9.88%，后有小幅度回升，但近三年来，市场经济下行压力大，房地产行业不景气，2022 年房地产投资占比又进一步下降至 8.52%的水平（见图 4）。

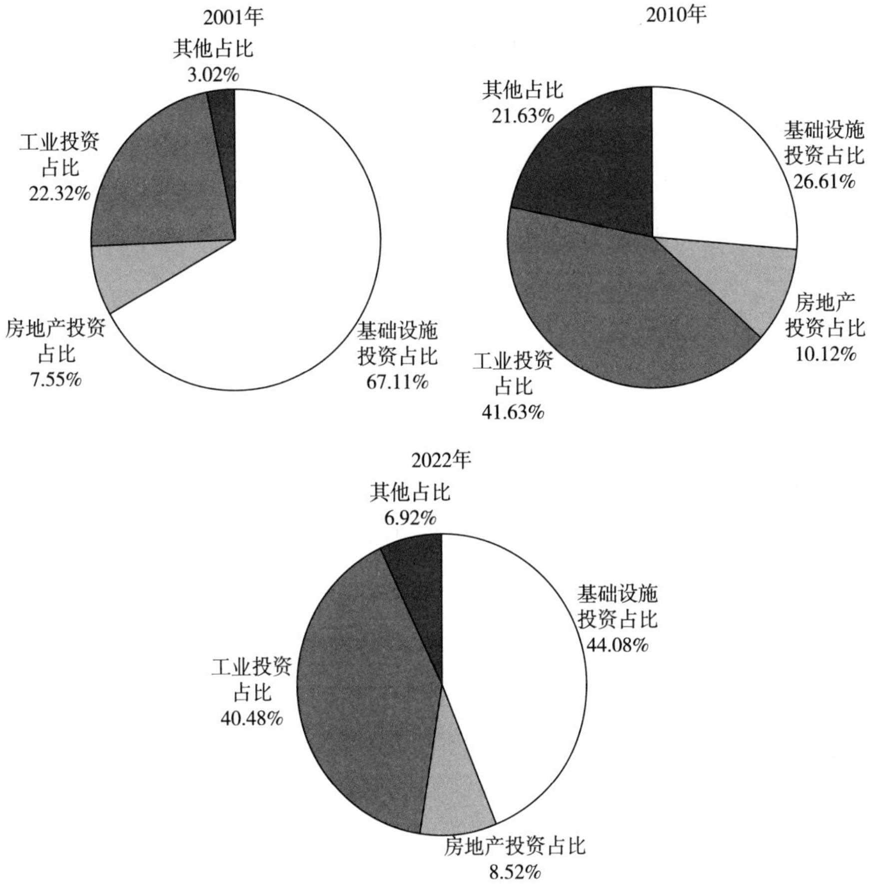

图 4　2001 年、2010 年、2022 年青海省三大投资领域占比变化情况

资料来源：《青海省统计年鉴》（2002、2011）、《青海省 2022 年国民经济和社会发展统计公报》。

二　青海省固定资产投资结构分析

固定资产投资结构与经济结构密切相关，优化调整投资结构是促进经济高质量发展、实现产业转型升级、提高区域经济竞争能力的重要途径。2000~2022 年，伴随着经济新常态的出现，青海省投资结构主要为工业投资深度转型，高技术领域工业投资引领作用显著，新型基础设施建设逐步成为稳投资的重要载体等特征。

（一）工业投资进入加快转型阶段

青海省矿产资源储量大、品种多，是我国重要的资源战略储备和接续地之一。依托得天独厚的资源禀赋，工业经济在青海省经济发展中扮演着重要的支撑作用，因此工业投资在青海省固定资产投资中也占有重要地位。2000~2022 年，工业投资占青海省固定资产投资比重的均值约为 40%，是固定资产投资的重要组成部分。

从图 5 可以看出，2001~2022 年，青海省工业投资增速整体上快于国家工业投资增速，且青海省工业投资增速易受政府政策与经济周期变化的影响。2000 年随着西部大开发计划的起步实施，2001 年青海省工业投资增速曾井喷式上升至 131.61%的水平。随着 2016 年国内“三去一降一补”政策的持续推行，青海省工业投资增速也曾一度下跌至-8.58%的水平，这在一定程度上反映出未来青海的工业投资转型升级迫在眉睫。2022 年，在经济下行压力较大的背景下，工业投资“压舱石”作用进一步凸显，在房地产、基础设施等投资增速为负值时，青海省工业投资增速增长到 26%，带动固定资产投资企稳回升。

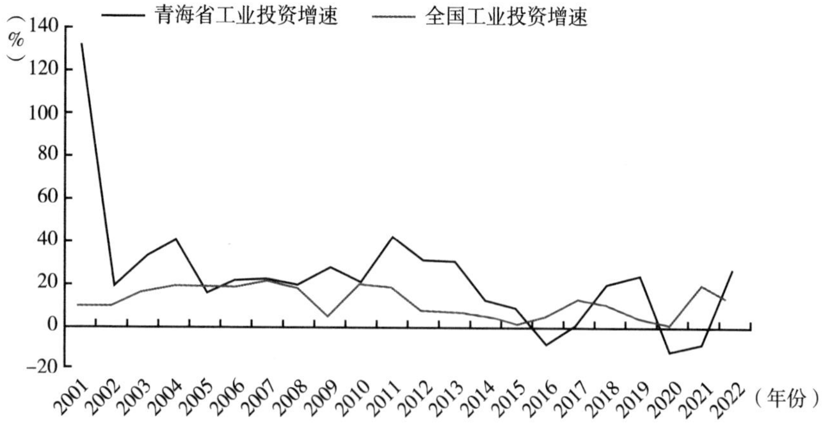

图 5　2001~2022 年青海省及全国工业投资增速

资料来源：《中国统计年鉴》（2000~2022）、《中华人民共和国 2022 年国民经济和社会发展统计公报》、《青海省 2022 年国民经济和社会发展统计公报》。

从图6青海省四大主要优势产业占工业投资的比重可以看出，制造业投资是青海工业投资的主要组成部分。另外，从投资占比的视角观察，2012~2022年，制造业投资占比虽然在2020年有较大下降，但始终在四大优势产业投资中占比排第一位。新能源产业、新材料产业随着青海工业在清洁能源、盐湖资源、碳纤维等领域转型升级步伐开始加快发展，投资占比也取得了提升。2022年，青海省制造业投资占工业投资比重为33.05%，新能源产业投资占比为31.72%，新材料投资占比为23.57%，采矿业投资占比下降为9.51%。由此可见，制造业仍为青海工业投资的主要动力，高新技术产业投资逐渐成为青海工业投资的“新引擎”。

从投资增速的视角观察，2012年以来，采矿业投资增速减少幅度最大，而新材料产业、新能源产业和制造业则呈正向快速增长的态势。2016年以后，制造业投资增速有所放缓，2020~2022年制造业投资处于逐渐恢复之中，主要是依靠装备制造业、高新技术制造业投资拉动其增长，2022年两者的投资增速分别达到86.6%和50%的较高水平，新材料产业投资增速甚至达到了120%，新能源产业的投资增速也达到17.6%。由此可见，青海工业投资结构开始进入深度转型升级阶段，工业投资由资源投入密集型向科技研发密集型转换。

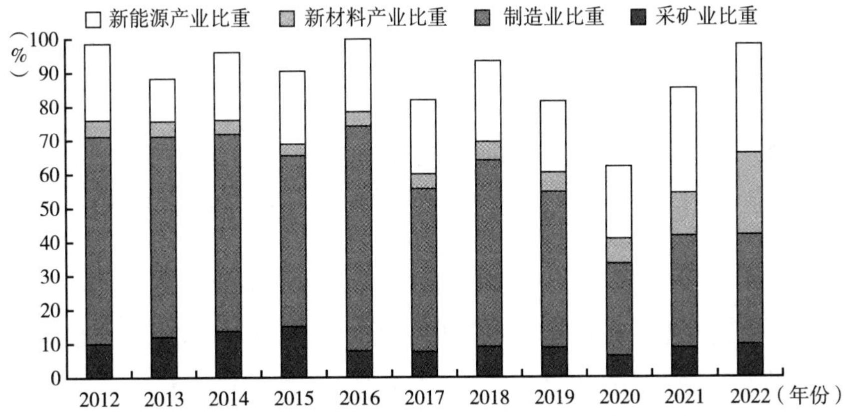

图6　2012~2022年青海省四大主要优势产业占工业投资比重

资料来源：《青海省统计年鉴》（2013~2022）、《青海省2022年国民经济和社会发展统计公报》。

（二）新型基础设施建设蓄势待发

基础设施投资为社会生产与居民生活提供基础性的公共设施与服务，是社会赖以生存的基本条件。2010～2022 年，青海基建投资增速下降较为显著，由 48.7%下降至-13.3%（见图 7）。这是因为近年来青海以高速公路“三纵、四横、十联线”，铁路“两心、三环、三横四纵”，机场“一主六辅”布局建设以及桥梁、通信基站为代表的传统基础设施建设已基本完成。未来的基础设施投资更多倾向于以大数据中心、智慧城市、工业物联网、特高压、新能源汽车充电桩为代表的新型基础设施建设，目前这些新型基建受应用场景的制约，正处于起步发展阶段，在基础设施建设中的比重较小，拉动作用有限，但是前景很好。

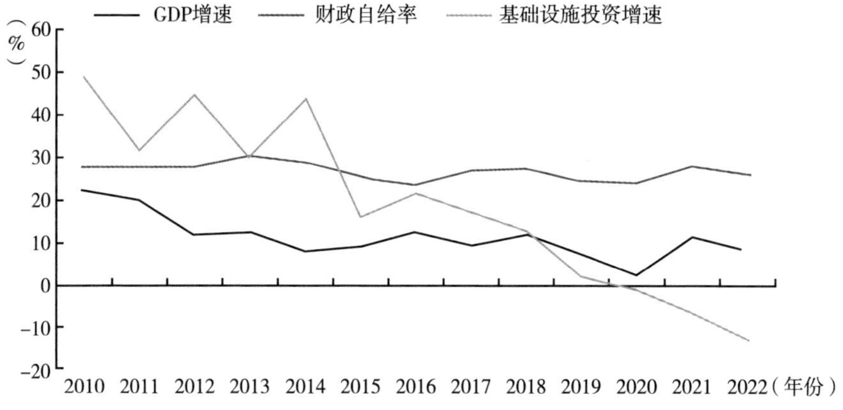

图 7　2010～2022 年青海省基础设施投资增速、GDP 增速及财政自给率

资料来源：《青海省统计年鉴》（2009～2022）、《青海省 2022 年国民经济和社会发展统计公报》。

从图 8 可以看出，2000 年青海省基建投资主要聚焦于交通运输、仓储和邮政业，随着青海省城市化进程加快和乡村振兴的快速发展，交通基础设施路网日臻完善。截至 2022 年底，青海省公路总里程达到 8.77 万公里，铁路营运里程达到 2854 公里，其中高速铁路 218 公里①。全省水利、环境和公

① 《青海省 2022 年国民经济和社会发展统计公报》，青海省统计局，http：//tjj.qinghai.gov.cn/tjData/newData/，最后检索日期：2023 年 11 月 21 日。

共设施管理的投资比重已从6.48%提高到51.03%，补短板性质的基建投资比重上升明显。可以看出，在新常态下，增强城市环境承载力、提高城市公共服务设施的便利性和改善人居环境已成为青海省固定资产投资新的增长潜力。

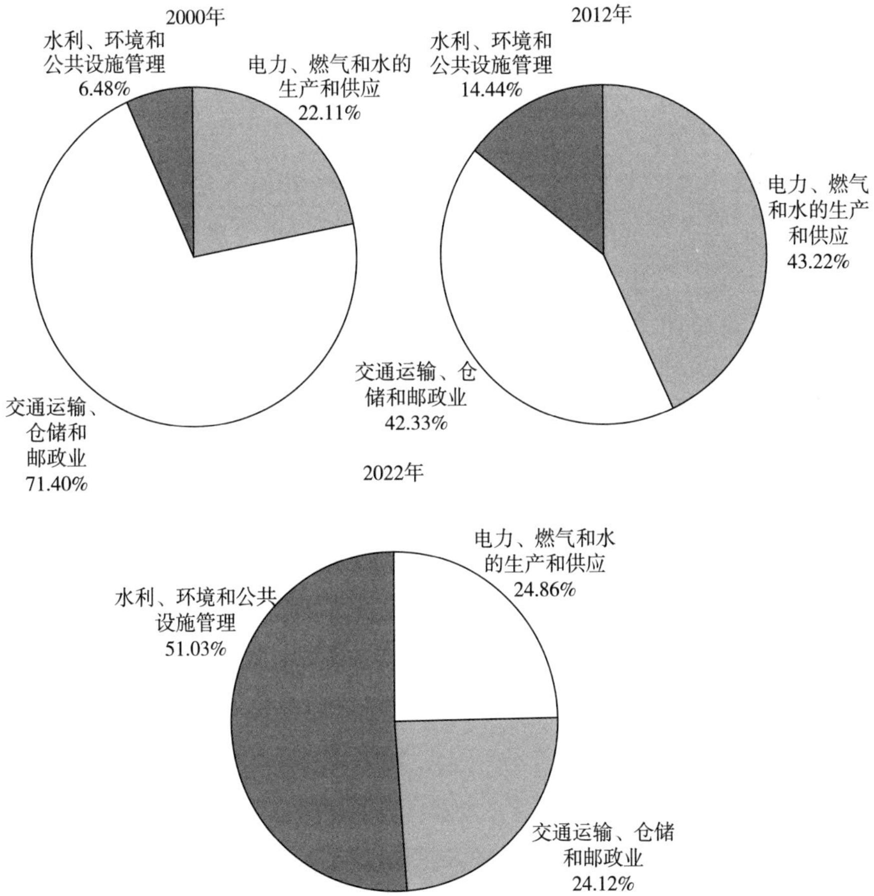

图8　2000年、2012年和2022年青海省三大基建项目投资占比情况

资料来源：《青海省统计年鉴》（2001、2013）、《青海省2022年国民经济和社会发展统计公报》。

（三）房地产投资难改增长乏力大趋势

房地产业易受市场供需变化与政府政策的影响，通过图 9 可以看出，青海省固定资产投资增速与青海省 GDP 增速变动趋势基本一致，但房地产投资增速变动更大。2008 年，政府通过降低房贷利率、减税等措施，刺激了房地产市场的交易量，青海省房地产投资增速实现跳跃式上升，达到了 47.27%。2011 年，西宁市率先开始实行限购政策，青海省房价得到控制，购房者观望情绪浓厚，企业投资意愿下降，房地产投资增速持续回落，2015 年房地产投资增速达到低点 8.99%后触底回升，2016 年房地产投资增速达到 18.13%。2016 年底的中央经济工作会议首次提出“房住不炒”，在此之后的 6 年时间里，“房住不炒”始终是我国房地产行业调控的主旋律，这一时期青海也和全国一道出台了一系列房价调控措施。在这种大背景下，2018 年青海省房地产投资增速自 2000 年以来首次降至负值，达到-13.9%，2022 年降幅甚至达到了 33.1%的历史性低点。

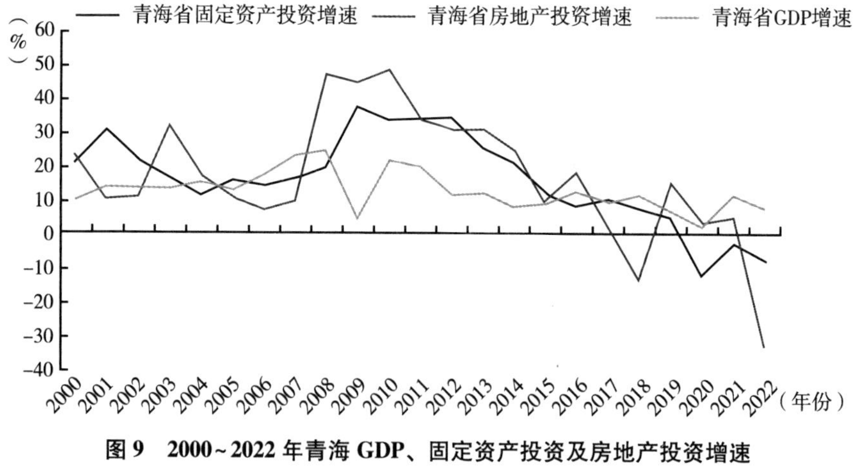

图 9　2000~2022 年青海 GDP、固定资产投资及房地产投资增速

资料来源：《青海省统计年鉴》（1999~2022）、《青海省 2022 年国民经济和社会发展统计公报》。

2023 年 1~9 月，青海省房地产投资规模、住宅投资、房屋施工面积三项指标同比增速分别出现了-36.0%、-35.1%和-6.5%的大幅度下降。考虑到青海省常住人口城镇化率已达到60%以上。加之青海受地理环境、区位条件、医疗卫生水平等因素的制约，住房销售对象主要为本省人群，外来人口对房地产的拉动作用不明显，2000年至2023年9月，青海省住宅投资占房地产投资均值达到76.86%的水平，房地产投资受住宅投资及调控政策的影响，短期内很难扭转当前房地产投资增速持续下行的趋势。当前房地产投资受到调控政策的影响，很难再承担起稳增长的重任，于是基建投资特别是新基建投资便成为稳增长的重要载体。

三 当前青海省稳投资面临的主要挑战

2023年以来，尽管青海经济运行的基本盘呈现回升向好态势，固定资产投资也开始企稳回升，但受错综复杂的宏观环境影响，加之青海经济发展长期存在投资依赖性强、债务杠杆高、边际投资回报率下降等问题，青海省稳投资仍面临较大挑战。

（一）短期需要稳投资，长期需要转变发展模式

在拉动青海经济增长的“三驾马车”中，固定资产投资是最受关注的。西部大开发以来的20多年间，青海依靠大量投资进行基础设施建设和重大项目建设拉动经济，这实际上是一种投资要素驱动型的发展模式。当经济增速进入从高速转为中高速的新常态阶段时，一方面，需要对长期以来过度依赖投资的发展模式进行调整；另一方面，为了扩内需、稳增长、保就业、控风险，短期内又必须依赖投资，即所谓的“投资依赖症”。在当前宏观经济下行压力明显增大的背景下，青海经济短期内依然需要通过积极的财政政策加大固定资产投资，最终实现逆周期调节。但从长期来看，经济发展模式从投资要素驱动型转型为创新要素驱动型是未来青海经济高质量发展的必由之路。

（二）稳投资的同时需要稳杠杆

长期以来，由于地方政府的财权和事权不匹配，财权过多集中于中央，

事权主要集中在地方层面，地方政府财权小、事权大，发展经济所需的投资主要依靠土地财政和发行地方债这些渠道。特别是2008年全球金融危机以来，为防范和化解短期危机，青海和全国一样在宽松货币政策和积极财政政策的大背景下，财务杠杆始终处于过高的状态。加上国有部门“预算软约束”等问题，进一步助推了债务杠杆水平。在意识到这些潜在风险后，中央政府自2016年起就开始了去杠杆（包括化解地方债务）之路，并取得了一些阶段性成效，但随着2020年新冠疫情的出现，经济下行压力逐步增大，如果还延续去杠杆政策，不仅不会解决长期风险问题，还有可能在短期内引发风险集中爆发，经济政策的重心被迫从去杠杆又转向稳杠杆。这就意味着当前的宏观调控政策在稳投资的同时更要谨慎做好稳杠杆，面临的难度之大可想而知。

（三）稳投资的同时需要提高投资效率

青海经济在投资拉动模式下，投资中以基础设施建设、市政建设为代表的长期投资占比很大，项目投资回报周期较长，导致投资的边际回报率呈现持续下降趋势。近年来，在城镇化快速发展的大背景下，加之城市住房的稀缺性和百姓对购买房产置业的偏爱，以及地方政府对土地财政的依赖，房地产领域的投资回报率随着平均房价的持续走高而开始走高，导致大量原本要投入生产领域的投资转向投入房地产领域。当经济增长最终支撑不了房价持续上涨时，房地产行业整体的投资边际效率就出现下降，投资回收周期开始变长，需要更高的杠杆率来弥补现金流的不足并形成恶性循环，最终导致房地产企业债务压力集中爆发。走出这种困境的路径是优化投资结构、提高投资效率（尤其是全要素生产率），摆脱投资依赖症，走科技进步和组织变迁的创新发展之路。

四　青海投资形势展望和对策建议

2023年是贯彻落实党的二十大精神的开局之年和“十四五”规划承上

启下的关键之年，也是内外部经济形势较为复杂的一年。2023 年下半年新冠疫情防控平稳转段，青海经济消费需求回暖趋势日趋明朗，国有企业和民营企业资产负债表逐步恢复，经济运行的基本盘呈现回升向好态势，这有利于 2024 年的青海投资形势走向企稳回升的正常轨道。

（一）2024年投资形势展望

展望 2024 年，从财政支出的角度观察，国家支持投资的财政政策将在 2024 年持续发力，以新能源充电桩、大数据中心、智慧城市为代表的新基建领域，以及城乡人居环境与公共服务改善、重点水利基础设施建设等补短板的传统基建领域有望成为青海新一轮固定资产投资的发力点。从产业发展的角度观察，未来青海产业结构转型升级的总体趋势，就是加快构建以现代农业为基础、以先进制造业为引擎、以战略性新兴产业为突破、以现代服务业为支撑的现代产业体系。沿着产业带动力强、进口替代空间大、消费群体基数宽、产业优势度高的逻辑梳理，2024 年产业投资的重点领域在于三条主线：一是以光伏、风电为代表的清洁能源产业，重点在三批国家光伏风电大基地、抽水蓄能、大数据中心、特高压输电等领域存在趋势性投资机会；二是以技术升级为核心的先进制造业，如光伏制造、锂电池、高端装备、生物制药、碳纤维新材料等；三是以消费质量提升为核心的现代服务业，如冷链物流、健康消费、文化消费等领域。

（二）关于提高投资效率的对策建议

1. 完善投资机制，营造良好投资环境

完善的投资机制和良好的投资环境是经济社会持续健康发展的必要条件。投资机制和投资环境的优劣直接反映一个地区的政府管理水平和市场发育程度，也直接影响青海经济能否顺利实现高质量发展。因此，需要青海根据自身发展的现实需要，参照现行的法律法规，对标国际投资惯例，持续优化政府投资激励约束机制，统筹投资管理部门、财政主管部门、国资管理部门等相关部门的工作职能，规范审批权限和工作流程，改革投资审批方式，

持续提高行政服务效率，切实做到将政府从管理者转变为服务者。

2. 完善以市场为主、政府为辅的多元投资体系

一是科学界定政府投资领域。政府投资应以弥补市场失效、为市场运营主体提供公共服务为己任，对于市场机制能调节的领域，则要主动解除行业准入限制，放手让企业自主投资、自主决策，充分发挥市场配置资源的决定性作用。二是多方拓展资源渠道。如在国家政策允许的范围内，充分运用农村信用社等金融机构的工作职能，引导部分中长期贷款投向还贷款周期较长的现代设施农业等领域；通过认真筛查发债条件好、偿债资金风险低的大型基础设施和重点技术改造项目，积极争取国家为发行企业债券给予重点支持；积极支持优质企业上市融资，鼓励和扶持有实力的企业收购、兼并和重组上市公司，培育后备上市资源，优化增量资本。

3. 优化行业投资结构，推动产业转型升级

着力青海产业“四地”建设，大力推动经济高质量发展，探索设立高新技术科技成果转化专项资金，对符合国家产业政策的项目进行重点支持。鼓励科学发展和技术创新，改善和优化科技投入结构，适度提高对研发和应用新技术和资金支持力度。持续推进盐湖资源综合利用和保护国家重点实验室等创新平台建设，鼓励和引导有条件的企业创建企业技术中心，为盐湖产业发展提供持续的技术研发支撑。加快发展数字经济，支持数字产业培育壮大、数字服务创新突破、数字工业试点示范和数字政务推广应用等一批重大项目，促进数字技术在基础建设和民生领域的深度应用。加快推进国家牦牛技术创新中心、种质资源研究中心建设，探索推进植物工厂等农牧业提质增效技术研发应用，加快完善农畜产品质量和食品安全标准体系，加大农牧业投入品和农畜产品质量安全追溯体系建设力度。

4. 积极引进外资，提升科技水平和生产效率

依托“四地”建设，统筹谋划一批有集聚优势且要素配置较为完善的新能源、新材料、高原生物、高端制造、特色农畜产品产业集群，放宽外资准入限制，吸引有技术优势和竞争优势的外资企业来青海投资设厂。如近年来青海生态旅游市场开始兴起，青海可凭借丰富的生态旅游资源，和国内外

旅游业龙头企业、专业咨询机构共同深度挖掘高原生态旅游产业的资源潜质。

5. 扩大有效投资，鼓励民间投资

贯彻落实国家和青海省扩大民间投资各项政策举措，一是依据《青海省人民政府关于创新重点领域投融资机制鼓励社会投资的实施意见》，进一步鼓励和引导社会资本投资生态保护、信息基础设施、公共服务等八项重点领域。二是释放积极信号，规范和引导资本健康发展，逐步解除对民间资本的诸多不合理限制，破除制约民间投资参与市场竞争的障碍，鼓励企业组成联合体共同投资、建设运营重大产业、基础设施等项目，努力促进民间投资回稳，夯实高质量投资基础。三是鼓励金融机构优化符合小微企业特点的信贷产品，增加信用贷款和中长期贷款的规模与比例，推动形成市场主导的投资内生增长机制。四是持续推进“保交楼”“保民生”“保稳定”工作，稳妥化解房企资金链断裂风险，满足合理融资需求，加强对房地产企业运营状况和项目建设情况的跟踪监测，助力房地产市场平稳运行。

参考文献

高培勇：《我国中央和地方财政关系格局的现状与走向分析》，《社会科学文摘》2023 年第 6 期。

黄群慧：《新时代中国经济发展的历史性成就与规律性认识》，《当代中国史研究》2022 年第 5 期。

贺雪峰：《共同富裕与三轮驱动的中国式现代化》，《南京农业大学学报》（社会科学版）2022 年第 4 期。

刘伟、刘守英：《以高质量发展推进中国式现代化》，《红旗文稿》2022 年第 24 期。

许宪春、唐雅、常子豪：《2023 年上半年经济形势分析及下半年展望》，《行政管理改革》2023 年第 8 期。

姚洋：《中国现代化道路及其世界意义》，《国家现代化建设研究》2022 年第 3 期。

赵燕菁：《债务问题：理解及应对》，《经济导刊》2023 年第 4 期。

中国建银投资有限责任公司投资研究院主编《中国投资发展报告（2019）》，社会科学文献出版社，2019。

B.6
2023~2024年青海税收收入形势分析与预测

王传宝　李兴君　仝江洲*

摘　要： 2023年以来，受宏观经济主要指标波动运行、工业品价格走低等多重因素影响，税收收入增减浮动较大。随着经济社会全面恢复常态化运行，宏观政策靠前发力，市场环境得到有序恢复，中央进一步落实对经济形势的分析判断和经济工作的决策部署，加之青海省委、省政府抓服务主体、抓稳定工业、抓投资回升的力度在不断加大，2024年税收收入有望实现持续平稳增长。

关键词： 青海税务　收入形势　分析预测

2023年以来，青海省税务部门紧紧把握宏观经济恢复向好的发展机遇，坚持稳中求进工作总基调，以扎实推进青海省政府助企暖企春风行动、奋力"开门红"、乘势"双过半"、奋战"黄金季"为抓手，一以贯之抓牢抓实组织收入工作，不断稳固税收增收基础，促进税收持续平稳增长。

一　2023年青海税收收入情况

（一）2023年1~9月税收收入完成情况及主要特点

2023年1~9月，全省税务部门共组织各项税收收入384.93亿元，同

* 王传宝，青海省税务局党委委员、副局长，主要研究方向为税收与经济学；李兴君，青海省税务局收入规划核算处处长，主要研究方向为宏观经济、税收学；仝江洲，青海省税务局收入规划核算处三级科员，主要研究方向为税收学和金融。

比增长33.05%，在全国税务部门税收累计增速排名中位列第2。其中组织地方级税收收入199.67亿元，同比增长29.6%，增收45.61亿元。若剔除增值税留抵退税因素，入库税收收入385.35亿元，同口径同比下降7.42%。

（1）分税种看，15个税种收入“9升6降”。2023年1~9月，全省税务部门征收的15个税种收入中，增值税、个人所得税、契税和车辆购置税收入涨幅居前，同比分别增长179%、23%、36.48%、43.11%；房产税、印花税、土地增值税、车船税和耕地占用税亦均有不同程度增长。同时，消费税、资源税、城市维护建设税及环境保护税同比分别下降12.86%、16.24%、15.88%、14.91%，企业所得税和城镇土地使用税收入分别小幅下降2.51%、2.01%。

（2）从行业看，7大重点行业“5升2降”。2023年1~9月，全省七大重点行业入库税收收入259.52亿元，同比增长29.13%，其中，化工行业同比增长34.84%、建筑业同比增长23.16%、批发和零售业同比增长23.16%、房地产业同比增长15.15%、电力行业同比增长53.3亿元；石油开采和加工业同比下降27.85%、金融业同比下降23.61%。

（3）分经济类型看，国有经济快于民营经济增长。2023年1~9月，全省国有企业入库税收收入25.95亿元，同比增长5.5倍；股份公司入库税收收入276.11亿元，同比增长18.73%，占税收总体的71.73%；私营企业入库税收收入27.47亿元，同比增长65.81%；个体经营累计入库税收收入1.94亿元，同比增长12.44%。在各类经济中，民营经济入库税收收入187.58亿元，同比增长44.77%，占税收总收入的48.73%，较2022年同期提高3.95个百分点。

（4）分地区看，8个地区“6升2降”。2023年1~9月，除海北、黄南两个地区同比分别下降2.74%、7.24%外，其他6个地区均实现不同程度增长。其中，西宁（含开发区）增长37.67%、海西增长8.86%、海东增长107.29%、海南税收收入由负转正增收23.62亿元、玉树增长10.31%。西宁（含开发区）、海东及海西三个重点地区税收占总体的91.66%，有效支撑了全省税收持续稳定增长。

（5）分规模看，规上企业[①]税收占比超七成。2023 年 1～9 月，全省 5479 户规上企业入库税收收入 291.88 亿元，同比增长 25.04%，占全省税收的比重为 75.83%，同比下降 4.86 个百分点。其中，纳税规模前 50 名企业入库税收收入 202.41 亿元，同比增长 9.08%，占全省税收的比重为 52.58%，同比下降 11.56 个百分点。

（二）税收收入增减原因分析

1. 主要增收因素

（1）增值税留抵退税政策恢复常态。自 2022 年 4 月起，国家先后对小微企业及部分行业增值税存量和增量留抵税金实施退税政策（存量部分留抵税金当年 6 月底办理完毕），全省税务部门多措并举，推动增值税留抵退税政策落实落细，2022 年 1～9 月，共办理留抵退税 159.49 亿元。自 2022 年 7 月起，增值税留抵税金退税政策恢复常态化（仅对小微企业和部分行业的增量留抵税金予以退税），退税规模大幅下降，2023 年 1～9 月同比少退 129.31 亿元，仅此因素拉动税收收入增长 44.7 个百分点。

（2）市场回暖服务业较快增长。随着新冠疫情防控措施优化调整，全省服务业加快回暖，促进了相关行业税收的增长。2023 年 1～9 月，生活性服务业中，交通运输、仓储和邮政业及住宿和餐饮业税收收入同比分别增长 37.88%、73.08%，税收分别增收 1.665 亿元、0.46 亿元；生产性服务业中，租赁和商务服务业，科学研究和技术服务业及水利、环境和公共设施管理业等行业税收收入分别增长 14.12%、20.93%、249.2%，分别增收 1.15 亿元、1.3 亿元、1.03 亿元。

（3）高新技术制造业增幅明显。在减税降费退税政策及青海省政府促进“专、精、特、新”企业加快发展等支持政策举措推动下，全省高新技术企业持续发力，成为制造业税收增收的重要支撑力量。2023 年 1～9 月，

---

① 规上企业由税务部门监测的重点税源企业结合统计部门的规上企业标准确定。

全省生物医药制造业，计算机、通信和其他电子设备制造业，专用设备制造业税收收入同比分别增长 46.68%、84.53%、74.7%，合计增收 8.1 亿元，税收收入占全省税收收入的比重为 4.4%，较 2022 年提高了 2.13 个百分点。

（4）部分传统行业不断发力。在青海省委、省政府鼓励推动下，省内高耗能企业不断加大技术改造力度，加快优势资源整合步伐，促进企业提质增效。2023 年 1~9 月，省内有色金属冶炼及压延加工，非金属矿物制品及石油、煤炭加工等行业税收收入同比分别增长 4.7%、148.8%和 513.5%，合计增收 7.8 亿元，在工业品价格持续走低的情况下，行业税收仍保持增长态势。

（5）税收征管措施加力堵漏促收。2023 年以来，全省税务部门在不断优化升级涉税服务措施的基础上，发挥税收大数据优势，强化税收风险扫描、精准查处税收违法行为，2023 年 1~9 月共入库查补税收 1.69 亿元。同时，联合财政部门全面梳理耕地占用税征收管理台账，统筹推动解决全省耕地占用税历史遗留问题，清理入库欠缴耕地占用税 7.53 亿元。有效维护了税收秩序，提升了税收收入质量，也促进了税收收入增加。

2. 主要减收因素

（1）工业税收增长动力不强。自 2022 年第四季度以来，全省主要工业产品价格整体波动下降，2023 年 8 月下跌势头虽有所放缓，但同比仍处低位。从税务部门监测的 18 种重点工业品销售情况看，近八成产品销售价格同比下降，其中原煤、烟煤、钾肥、纯碱、晶硅、碳酸锂 6 类产品价格降幅超 20%，直接影响工业税收同比下降 9.83%，较上年影响税收①下降 5.79 个百分点。其中，煤炭、石油、化工、黑色金属等 6 个对价格有弹性的行业合计入库税收收入 123.71 亿元，同比下降 25.66%。

（2）投资策略调整使金融业税收负增长。2022 年国内大宗商品价格不断上涨，省内资源型企业利润显著改善，由此促使省内多家金融机构借机陆

① 2022 年和 2023 年办理的留抵退税规模差别较大，为客观反映行业税收增减情况，此处剔除留抵退税因素后进行对比。

续减持对省内相关企业的股权，以保证投资收益最大化。而 2023 年 1~9 月，金融机构股权转让收益大幅下降，加之固定资产投资回落，金融业税收随之持续负增长，至 9 月末全省金融业税收同比下降 23.61%，减收 11.83 亿元，是继工业品价格下跌后的第二大税收减收因素。

（3）投资及房地产利润下滑影响税收增长。统计数据显示，2023 年 1~8 月，全省 500 万元及以上固定资产投资同比下降 6.3%（其中第一产业、第三产业分别下降 9.5%、14.5%），降幅较 2022 年同期提高了 5.2 个百分点。同时，2023 年 1~9 月，房地产开发投资同比下降 31.6%，新增项目较为不足；加之自 2022 年以来，房地产行业深度调整，企业通过降价销售加快去库存最大程度改善经营效益。受前述因素影响，2023 年 1~9 月，全省建筑业、房地产业税收①连续保持负增长态势，至 9 月末建筑业、房地产行业税收收入同比分别下降 1.96%、23.59%，也抑制了全省税收收入增长。

（4）企业盈利能力有所减弱。受宏观经济下行压力、工业品价格波动下降影响，企业经营效益明显下滑。从财务指标数据看，2023 年 1~8 月，重点税源企业营业收入同比下降 8.3%，实现利润总额同比下降 21.2%，盈利面为 62.6%，较 2022 年同期下降 2.2 个百分点。其中，重点制造企业主营收入同比下降 14.36%，利润总额同比下降 37.65%，价格弹性较强的石油、化工、黑色金属冶炼及压延加工，有色金属冶炼及压延加工企业主营收入和利润总额均呈不同程度下降态势。

（三）2023年税收预计完成情况

结合 2023 年前三季度税源发展状况、预期第四季度内需总体偏弱、外需不确定性上升等因素，第四季度税收收入预计仍将呈现减收态势。参照近年第四季度收入占全年收入平均比重 23%计算，2023 年税务部门预计实现税收收入 505 亿元，同比增长 18.63%，若扣除留抵退税因素（2022 年全年

① 2022 年和 2023 年办理的留抵退税规模差别较大，为客观反映行业税收增减情况，此处剔除留抵退税因素后进行对比。

留抵退税165.97亿元；2023年1~8月留抵退税27亿元，9~12月预计8.74亿元，全年合计35.74亿元），同比下降8.61%。

二　2024年税收收入发展预判

（一）税收收入面临的不利因素

1. 宏观经济持续修复，税收收入增长支撑动力不足

我国正处在经济恢复和产业升级的关键期，经济运行面临外部环境复杂严峻、国内需求不足、部分企业经营困难等因素制约。从国际看，俄乌冲突仍在延续，欧美等主要发达经济体动能减退、通胀固化，经济增速不及预期；从国内看，国内有效需求释放还需要进一步加力，生产、投资、消费恢复动力不强，供给端和需求端压力依然存在。国际、国内经济发展变化将更快地传导影响全省经济，企业增值能力难以大幅提升，支撑税收持续增长的动力不足。

2. 税源增速放缓，统筹处理“三个矛盾”难度加大

（1）传统支柱产业增长乏力与新兴产业发展接续较弱的矛盾。一方面，在重点工业品价格持续低位运行态势下，化工、石油、有色金属冶炼及压延加工等传统工业支柱企业的增值空间受到较大抑制。同时，建筑、房地产及金融等行业在宏观经济下行压力较大、下游需求难以有效扩张的前提下，税收回升依旧乏力。另一方面，纳入税务部门监测的重点企业中，医药制造、电子专用材料制造、仪器仪表、电子设备制造业、锂电池制造业等高新技术企业户数不足40户，合计税收占全部重点税源企业税收比重仅为9.3%；数字经济核心企业仅有5户，入库税收规模不足1亿元，显示出青海新产业新动能发展任重道远，集聚成势尚需时日，推动经济税收发展的引擎动力亟待提高。

（2）部分地区税收下降与财政刚性支出增长的矛盾。截至2023年9月末，青海省8个市州级地区，有4个地区州本级税收收入同比降幅在两位数；50 个县区征收单位中，40%的地区县级税收收入（扣除非可比因素）同比大幅下降，11 个地区税收收入降幅超 10%。特别是 2023 年增值税留抵退税财政分担机制恢复按《国务院印发实施更大规模减税降费后调整中央与地方收入划分改革推进方案的通知》（国发〔2019〕21 号）执行[①]，在财政刚性支出规模未减的情况下，县级财力吃紧凸显，部分县区面临较大的组织收入压力。

（3）及时足额兑现减税降费政策与持续推动税收稳增长的矛盾。为确保各项政策红利精准高效直达经营主体，青海税务部门在 2023 年相继推出促进消费 20 条举措、支持绿色发展 10 条举措、《税费优惠政策指南（2023 年版）》，按照财政部、国家税务总局 2023 年第 14、第 15 号公告授权上浮幅度的最高标准减免青海省重点群体、退役军人创业就业相关税费。2023 年 1~8 月，全省新增减税降费及退税缓费 51.84 亿元。各项优惠政策的有力落实，为激发市场活力、推动经济高质量发展提供了积极支持，但也直接影响税收收入增长。

（二）税收收入面临的有利因素

在准确判断税收收入面临的不利因素的同时，也应当看到税收发展仍有诸多有利因素。

1. 从政策环境看

2023 年下半年以来，中央出台了包括降准降息、支持民营经济、房地产在内的一揽子政策举措。2023 年 7 月以来，财政部、国家税务总局延续、优化、完善实施了一批税费支持政策，形成助企纾困、增强企业创新能力的“组合拳”，虽然在短期内导致一定程度的税收减少，但国家出台的政策组

---

① 根据《国务院印发实施更大规模减税降费后调整中央与地方收入划分改革推进方案的通知》（国发〔2019〕21 号）要求，自 2019 年 9 月 1 日起，增值税留抵退税中央负担 50%，地方分担 50%，其中地方负担 50%部分，15%由企业所在地分担、35%由各地按增值税分享额占地方分享总额比重分担。2022 年为加大增值税留抵退税力度，中央提高对地方的增值税留抵退税资金补助，补助后企业所在地分担比例实际不足 1%。

合拳将有力推动形成稳定可预期的宏观政策环境，从而提振市场主体发展信心，激发和拓展税源潜力和空间。

2. 从宏观经济环境看

在多项政策措施的加力助推下，2023年前三季度，全国经济总体呈现恢复向好态势，尤其国内需求仍有较大释放空间，制造业PMI连续四个月回升，服务业PMI逐步改善。政府投资提升、消费有所好转、经济回暖的积极因素增多。2023年10月召开的第三届“一带一路”高峰论坛，中国将同世界多国擘画高质量共建“一带一路”新蓝图，这将为青海“四地”建设提供更多发展路径。

3. 从征管服务环境看

全省税务部门加快推进发票电子化，深化大数据和新技术应用，以数治税体系日趋完善。2023年在全省税务部门推行“税费管家”，把建设新时代“枫桥式”税务所（分局、办税服务厅）作为提升基层税收治理能力和治理水平的抓手，从而为进一步提升纳税人的税法遵从度提供征管服务保障。

综上，2024年青海税收收入发展面临一定挑战，但增长动能较为牢固，且利好因素还在聚积，总体呈现出增速大幅放缓、发展质量持续提升态势。

（三）2024年税收收入测算

1. 利用回归方程进行测算

税收是经济运行结果的客观反映，是构成国内生产总值的一部分。因此，采用GDP与税收收入数据之间的关系进行相关与回归分析，可预测一定时期的税收规模。

选取2001~2023年的数据进行测算，其中2023年GDP数据按照2022年度的现价增速5%进行推算，预计为3791亿元，同时为保证数据的可比性，扣除2022年税收收入中增值税留抵退税数据等非即期因素，得到基于2011~2023年经济税收数据的回归方程 $Y=-6.57+0.14X$（其中X代表GDP，Y代表税收收入）。如果2024年GDP仍按照5%的现价增速增长，则GDP有望达到3981亿元，代入方程式得到2024年税收收入预测值为

550.77 亿元。鉴于 2022 年增值税留抵退税 165.97 亿元，对回归方程影响较大，若 2022 年税收收入按自然口径计算，得到基于 2011~2023 年经济税收数据的回归方程 Y=6.22+0.13X（其中 X 代表 GDP，Y 代表税收收入），如果 2024 年 GDP 仍按照 3981 亿元计算，代入方程式得到 2024 年税收收入预测值为 523.75 亿元。综合两项数据，2024 年税收收入预计为 537.26 亿元［（550.77+523.75）/2］。

2. 按宏观税负进行测算

宏观税负是税收收入与 GDP 的比率，是税务部门常用的税收规模预测方法之一。由于青海省税源结构较为单一，税收对资源、能源型产业的依赖度较高，因此税收对工业品价格的变动也富有弹性。总体看，在国家连续实施减税降费政策作用下，青海省宏观税负呈逐步下降态势，特别是 2022 年在大规模留抵退税因素影响下，青海省宏观税负降至近 15 年以来最低。考虑到近年来税收政策变化较为频繁，尤其增值税留抵退税政策常态化，本报告拟采用 2023 年的税收宏观税负水平进行测算。2023 年宏观税负预计为 13.19%（500/3791），如果 2024 年 GDP 达到 3981 亿元，则税收收入有望达到 525.09 亿元。

3. 按平均发展速度进行测算

若 2022 年税收收入按扣除留抵退税等不可比因素口径计算，预计 2023 年同口径税收收入为 535.74 亿元（2023 年 1~9 月留抵退税 30.17 亿元、10~12 月预计 5.57 亿元，全年合计 35.74 亿元，2023 年全年扣除留抵退税因素预计实现税收收入 535.74 亿元，较 2022 年的 591.72 亿元下降 9.46%），测算出 2014~2023 年税收收入年均增速为 4.7%，2024 年税收收入有望达到 544.26 亿元［（535.74−354.4）×104.7%+354.4］。若 2022 年税收收入按自然口径计算，2014~2023 年税收收入年均增速为 3.9%，按照这一水平计算 2024 年税收收入有望达到 505.68 亿元［（500−354.4）×103.9%+354.4］。综合两项数据，2024 年税收收入预计为 524.97 亿元［（544.26+505.68）/2］。

根据上述预测模型，得到三组 2024 年税收收入预测数据：537.26 亿元、525.09亿元、524.97亿元。采用相同权重进行加权平均后，得出模型最终预测值为529.11亿元，与2023年预计完成数505亿元相比，同比增长约4.77%。

三 促进税收收入增长的对策建议

（一）抓住当前发展机遇，蓄积经济发展动能

抓住当前宏观经济持续修复、市场出现积极变化的关键机遇期，密切关注“四地”建设大格局下区域产业规划的变化，推进区域经济发展一盘棋的精细管理，提高区域招商引资“补链、延链、强链”的精准度，构建良性循环的区域发展“生态圈”，吸引更多优质企业入驻。围绕《青海省实施工业经济高质量发展“六大工程”工作方案（2022—2025年）》，进一步加强对新能源、新材料、专精特新、高新技术制造等新兴产业的发展引导，推动特色产业集群发展，保障天合光能新能源产业园等产业集群落地生根，推动新兴产业发展壮大。进一步提升光伏、医药、金属冶炼加工等行业的续航能力，优化技术要素配置，加快构建以科技为引领的产业基地，尽快形成具有一定经济税收带动能力的龙头企业或产业集群，有力支撑青海省经济税收稳定发展。

（二）助推民营经济发展，激发市场生机活力

中共中央、国务院围绕优化民营企业发展环境、提振民营经济预期信心，接踵出台一系列落实政策，为民营经济发展不断积累积极预期。建议结合青海实际，持续完善市场主体发展的保障举措，因地制宜解决民营企业发展的痛点难点。细化落实促进民营经济做大做优做强的支持政策，在放宽市场准入、保护合法权益、清理拖欠企业账款、加强企业融资支持等方面出台配套干货多、实效足、力度大的支持举措，推动惠企政策稳步落地，以稳定预期、提振信心，助力民营经济高质量发展。

（三）坚持生态优先，着力拓展绿色循环新体系

坚持生态优先、绿色发展道路，完善农（牧）产品主产区、生态功能区与城镇化地区的功能定位，构建更为科学的区域间利益补偿机制，搭建绿水青山到金山银山之间的实现路径。着力发挥总部经济、大企业牵引作用，提升企业品牌影响力，促进人才、资本、技术等向相关企业、产业聚集，以绿色循环产业集群培育一批有稳定税收贡献度的支柱性骨干企业，辐射带动全省产业链条延伸发展，实现生态价值与经济价值的有机转换。

（四）坚持开放融合，着力融入国内国际双循环

持续提升“放管服”质量，不断优化营商环境，充分发挥青海作为丝绸之路经济带重要节点的区位优势和资源优势，以重大项目为依托，增强招商引资的吸引力，引入国内外大型企业参与省内经济建设，并鼓励支持本省企业以参股、合资等形式积极参与配套项目投资建设，深度融入“一带一路”建设，不断拓展“南向通道”建设务实合作，持续巩固与东、中部地区的经济联系，构建多元化、外向型的发展格局，以融合促进经济更高质量的发展。

（五）坚持扩大内需，着力完善共享发展新机制

推进新型城镇化与乡村振兴战略有机融合，促进城乡、地区、产业更有效协同发展，持续增加就业，提高居民收入水平，扩大中等收入群体，增强人民群众的获得感。进一步加强基础设施、生态环境、民生保障建设，持续推进医疗卫生、教育培训、养老托幼、住房家政等事业发展，积极培育和扩大各类消费供给主体，促进服务消费提质扩容，不断释放内需潜力，提升内需对经济增长的拉动作用。

（六）强化税收职能作用，有效释放政策红利

充分发挥税收调节经济和分配的作用，积极主动服务实体经济特别是新

兴产业发展，持续高质量落实好延续、优化、完善减税降费政策，加大对中小微企业和制造业的支持力度，不断释放减税降费政策红利，推动企业降成本、拓空间、增活力。充分发挥好税费管家作用，实施“一企一策”政策，在企业创新、市场开拓、税收减免等方面给予更大的支持。

参考文献

国家税务总局青海省税务局：《税收统计》。

国家税务总局编《全国税务统计（2022）》，中国税务出版社，2022。

青海省统计局、国家统计局青海调查总队：《青海统计年鉴（2021）》，中国统计出版社，2021。

青海省统计局、国家统计局青海调查总队：《青海省 2022 年国民经济和社会发展统计公报》。

国家信息中心：《中国宏观经济信息》。

B.7

2023年青海推进“国家清洁能源产业高地”建设调查报告

王礼宁*

摘　要：　2021年3月，习近平总书记在参加十三届全国人大四次会议青海代表团审议时强调，青海要加快“产业四地”建设。“产业四地”中的“国家清洁能源产业高地”建设，作为能源安全新战略的具体实践，全面实施已有两年多时间，极大地改变了青海能源发展面貌，深刻地影响了青海经济社会发展。高地建设过程中，面对电力电量不平衡和体制机制尚未完善的问题，青海应着重建立实施好清洁能源链长制、巩固强化工商业低电价优势、大力引进绿色高载能产业、积极建设投资型政府、抢先建立“储能+算力”绿色标准体系。

关键词：　清洁能源产业　高地建设　青海省

党的十八大以来，习近平总书记创造性提出“四个革命、一个合作”能源安全新战略，为新时代我国能源高质量发展指明了方向、提供了遵循。进入新发展阶段，习近平总书记精准把脉青海资源禀赋、发展优势和区域特征，亲自谋划、部署、推动了青海打造“国家清洁能源产业高地”这一重大决策①。清洁能源产业在青海省内规模体量大、关联作用强、影响范围

---

* 王礼宁，青海省社会科学院经济研究所助理研究员，主要研究方向为区域经济、能源经济。

① 2021年3月7日，习近平总书记在参加十三届全国人大四次会议青海代表团审议时强调，“要结合青海优势和资源，贯彻创新驱动发展战略，加快建设世界级盐湖产业基地，打造国家清洁能源产业高地、国际生态旅游目的地、绿色有机农畜产品输出地，构建绿色低碳循环发展经济体系，建设体现本地特色的现代化经济体系”。

广，在有效统筹能源结构转型与经济社会高质量发展方面最有优势，也最具引领性。高质量建设“国家清洁能源产业高地”，不仅关系到青海积极探索构建新型电力系统的有效路径，还关系到青海在“双碳”领域先行先试、打造生态文明高地的既定任务，更关系到青海为中国式现代化建设作出应有贡献的宏伟目标。

一 青海打造“国家清洁能源产业高地”的突出成就

近年来，按照习近平总书记的战略擘画与重大要求，青海以能源安全新战略为引领，准确把握新发展阶段，深入贯彻新发展理念，紧抓国家政策机遇，充分利用省部共建协调推进工作机制，在打造国家清洁能源产业高地方面取得了一系列突出成就，极大地促进了青海经济社会高质量转型发展。

（一）清洁能源拉动经济明显

2018~2021 年①，清洁能源产业对于青海 GDP 的年均贡献率为 7.6%，相当于同期工业 GDP 贡献率的 28.0%，第二产业贡献率的 15.9%，清洁能源产业对于经济拉动的效应愈加明显。一是清洁能源投资稳定增长。2018~2022 年，青海清洁能源投资年均增长率达到 17.4%，占全省固定资产投资的比重不断提升，从 8.5%增长了 11.1 个百分点（见图 1）。五年间，清洁能源累计投资占能源投资的比重达到了 62.8%，加上电网的累计投资，占能源投资的比重高达 84.5%。二是清洁能源税收总量持续增长。2018~2022 年，全省清洁能源税收由 18.51 亿元增长至 2022 年的 39.84 亿元②，增长 1 倍有余。清洁能源占全省税收总额的比重由 2018 年的 4.53%增长至 2022 年的 6.73%，增长 2.2 个百分点，清洁能源税收展现强劲增长势头。三是清洁能源产业贷款余额持续增长。2018~2022 年，全省清洁能源产业贷款余额由

① 从 2022 年起，清洁能源统计口径发生变化，本报告只计算了 2018~2021 年的相关数据。

② 剔除增值税留抵退税。

928.72 亿元增长至 2022 年的 1094.11 亿元，年均增长 4.18%；清洁能源产业贷款余额占本外币各项贷款余额的比重，从 14.11%提高至 15.44%，占比持续处在全国前列。

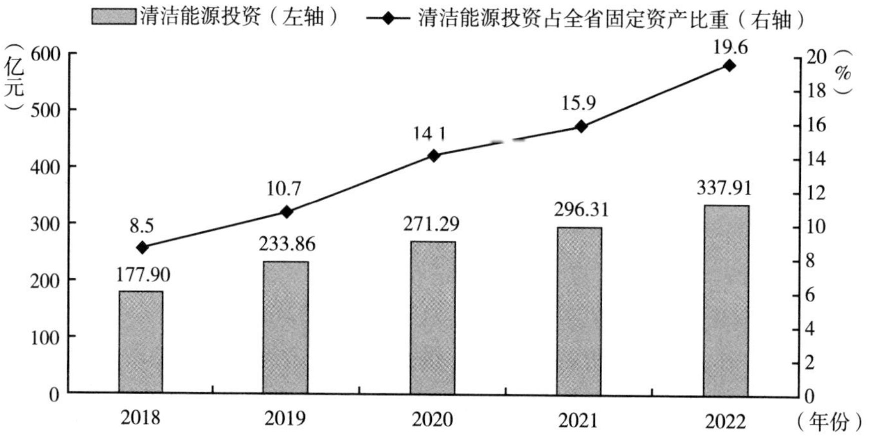

图 1　2018~2022 年青海省清洁能源投资及占全省固定资产投资比重

资料来源：青海省能源局。

（二）清洁能源结构加速重塑

截至 2022 年底，青海电力总装机达到 4468 万千瓦，清洁能源装机占比 91.2%，非化石能源消费比重 44.2%，非水消纳责任权重达到 33.2%，3 项指标均居全国第 1。一是水电发展逐步提速。黄河上游水电基地持续扩大，建成水电站 12 座，装机容量达到 1119 万千瓦，是全国十三大水电基地之一。首次迎来两座百万千瓦水电站同步建设的局面，黄河流域装机最大的 420 万千瓦拉西瓦水电站全面建成，2024 年底水电装机将达到 1653 万千瓦。二是国家级新能源基地持续巩固。国家批复下达三批大型风电光伏基地 2343 万千瓦，占全国 10%左右。在建新能源达到 3445 万千瓦，创本省历史新高。集中式光伏建成 1806 万千瓦，居全国第 2。海南、海西新能源基地装机实现 12%、24%的跃升增长，共和生态光伏园区获得吉尼斯世界纪录认证。建成和新开工光热均居全国第 1，为光热大规模发展奠定了良好基础。

三是其他清洁能源发展同步推进。青海省首个地热供暖示范项目建成运行，干热岩实现300千瓦试采发电。同仁、尖扎天然气利用工程按期建成，青南涉藏地区实现管道天然气覆盖。2700万立方米政府储气设施建成，有力保障各地用气需求。在光伏组件较上年高点下降三成的情况下，新能源投资建设积极性高涨，预计年底清洁能源装机将出现大规模增长。

（三）调节电源建设加快推进

以电力安全保供为首要目标，坚持先立后破的理念，全面加快调峰支撑能力建设。一是支撑火电建设稳妥推进。着力解决“靠天吃饭”电源占比高难题，以桥头198万千瓦火电复工、格尔木132万千瓦火电完成招标、鱼卡132万千瓦火电启动前期为标志，6年来青海省首次新增规划建设大型高效清洁煤电，煤电全面向基础保障性和系统调节性电源并重转型。二是抽蓄电站核准实现零的突破。在全国首次提出依托水电站建设混合式抽蓄模式，制定全国首个省级抽水蓄能项目管理办法。3个站点、760万千瓦抽蓄获得核准，占全国同期核准总规模的11%。紧密对接国家重大调水战略。结合南水北调西线工程上线方案前期，以扩大工程效益、提高调峰能力为目标，开展青海能源战略研究，启动现有水电增容扩机改造。三是新型储能建设加快推进。首创“政府主导、统一调度、自主参与”的共享储能运行模式，以“揭榜挂帅”方式实施57万千瓦储能示范项目，助推压缩空气、氢储能等新型储能技术突破。储能装机达48.2万千瓦，较2020年增长33%，占全国的6%。

（四）电网骨架全面扩大补强

建成750千伏站12座，变电容量较2020年增加48%；330千伏站79座，变电容量较2020年增加22%。一是坚强骨干网架初步形成。开工红旗等6个750千伏电网工程，以日月山至杜鹃线路投运为标志，750千伏东部“日”字形、西部“8”字形网架正式建成。二是省间送电能力全面提升。青豫直流利用率持续提升，依托世界最大的分布式调相机群，最大运行功率达到600万千瓦。累计外送电量318亿千瓦时，支撑中东部地区减排二氧化碳2646万吨以上。建成郭隆—武胜第三回通道，与西北主网联络线增加至7回，送、受电能力提升至1000万千瓦，省间电力互济互保能力持续提升。三是电力系统绿色安全运行。连续开展三江源“绿电7月在青海”及“绿电5周”系列活动，不断刷新100%清洁能源供电世界纪录。建成青海电力负荷管理中心，首次举行负荷管理实战演练，积极探索市场模式下需求侧管理新模式。

（五）清洁能源产业蓬勃发展

强化产业延链强链补链，创新能力和产业集群水平显著提升。2022年发电产业增加值达91.5亿元，带动新能源产业增加值184.3亿元，合计占全省的16.7%。一是清洁能源创新体系初步形成。建成省级工程技术研究中心9个、重点实验室6个，多能互补绿色储能国家重点实验室纳入青海省十大国家级科技创新平台，西宁特高压检修基地是全国净空最高、海拔最高、功能最全的高压试验大厅。18项技术纳入省级科技计划支持，攻克共享储能机制等5项关键技术，建成我国首条量产规模IBC电池生产线。二是清洁能源产业成为优势产业。依托源网荷储一体化项目，在南川工业园等地成功引入天合光能等一大批产业项目。2022年单晶硅产量同比增长6倍，多晶硅增长1.6倍，太阳能电池增长1.2倍，碳酸锂增长24.5%，光伏、储能两个千亿产业目标加快实现，源网荷储一体化经验做法在国务院第九次大督查中获通报表扬。隆基乐叶光伏组件生产基地落户海南州，实现了“青海造、青海用”。三是清洁能源数字衍生发展。建成全国首个新能源大数据中心，首创“无人值班、少人值守”运行模式，打造新能源电站设备健康管理、生产管理、备件联储等多种业务链聚合的智慧共享运维模式。据测算，全省光伏扶贫电站运维人员可减少100人，每年节约成本1100万元。

（六）惠民利民水平不断提升

开展了多项能源惠民利民工程，能源普遍服务水平不断提高。一是清洁能源助力乡村振兴。新能源电站务工收入和征地收益已成为海南农牧区主要收入来源，特别是共和县形成了“板上发电、板间种草、板下养羊”的光伏产业发展模式。截至2022年底，塔拉滩光伏产业园养殖“光伏羊”2万多只，年牧草产量达11.8万吨，年节约养殖成本720万元，持续带动农牧民增收。二是光伏照亮扶贫路。全省建成扶贫电站42座、73.36万千瓦，年收益达到5.7亿元，使7.7万户、28.3万脱贫人口拿上了“阳光存折”，单村扶贫收益约为全国平均水平的3倍。建成全国首个光伏扶贫大数据监控中心，实现帮扶收益分配及发放精准化、精益化。三是农网巩固提升工程持续推进。农网供电可靠率达到99.749%以上，电压合格率保持在99.8%以上，户均配变容量达到3.4千伏安；依托“大电网延伸+微电网储能”差异化解决方案，推进离网光伏乡供电工程建设。光伏治沙效果明显。依托光伏治沙新模式，采取钢管桩机械施工等方式，海南州沙化土地减少1.49万公顷，光伏园区植被覆盖度达80%以上，园区内鲜草产量、植物种数分别是园区外的4倍、2倍以上。

（七）市场机制不断建立健全

推动能源体制革命，打通能源发展快车道。一是推进电力市场改革。2022年首次开展绿色电力交易，成交电量3.1亿千瓦时，签订意向协议电量62.7亿千瓦时。9家青海企业达成交易电量1.22亿千瓦时，青海风光点亮绿色亚运。首次开展电力现货市场模拟试运行，正式运行电力辅助服务市场。二是完善电价形成机制。完善了青海输配电价定价机制，既实现了“厘清结构、服务市场”重大突破，为降低实体经济用电成本创造条件，又合理调涨输配电价，大幅压缩电网公司亏损幅度，提高了造血能力。制定了青豫直流调价方案，推动送端电价上浮20%至0.2377元/千瓦时，扭转了外送电价偏低的问题，确保了送电持续性。三是建立消纳保障机制。制定年度《可再生能源消纳保障实施方案》，按照市场主体分解消纳责任，两年新能源利用率均达到90%以上，2023年1~5月利用率达到94%，扭转了2020年利用率偏低局面。四是推动绿电溯源认证。青海双碳大数据中心挂牌成立，建立首个清洁能源供电感知平台，打造全国首家省级碳排放监测服务平台。试点完成了电信青海绿电大数据中心能源溯源，建成全国首个全清洁能源可溯源的绿色数据中心样本。依托国家可再生能源信息管理中心，2022 年累计核发平价新能源绿证 16.3 万个、交易数量 2.7 万个。

二　青海打造“国家清洁能源产业高地”的主要挑战

在“新能源补贴退坡引发抢装潮”、电源建设规划不利等各种因素综合影响下，青海近年来以光伏单兵突击的发展模式推动了清洁能源爆发式增长，导致了“源”过于领先“网荷储”，由此产生了电源结构错配、网源时空错配、生产消纳错配、储能周期错配的“四大错配”现象。当前及今后一段时间，青海电力电量不平衡的问题仍将非常明显。其背后，国家、区域、本省三个层面均存在一些要素保障和体制机制的问题与挑战亟待解决。

（一）国家层面

1. 经济承压明显，产业引进难度大

2023 年 7 月 24 日，中央政治局会议指出：“当前经济运行面临新的困难挑战，主要是国内需求不足，一些企业经营困难，重点领域风险隐患较多，外部环境复杂严峻。”随着经济恢复波浪式发展、曲折式前进，地方招商引资竞争加剧，甚至出现“内卷化”现象。作者在深圳地区调研一些企业孵化器和科技园时了解到，2023 年 12 月以来，包括青海在内的全国各地各级政府的招商团队纷至沓来。到民营经济最活跃及创新最具活力的地区招商实属正常，但数量之多、密度之大令这些机构应接不暇，部分地区提出招商政策的力度之大也前所未见。一方面说明各地政府为推动本地经济发展尽职尽责，另一方面也反映出全国各地的产业发展确实存在一定的风险阻力，实体经济承压明显，亟须发展新动能、新引擎。今后几年，青海在清洁能源产业引进时可能会面临周边省份愈加激烈的竞争，引进难度会明显增大。

2. 芯片制裁严重，算力建设受限多

一直以来，中国本土产业链的芯片供应、代工均高度依赖国际市场。如今，“芯片软肋”导致的中国算力产业与发达国家出现代际差距正愈加明显。从芯片全球供需看，以 ChatGPT 为代表的智能算力蓬勃发展，全球算力产业中智能算力占比逐渐扩张，通用算力占比下降，用于智能算力的高性能芯片供不应求；从外购渠道看，美国不断增强对中国获取先进产品技术，包括芯片代工设备、高性能计算芯片的限制。美国商务部工业安全局多次把中国算力产业链的关键企业加入实体清单，导致相关企业被断供，以限制中国云与 AI 产业的技术水平；从国产芯片自用看，华为、中芯国际等企业在尝试突破 14nm 及以下先进工艺技术，而国产芯片服务器目前只做到了“能用”这一步。因此，我国算力中心面临着缺少芯片导致算力不足，模型、数据处理能力变弱的风险。调研结果显示，自 2023 年 4 月以来，大湾区多家算力中心因芯片断供不得已停止建设，已签约客户的部分算力中心因无法给客户提供足够的算力面临赔偿的窘境。由此，青海建设高性能算力中心所需芯片获取的不确定性将持续增大。

3. 价格机制缺位，绿电价值实现难

当前，国内绿证、国际绿证在标准机制方面没有形成共识，国内绿证的国际化尚未启动，有关互认机制尚未形成。国内绿证只得到国际绿证的有条件认可，在国内绿证体系与国际绿证体系没有打通、数据不统一的情况下，若同一绿电同时核发国内绿证与国际绿证，则可能导致国内绿证在国际上的认可度降低。与此同时，我国后续绿证国际化政策尚不明朗，现阶段政策趋势是中国生产的可再生能源电量原则上只能申领国内绿证，后续再推进与国际绿证衔接。截至 2022 年底，青海累计核发新能源绿证 157.3 万个，全国排名第 12 位；累计售出绿证数量 13.5 万个，在全国排名第 10 位；绿证价格为 0.03~0.05 元/千瓦时，与全国基本持平。特别是青豫直流全清洁能源电力落地电价 0.3327 元/千瓦时，低于河南煤电基准电价 0.3779 元/千瓦时，未体现出“绿电”生态价值。总体看，青海绿电价值实现还任重道远。

（二）区域层面

1.同质竞争强化，区域电网互济难

由于青海煤电、气电等传统电源规模较小、枯水季水电出力不足等，青海呈现冬季电量紧缺、夏季电量盈余等季节性供需失调情况。当前青海季节性电量不平衡问题主要依托西北电网省间电力互济解决，为促进青海清洁能源消纳发挥了重要作用。但随着我国“双碳”战略深入实施，西北各省均加快推动能源结构绿色低碳转型，清洁能源装机规模迅速增长，发展势头不逊于青海（见图2）。西北各省电源结构日趋同质化，西北电网区域互济能力逐步减弱，由此将对青海未来清洁能源消纳带来两方面不利影响。一是西北电网在冬季和晚高峰时段对青海电力的支撑能力将大幅减弱，青海电力供给将更多依靠本省自我保障。二是青海光伏、风电装机规模已远超最大负荷，在白天午间新能源大发时段富裕电量需外送消纳或通过储能、抽蓄等予以储存。随着西北各省电源新能源占比逐步提高，西北电网新能源大发时段富裕电量将进一步增多，青海获取西北电网互济面临更大挑战。

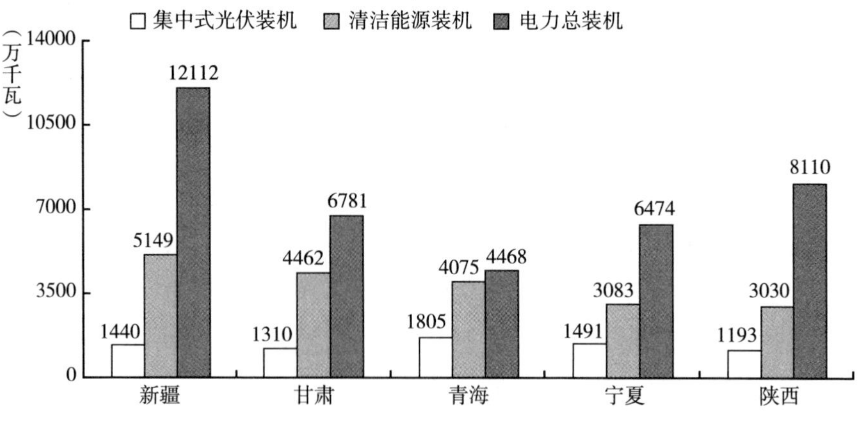

图2　2022年青海及周边省份电力总装机、集中式光伏装机及清洁能源装机规模

资料来源：青海省能源局。

2. 电价倒挂严重，电价上升趋势强

因青海电网"夏丰冬枯""日盈夜缺"的出力特性，需外购来自陕甘宁及新疆等火力发电来平衡供需关系。2022 年外购电量和电价分别为 140 亿千瓦时和 0.376 元/千瓦时，较 2020 年分别增长了 137.3%和 49.8%，外购电"量价双提"。与此同时，青海绿电外送价格上涨幅度较小，且输送量呈现下降趋势，省际购、送电价格倒挂现象严重（见图 3）。按照目前青海及周边省份发展态势及用电量增长测算，2025 年青海外购电量将超过 400 亿千瓦时，电网面临严峻的保供压力。2023 年外购电价格已达 0.44 元/千瓦时，比去年高约 17%，近两年工商业平均电价有可能因外购电价上升而提升至 0.5 元/千瓦时以上，将持续提升省内用电成本。从对安徽省的调研情况来看，前些年为保障长三角用电将大量电力外送，随着近两年本省产业发展壮大，省内电力需求特别是峰段需求急剧增加。安徽省能源局称，2022 年全省共花费 40 亿元从省外采购均价接近 2 元/千瓦时的高价电以供本省所需。为避免青海出现安徽的情况，缓解甚至遏制电价上涨趋势，保持青海相对低电价优势，将是青海产业发展的生命线。

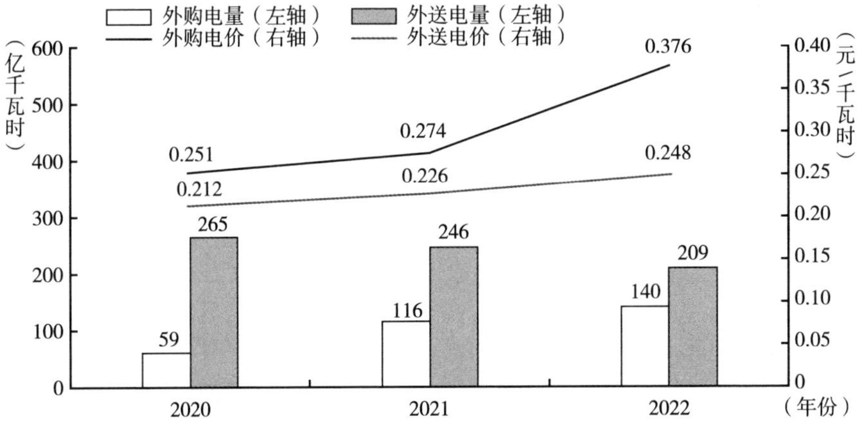

图 3 2020~2022 年青海外购、外送电量与电价①比较

资料来源：国家电网青海公司。

① 外购电价为平均落地电价，不包括省内输配电费用；外送电价为上网电价，不包括省内省际输配电费用。

3. 金融评级欠佳，低息资本获取难

自“国投破产”“盐湖违约”等事件后，青海各平台公司在各金融机构的内部信用评级中出现了较大的下降，赴省外进行市场化融资受到了较大的限制，低息资本获取的可能性大幅降低。2023 年，国家增加了专项债 1500 亿元，同时适量扩大资金投向领域和用作资本金范围。作者在北京金融机构调研时了解到，目前宏观经济承压的环境下，评级较低的平台公司还可以通过发行专项债来获取低息的资本，扩大基础设施建设，推动一大批重大工程从节奏上尽快落地，靠前发力。但随着经济运行的恢复和向好，中央“防范化解地方政府债务风险，坚决遏制增量、化解存量”的要求进一步深化，市场化融资必然回归最常规的融资渠道。在清洁能源产业发展的过程中，青海解决融资难、融资贵的问题，必须提升平台公司的实际信用等级，改善金融形象。

（三）省级层面

1. 源网荷储分家，各方形成合力较弱

青海依托省部共建“打造清洁能源产业高地”协调工作机制，向国家争取政策支持方面取得了明显成效。在省内，推动清洁能源产业发展涉及了多个厅局，考虑到“源网荷储一体化”发展方式，四方的审批、推进、服务、监管等存在一定的脱节现象，产生了一些问题。如发改委能源局主管电源审批，要求配套的负荷实际应由工信厅监管，但工信厅并无推动负荷落地的抓手，依托电站建设增加产业引进收效甚微。由于电网公司属于央企，对项目的投资要求一定回报率，在配合地方政府经济发展过程中存在一定的理念与利益摩擦。总体看，当前青海“源网荷储”四端协调统一发展还未形成有效的合力，在一定程度上制约了清洁能源产业的高质量发展。

2. 项目参与不够，享受发展红利少

2018~2022 年，青海清洁能源产业企业所得税累计入库 39.63 亿元，占同期全省电力生产行业企业所得税的 96.7%，收入规模从 2018 年的 3.7 亿元增加至2022年的9.1亿元，年均增长25.2%[①]。企业所得税收入的逐年高速增长表明清洁能源税收贡献进一步增强，行业整体盈利处于较高水平，企业发展呈现良好局面。根据调研结果粗略估算，受制于本省财力不足、发展思维僵化以及运营管理能力较低等因素，本地政府、地方平台公司和民营企业，在青海投资建设的各类清洁能源电站及相关制造业中，总体参与率不足10%。清洁能源对青海经济发展的带动作用明显，但本地资本的发展和增殖，导致本地企业随同清洁能源发展获取的技术、管理、人才的积累十分有限，并没有分享到足够的发展红利，“望‘阳’兴叹”“‘水’长莫及”“隔‘风’相望”成为清洁能源蓬勃发展的切实之痛。

3. 储能激励有限，弃电降低预期弱

储能已经成为构建新型电力系统的重要一环，且已具备产业化基础，青海储能产业处于起步发展阶段，产业政策、体制还不完善，部分政策与产业发展的契合度不高，政策设计缺乏针对性与指导性。一是储能产业政策的细节措施尚不完备。包括储能电价支持政策、完善绿证交易和可再生能源配额机制等方面，尚未有具有可操作性的政策细则，影响了储能项目商业化，不利于提高各方投资的积极性。二是新型储能市场尚未形成稳定的收益模式。无论是可再生能源配置储能、新型储能还是辅助服务市场等，都受政策影响非常大，目前商业模式不清晰，盈利比较困难。三是储能调度运行规则缺位。尚未出台相关措施，调度运行监管机制有待健全，这不利于储能电站公平调度，提升电源侧储能设施利用率。青海作为全国新能源装机比例最高的省份，比任何地方都需要储能的发展来促进新能源消纳，在大规模新能源持续开发的同时降低弃电率，亟须储能产业激励机制的建立并不断优化。

三　青海“国家清洁能源产业高地”高质量建设的对策建议

面对打造“国家清洁能源产业高地”中的各项问题，青海应坚持系统

① 资料来源：青海省国税局。

思维，统筹考虑整体与局部、开发与消纳、央企与地方等各项关系，在技术部门不断推进电网平衡的同时，加快推进促进高地打造的各项体制机制的形成、创新和发展。

（一）建立实施好清洁能源链长制

清洁能源产业规模体量大、关联作用强、影响范围广、涉及厅局多、利益平衡复杂，应坚持高位引领、系统筹划，集中全省等各项优势力量推动发展。坚持“以荷定源、以源建网、以网配储”，统筹好新能源开发与消纳，合力有序确定新增发电装机及多元储能规模，电网建设适度超前电源规划。把新能源与储能制造业放在更加重要的位置上，持续强化算力中心等载能产业的引进，推动用电量提升。只有壮大产业，新能源的开发才是“有源之水”；只有将清洁能源“源网荷储”整体的蛋糕做大，各方特别是网侧和储能侧的利益分配才有可能合理化。具体措施包括：建立由一名省级领导担任“链长”，由能源局和工信厅双牵头，包括各职能局、国网青海公司、央企、省属国企等部门和单位参与的打造“国家清洁能源产业高地”工作专班，实施好链长制。组建青海打造国家清洁能源产业高地研究院，组成部门包括各职能局，高校、社科院等科研院所，企业等，研究领域既包含能源电力专业领域，也包含经济、生态等社会科学领域。

（二）巩固强化工商业低电价优势

核定电价是一张跷跷板，直接影响源网荷储四方的利益。降低工商业电价，有利于产业引进及发展，用电量上升增加电网投资积极性，也有了补贴储能方的可能性，但势必减少发电企业的收益，影响源端的投资热情；而提升上网电价，则会增加工商业企业的成本，不利招商引资，进而影响财税收入，同时储能价格疏导机制难以建立，用电量减少影响网侧利益。基于当前的宏观环境和省情实际，巩固甚至强化低电价优势是青海的最优选择，也是有可能实现的。一方面，青海仍为全国的欠发达地区，人均 GDP 仅有全国平均水平的 70%，通过低电价引进、壮大产业，推动经济发展的需求真实而迫切。经济承压迫使企业降本增效，特别是算力中心在芯片采购成本增加的情况下，必然希望降低运营成本，低电价对其的吸引力将不断增强。另一方面，央企虽然对新能源开发的投资收益率有总体要求，但上网电价并不是最重要的指标，即使青海的风光上网电价为全国最低的 0.2277 元，只要保证产业发展提高新能源利用率，央企也有利润空间，保持甚至降低上网电价并不会阻碍来青投资新能源的热情。具体措施包括：在保障电站投资企业基本收益前提下降低上网电价，着力降低新能源开发非技术成本，支持省内新能源产业链龙头企业实施规模化降本，积极推动“虚拟电厂”建设，探索构建“智能微网”，完善电力中长期市场，积极筹备建设现货市场，健全辅助服务市场。

（三）大力引进绿色高载能产业

《关于促进制造业有序转移的指导意见》（工信部联政法〔2021〕215号）提出，“在满足产业、能源、碳排放等政策的条件下，支持符合生态环境分区管控要求和环保、能效、安全生产等标准要求的高载能行业向西部清洁能源优势地区转移”。该政策的实施，将充分释放青海清洁能源禀赋强、发展快的比较优势，通过高载能行业的承接有效提升绿电消纳能力，推动以新能源为主体的新型电力系统构建，构建具有青海特色的现代化经济体系。应做好顶层设计，统筹规划，通盘考虑全省产业转型升级，协调好省内各区域、各园区产业承接，集聚和优化资源及要素系统配置，制定《青海有序承接制造业转移工作方案》，围绕盐湖化工、大数据、锂电、钠电、光伏、储能、光电材料等行业，重点引进具有可变负荷的产业类型，采取“靶向招商”方法，促进投资、产业落地。

（四）积极建设投资型政府

清洁能源开发利用是国家长期的战略规划，青海应紧抓机遇，全力在发展中分一杯羹。清洁能源电站及制造业投资动辄数十亿甚至上百亿元，投资回收周期较长，如集中式光伏一般需 5～10 年、分布式光伏需 7～10 年，需要大量的低成本资本运作。鉴于青海各平台公司的金融信誉，应集中力量迅速扭转不利局面，争取提升金融机构内部信用评级，通过市场化融资获取低成本资金。先争取在央企的投资中占一定股权，形成参与式发展，积累运营管理、投融资、资本运作等经验，后实现主导乃至完全自主化发展清洁能源产业。具体措施包括：兼并融合扩大主体规模、重组优质资产优化资产配置、引进团队提升经营效率、成立清洁能源产业引导资金、运作多层级基金投资体系、持续优化营商环境。

（五）抢先建立“储能+算力”绿色标准体系

青海的“风光无限”与“风生水起”为绿色储能发展创造了需求、培育了沃土，同时，也为绿色算力的发展提供了重要基础。在习近平总书记“碳达峰先行先试”的要求下，为不断提升青海在清洁能源与数字经济上的差异化竞争力，青海既有能力又有需求，更有责任建立“储能+算力”绿色标准体系，为全国提供行之有效的实践探索，进而上升为国家规范，指导行业下一步发展。具体措施包括：构建绿色储能标准体系的基本框架、完善碳足迹绿电储能追踪技术、组建第三方绿电绿证交易机构、衔接国际绿电认证标准体系、率先发布大数据中心绿电指数排行、以绿电品牌吸引业务部署、开展绿电品牌主题招商、完善绿电供应配套设施。

参考文献

尹秀娟：《青海打造国家清洁能源产业高地研究——基于创新型产业集群的培育》，《新西部》2023 年第 5 期。

袁继军：《“双碳”目标下支持打造国家清洁能源产业高地的税收建议》，《税务研究》2023 年第 5 期。

王礼宁：《双碳背景下青海打造清洁能源产业高地的难点与破解路径》，《青海社会科学》2022 年第 4 期。

王国栋：《打造国家清洁能源产业高地》，《国家电网报》2022 年 3 月 29 日，第 5 版。

解丽娜：《〈青海打造国家清洁能源产业高地行动方案〉内容摘要》，《青海日报》2021 年 7 月 14 日，第 7 版。

社 会 篇

B.8
2023年青海省实施乡村振兴战略调查报告

李 舟*

摘　要： 2023 年，青海省全面推进乡村产业、人才、文化、生态、组织“五大振兴”，取得了显著成效，但在乡村产业发展、乡村人才队伍建设、乡村文化繁荣、城乡融合发展、乡村治理体系等方面存在诸多制约因素。全面实施乡村振兴战略，青海应不断建立健全乡村振兴工作体制机制，做大做强做精特色产业，打造专业化乡村振兴人才队伍，持续推进乡村文化繁荣，构建现代化青海乡村治理格局，建设高原宜居宜业和美乡村。

关键词： 乡村振兴　农业农村现代化　共同富裕　青海省

2023 年，青海省全面贯彻落实党的二十大精神和习近平总书记关于

* 李舟，青海省社会科学院科研管理处助理研究员，主要研究方向为发展社会学。

“三农”工作的重要论述，坚持和加强党对农村牧区工作的全面领导，全面实施乡村振兴战略，促进乡村“五大振兴”高质量发展，推进城乡融合发展，推动乡村振兴取得新进展，为现代化新青海建设继续夯实乡村基础。

一 2023年青海省实施乡村振兴战略的举措

2023 年，青海各级党委、政府高度重视全面推进乡村振兴，紧紧围绕“产业兴旺、生态宜居、乡风文明、治理有效、生活富裕”二十字总要求，积极探索乡村振兴有效路径，形成了独具青海特色的乡村振兴发展道路。

（一）加强制度建设，持续健全乡村振兴工作机制

2023 年 1 月，根据《中共中央国务院关于做好 2023 年全面推进乡村振兴重点工作的意见》的总体要求，青海省结合自身实际，出台了乡村振兴“八大行动”实施方案。2023 年 3 月，出台《青海省乡村振兴责任制实施细则》，全面从严落实乡村振兴工作责任制。同月，中共中央、国务院出台《党和国家机构改革方案》，要求省、市、县级乡村振兴机构职责划入同级农业农村部门，青海结合实际制定机构改革实施方案，从机构建制上统筹抓好以乡村振兴为重心的“三农”各项工作。2023 年 10 月，《青海省乡村振兴促进条例》正式颁布，从产业发展、生态宜居、文化繁荣、组织建设、人才支撑、城乡融合、保障监督等七个方面，提出了促进青海农牧区乡村振兴战略全面实施的具体措施。与此同时，青海省、市（州）、县（市、区）三级政府开始组织编制本行政区域乡村振兴规划，统筹考虑乡村振兴规划与国土空间规划、生态环境保护规划等有效衔接，为全省农牧区农村发展谋篇布局。青海各级地方政府努力探索将乡村振兴战略的实施同新型城镇化战略相结合，以推进县域城乡融合发展为抓手，将地处县城和乡镇周边的村庄，积极纳入城乡融合发展规划，有效推动基础设施、公共服务等要素在城乡间平等交换、双向流动。

（二）立足资源禀赋，不断创新产业兴旺发展新模式

2023 年，青海各级党委、政府继续把“产业兴旺”作为乡村振兴的重要抓手，立足资源禀赋，不断创新经营模式，促进产业发展。如黄南州深入推进“农户+基地+合作社+龙头企业”的经营模式，大力发展“合同农业”“订单农业”，带动 630 余名群众实现增收。黄南州尖扎县康扬镇城上村，积极探索“农业+”新业态，动员村民开垦撂荒地，种植观赏型经济作物，既丰富了旅游观赏资源，又增加了村民的经济收益。海东市乐都区峰堆乡上一村利用亲情、乡情，吸引大学生返乡创业，以电子商务为突破点，通过“互联网+”的模式推动农业产业高质量发展，建立了村级电商平台销售农畜副产品，形成了“电商特色产业模式”。玉树州囊谦县娘拉乡娘多村实行“生产分散在户、服务统一在社”的经营管理模式，“种植六统一”和农业“五化”服务模式，全方位为社员提供生产服务，形成了“村集体经济组织带动模式”。

（三）扎实践行“两山理念”，持续推进生态文明建设

2023 年，青海各地以打造习近平生态文明思想实践新高地为统领，坚持以生态保护优先理念协调推进经济社会发展。一是全面开展农业面源污染治理行动。海东市发放有机肥 11. 39 万吨、有机叶面肥 156. 67 万瓶、水溶肥 453. 43 吨，实现“全市化肥、农药使用量分别减少 25%和 20%以上”的目标任务，拾检回收各类农业残膜 6462. 4 吨，回收各类农药废弃包装物 120 万个，全市秸秆综合利用率达到 90. 5%，畜禽粪污综合利用率达 84. 6%。二是深入推进厕所革命行动。全省将“厕所革命”作为推进乡村振兴战略实施的一项重要民生工程持续关注，7 月 13 日，省财政厅印发《关于下达 2023 年第二批农村“厕所革命”整村推进财政奖补资金的通知》，计划在全省建造新一轮农村户厕，截至 2023 年 8 月，全省基本达到卫生厕所标准的农村户厕超过 60 万座，卫生厕所普及率达到 54. 4%。三是完成农村人居环境整治三年行动。全省 45 个县（市、区、行委）通过农村人

居环境整治第三方评估和省级审核验收，农村人居环境整治三年行动如期完成。四是全面开展村庄清洁行动。实施“三清一改治六乱”村庄清洁行动，4146个行政村实现全覆盖，评选激励1000个清洁村庄。

（四）促进乡村文化繁荣，不断推进乡风文明

一是打造文明实践阵地。青海将新时代文明实践中心试点建设工作作为推动习近平新时代中国特色社会主义思想落地生根的重大举措，努力打通了宣传群众、教育群众、服务群众的“最后一公里”。全省累计投入建设资金8566万元，成立文明实践中心45个、文明实践所406个、文明实践站4664个，建设文明实践点、岗位、基地、长廊等2673个。二是打造基层文化阵地。以农家书屋、村史馆等为依托，大力发展乡村特色文化产业，助推“民俗文化+经济发展”，将文化资源转化为文化产品，在推动形成科学、文明、健康的生活方式和维护公序良俗方面发挥了积极作用。三是打造文化活动阵地。以街心公园、活动广场为依托，积极开展各类文体活动，实施老年活动中心建设项目。四是打造精神文明阵地。以加强乡村精神文明建设为重点，对婚丧嫁娶等移风易俗进行规范，涵养文明乡风。截至2023年4月，全省共有县级及以上文明村镇2968个，其中全国文明村镇59个、省级文明村镇326个；79户家庭获评省级文明家庭称号，其中13户家庭被评为全国文明家庭；创建“五星级文明户”81.1万余户。

（五）强化组织保障，健全治理有效工作机制

一是建立健全组织领导机制。青海省、市（州）、县（市、区）三级政府建立健全组织领导机构，成立乡村振兴工作领导小组，进一步压实五级书记一起抓乡村振兴的政治责任。二是强化职能部门职责。进一步明确乡村振兴相关部门工作职责，在坚决守住不发生规模性返贫底线基础上，开创乡村振兴工作新局面。三是加强乡村振兴人才配置机制。2023年，全省选用1000名大中专毕业生服务村集体经济组织，选派5221名第一书记和工作队员驻村，充实乡村振兴一线力量。采取挂职研修、项目合作、专家服务、职

称支持等措施培育、支持各类人才服务乡村。四是构建多元化投入机制。组织、宣传、农业农村、住建、水利、教育等部门切实发挥各自职能，整合相关项目、细化资金落实，统筹推进乡村产业发展、村庄基础设施建设、村容村貌整治等。五是探索监督考核机制。首次将乡村振兴工作纳入党政领导班子和领导干部考核体系，形成了任务明确、分级负责的监督机制，为推进乡村振兴战略提供了有力支撑。

二　青海省实施乡村振兴战略面临的制约因素

党的二十大报告提出全面推进乡村振兴的“三农”工作总要求，并部署了当前和今后一个时期内乡村振兴战略的重要任务。青海在全面推进实施乡村振兴战略中面临的挑战复杂多样，突出表现在农牧区乡村产业、文化、生态、组织等多个层面。

（一）产业发展总体质量不高，发展后劲不足

一是乡村产业基础薄弱。青海农牧区差异明显，牧区乡村占比较大，分布稀疏且多在偏远、高寒区域，经营分散粗放，产业现代化水平较全国平均水平还存在一定差距。二是乡村产业发展结构单一。全省广大农牧区产业结构并没有充分适应市场需求做出调整，仍停留在比较传统、单一的生产方式，对传统特色产业的提升不够，农畜产品精深加工能力不强，且大多数停留在初级加工状态，产业链的延伸度不够，特色产业支撑推动乡村振兴战略后劲不足。三是产业发展缺乏人才支撑。青海农村自然条件比较艰苦，吸引优秀本地人才返乡创业难度很大，乡村产业发展缺乏核心的文化型、技术型人才支持。

（二）乡村人才匮乏，人才对乡村振兴的带动力不强

一是乡村振兴人才层次低。青海农村“两委”干部高中以下学历者占比较大，受教育水平偏低，缺乏对村庄发展的科学管理和长远规划能力，同

时青海省新型农牧业经营主体尚处于初步发育阶段，农牧民文化水平低，掌握现代化农业生产技术的职业农民群体匮乏。二是乡村振兴本地人才外流。青海高校培养出来的人才只有很少一部分返乡工作，回当地农村工作的更为稀少。三是乡村振兴外地人才引进困难。青海农村集体经济薄弱，村庄本身难以承担人才引进所需要的资金，同时人才引进机制不健全，人才承诺兑现出入较大，人才引进又流失的问题普遍存在。

（三）乡村文化凋敝，文化振兴面临诸多困难

一是城乡文化融合难度较大。除以西宁、海东为主的东部农业区外，青海大部分农牧区世居人口为藏族、蒙古族等少数民族群众，其所奉行的游牧文化同现代城市文化要素交往、交流、交融需要长期适应过程。二是乡村文化振兴主体缺位。由于大量劳动力外流，青海农村空心化、老龄化问题突出，作为文化振兴主力的中青年人才大多留在城市，导致乡村文化传承保护和开发利用缺乏主体支撑。三是乡村文化振兴实践场域缺失。青海农村面临公共文化精神匮乏、公共文化空间压缩、公共文化基础设施薄弱等问题，乡村文化发展的实践场所不充足。

（四）基础设施和公共服务短板突出，城乡融合难度大

一是公共基础设施不健全。当前全省缺乏对基础设施的统一规划、统一建设和统一管护，尤其是在水电气、垃圾污水处理、物流、客运、信息通信、消防、防灾减灾等方面农村基础设施不完善，滞后于城镇水平。二是城乡基本公共服务均等化水平低。优质教育资源城乡分配不平衡，职业教育和继续教育普及率低。县域内医疗卫生资源配置不均，乡村医疗人才稀缺，乡村医疗卫生服务水平低。社会保障体系不健全，针对孤寡老人、失业者等困难人群的社会救助体系不完善，基本医疗、基本养老保险城乡统筹难度大。

（五）乡村组织振兴动力不足，现代化治理格局尚未形成

一是基层党组织领导作用发挥不足。基层党组织是实施乡村振兴战略的

主心骨，人口老龄化、村庄空心化使得乡村缺乏核心组织人才。二是村干部队伍素质整体偏低。村干部是乡村组织振兴的第一责任人，目前青海农牧区乡村“两委”干部多为小学、初中文化程度，乡村组织振兴及乡村治理体系现代化所需要的知识型和管理型人才严重不足。三是村民参与村级事务治理的主动性不高。广大农牧区村民思想还局限在“乡村治理是村干部的事”的认识层面，参与村庄治理的积极性不高。

三　青海实施乡村振兴战略的对策建议

促进青海农业全面升级、农村全面进步、农民全面发展，全面实施乡村振兴战略，需要坚持农业农村优先发展，在巩固拓展脱贫攻坚成果、乡村发展、乡村治理、乡村人才、乡村文化等重点方面齐发力，向“产业兴旺、生态宜居、乡风文明、治理有效、生活富裕”的乡村建设目标奋力推进。

（一）做大做强做精主导产业

一是因地制宜创新经营模式。在传统种养业基础上结合田园风光、乡土文化、民间艺术等，建设规模化生产基地、旅游特色小镇、文化展示展览中心，发展多种经营模式，促进一二三产业融合发展。二是发展适度规模经营。创新土地流转和规模经营方式，多元化培育新型职业农牧民，把促进规模经营与带动农牧户增收结合起来，通过经营权流转、股份合作、代耕代种、托管代管等多种方式，加快发展土地草场流转、土地草场入股、科技服务带动等多种形式的适度规模经营，探索各具特色的规模经营形式和路径。三是积极探索特色产业发展路径，推动乡村产业，延长产业链，做大特色产业，做强特色品牌，促进产业兴旺。四是壮大村集体经济。积极探索村集体经济发展的有效路径，通过入股农业产业化龙头企业、村企共建等方式发展壮大集体经济，培育村集体经济发展内生动力，增强其造血功能。

（二）打造青海乡村振兴专业化人才队伍

一是建立健全人才激励、使用、保障机制。进一步完善符合农村牧区需求的相关技术人才及高校毕业生就业扶持政策，在人员编制、住房保障、社保衔接、子女教育、创业扶持等政策方面予以适当倾斜，建立健全多元主体参与机制、人才向基层流动机制、人才评价机制，发挥乡贤作用机制。二是实施乡村人才素质提升计划，培育本土人才。扶持培育产业发展人才、生产经营人才、公共服务人才、乡村治理人才、农牧业农牧区科技人才，加强对高素质农牧民、能工巧匠等本土人才的培养，重点培养农牧民合作社带头人、经营管理人员、技术人员和新型职业农牧民。三是大力引进乡村振兴人才。鼓励青海籍高校毕业生回乡参与基层工作，通过校园引才引导外省优秀毕业人才投身青海乡村发展。依托人才项目洽谈会、青海省高层次人才联络站等平台资源，鼓励优秀知名专家、学者、企业家等援青给予指导与帮助。通过政策和资金优待，鼓励外出务工人员返乡创业。

（三）推动新时代乡村文化繁荣

一是铸牢中华民族共同体意识，夯实文化振兴之基。发挥民族团结进步示范省、示范市（州）、示范县的作用，巩固发展平等、团结、互助、和谐的民族关系，促进各族群众交往交流交融。二是建设乡村文化实践场所，涵养文化主体意识。建立完善村级综合性文化服务中心、乡村文化广场等公共文化基础设施，为乡村文化繁荣提供基础保障，充分结合法定节假日、少数民族传统节日及民俗文化，不定期开展各类特色文化活动，鼓励农牧民积极参与群众性精神文化活动。三是挖掘、保护、传承好特色文化资源。保护和利用好代表各民族文化符号的文物古迹、少数民族特色村寨、农业文化遗产等物质形态文化资源，弘扬和发展好河源文化、昆仑文化、热贡文化等非物质形态文化资源。四是加强精神文明建设。发挥好村规民约的示范约束作用，提倡勤俭节约、尊老爱幼的良好家风，破除高价彩礼、薄养厚葬等陈规陋俗，培育文明乡风、淳朴民风。

（四）构建现代化青海乡村治理格局

一是建立健全党组织统一领导的现代乡村社会治理体制。发挥基层党组织在乡村组织振兴中的战斗堡垒作用，全面加强村级党组织对乡村政治建设、宣传教育、经济发展等方面的统一协调，夯实组织基础，转变工作作风，克服能力涣散、精神懈怠问题，努力提升其在农牧民中的威信。二是调动村民参与乡村治理的积极性。通过宣传教育提升村民的自治意识、集体意识、法治意识，发挥村规民约的激励约束作用，持续推进村务“四议两公开”，保障村民的知情、参与和监督权力，引导村民参与村级事务管理和乡村建设。三是推动乡村综合治理能力现代化。依托数字乡村、平安乡村建设平台，打造网格化管理、信息化支撑的基层数字治理平台，优化农村工作基层干部队伍结构，提升基层综合执法水平和矛盾纠纷调解水平。

（五）建设高原宜居宜业和美乡村

一是进一步补齐乡村基础设施建设短板。持续加强水电气、污水管网、物流、信息通信等基础设施建设，推进数字乡村、村级电商服务中心等现代化服务设施建设，加快实施农产品仓储保鲜和冷链物流设施、应急避难场所等规划建设。二是推进基本公共服务均等化。提高义务教育学校标准化建设水平，发展职业教育和继续教育。加快建设紧密型县域医疗共同体，加大乡镇卫生院和村卫生室标准化建设力度，提高乡村医疗卫生服务水平。加强对留守儿童、孤寡老人等特殊人群的关爱照料，发展多元化养老服务模式。完善就业培训、就业指导援助等公共就业服务体系。三是持续打造生态宜居高原美丽乡村。开展常态化农村人居环境整治，组织村民开展村道巷道、房前屋后、空地闲地绿化美化。推进农作物秸秆、畜禽粪污、生活污水、生活垃圾的无害化处理和资源化利用。结合青海高原特点，建设适宜高寒、干旱农牧区日常使用的卫生厕所。

参考文献

李欣、李广霞：《乡村人才振兴的现实困境与实践路径探究——以青海省为例》，《智慧农业导刊》2023 年第 22 期。

马越：《青海省推进乡村振兴战略的路径研究》，《广西质量监督导报》2020 年第 5 期。

王礼宁：《乡村振兴视角下青海东部农村产业发展研究——基于青海省 L 区脑山四村的调查》，《青海社会科学》2023 年第 3 期。

杨小云、余永庆：《青海推动巩固脱贫攻坚成果同乡村振兴有效衔接研究》，《攀登》2022 年第 4 期。

张官寿：《乡村振兴战略下青海农村发展的困境与破解之道》，《农业经济》2021 年第 10 期。

B.9

2023年青海省文化事业发展调查报告

张　�*

摘　要：　2023年，青海省文化事业稳步发展，社会主义先进文化较快发展。具体而言，在文化宣传、文化实验区建设、文旅融合发展、数字文旅、非物质文化遗产保护与传承、公共文化服务体系建设等方面成绩突出、亮点显著。2024年，青海省文化事业将继续以习近平新时代中国特色社会主义思想为引领，以习近平文化思想为指导，把文化事业发展与全省经济社会高质量发展作为重大责任与光荣使命，为助力社会主义现代化新青海建设贡献文化力量。

关键词：　文化事业　文化发展　青海省

2023年，"十四五"规划进入关键时期，就文化工作而言，"文化赋能""文化数字化""社会效益优先"成为"十四五"期间文化工作的新重点。青海省文化事业发展始终坚持习近平新时代中国特色社会主义思想，深入贯彻落实党的二十大和二十届历次全会精神，把文化建设放在全局工作的突出位置，贯彻新发展理念，构建新发展格局，推动文化高质量发展。

一　2023年青海省文化事业发展亮点

2023年，青海省文化事业发展总体状况持续向好。在文化宣传、文化

* 张�，青海省社会科学院文史研究所副研究员，主要研究方向为社会学、地方文化。

实验区建设、文旅融合发展、数字文旅、非物质文化遗产保护与传承、公共文化服务体系建设等方面凸显新亮点、呈现新气象。

（一）文化宣传力度持续加大，凝聚青海智慧、传播青海故事

一是主题鲜明、形式多样。“大美青海文艺轻骑兵优秀剧（节）目展演”以舞蹈、歌曲、秦腔、藏戏、皮影、曲艺等多种艺术形式，表现出新时代各族民众崭新的生活面貌，具有较强的思想性、艺术性和观赏性，文化底蕴深厚、地域风格突出。以“黄河之水青海来”为主题的政协书画精品联展集结了沿黄九省区200余幅优秀作品，充分体现了黄河文化的丰富内涵与时代价值，彰显了各族人民追求梦想的情怀与担当。二是作品质量与获奖等级再提档。青海省《青海土族民族民间舞蹈教材》在全国近2000个作品中脱颖而出，成功入选第十三届“桃李杯”全国青少年舞蹈教育教学成果教师精品课。该教材以互助传统歌舞“安昭”为基本元素，取材互助民众的生产生活、传统习俗与文化活动，是青海省在文化艺术职业教育上的首次重大突破。歌剧《青春铸剑221》在第五届中国歌剧节中荣获优秀剧目奖，实现了青海省歌剧奖项“零的突破”。该剧将历史真实转化为舞台艺术，用即时拍摄、投影视频等数字技术，将时代背景、人物表演与幕后戏完美融合，再现了激情岁月的艰苦卓绝，传承了爱国报国精神，涵养了崇高人格风尚，坚定了勇攀高峰的信念。三是推介力度持续加大。“大美青海”文旅博览宣传与推介已覆盖北京、深圳、武汉、广州、西安、天津、苏州、杭州、石家庄、郑州、长沙、香港等地，通过青绣、手绘唐卡、丝毛挂毯、掐丝画、皮艺、藏饰品等非遗手工技艺的现场呈现，藏蜜、枸杞、沙棘、牦牛肉干、昆仑玉雕等旅游商品的现场体验，以及文旅产业项目册、旅游手绘地图、旅游景区导航手册等图片资料的展示，为国内外各地游客解读了大美青海的文旅资源、旅游精品线路及文化艺术精品，让青海的美走出家门、走向全国。四是对外交流提档升级。在2023年中土建交31周年之际，青海省作为唯一一支受邀的中国代表团，参加了土库曼斯坦举办的国际舞蹈民俗节，展演了“祝福送你”“彩虹姑娘”“康巴汉子”等文艺作品，并以此次活动

为契机，建立了交流合作机制，设立“青海文化旅游推广中心”，通过组织交流活动、搭建合作平台，吸引土库曼斯坦等中亚国家与青海省文旅企业实现资源共享、市场共兴，助推青海省打造国际生态旅游目的地建设。

（二）文化实验区建设不断完善，汇聚文化能量、凸显地方优势

一是西宁市设立河湟文化（西宁）生态保护实验区。西宁市是河湟文化的核心区和承载区之一，传统文化历史积淀深厚，地域特色鲜明，文化生态存续状态良好、传承有续，传承实践富有活力、氛围浓厚。设立河湟文化生态保护区，对铸牢中华民族共同体意识、传承弘扬黄河文化、打造河湟文化品牌、助力国际生态旅游目的地建设意义重大。二是格萨尔文化（果洛）生态保护实验区通过国家验收，正式被确定为国家级文化生态保护区。格萨尔文化（果洛）生态保护区依托联合国教科文组织人类非物质文化遗产代表作《格萨尔》的保护传承实践，进一步巩固拓展了全国民族团结进步示范州创建成果，在传承弘扬中华优秀传统文化、坚定文化自信、铸牢中华民族共同体意识、推动乡村振兴战略实施、助力打造国际生态旅游目的地方面发挥了积极作用。三是青海“冷湖火星小镇”入围2022年国家旅游科技示范园区。“冷湖火星小镇”是中国首个火星模拟基地，依托冷湖酷似火星的地貌资源和一流天文观测条件，建设了中国创业精神博物馆、石油精神纪念馆、地质博物馆、火星研学旅行实践教育科研科普基地、天文学生实习基地、拍摄基地、影视创作基地和科幻文学创作基地等功能型交流平台，打造了产城人文融合发展的现代化开放型特色小镇，全封闭式的火星太空舱为游客提供了完整的“火星登陆”体验，充分释放冷湖世界级天文观测基地品牌效应。

（三）数字文旅激活创新动能，提速大数据、融合新业态

一是数字推广模式持续更新，形成旅游带直播矩阵。江苏、青海两省开启苏青文旅协作新模式，打造“江苏广播大美青海生态之旅”，以“全媒体宣传+房车电台现场直播+明星主持人带队深度游”方式，吸引江苏乃至全

国的游客走进大美青海，直播小组跨越 2000 多公里，完成了 10 场 1440 分钟音视频同步直播，观看人次超 500 万。“直播黄河”是全国范围内首次以直播联动的方式推广黄河文化旅游带，中国网、新华网、央广网、央视频等主流媒体，东方网、触电新闻等长三角、大湾区新闻网站，黄河九省区新闻媒体与融媒体，省级文旅宣传矩阵及各类直播平台视频号等超过 50 家媒体联合参与直播，形成了广泛的全国性宣传推广黄河文化旅游带直播矩阵。二是数字文旅体系建设提质增效。青海省数字文旅体系建设项目成功入选 2022 年度全国智慧文旅创新典范案例。通过对运营商、交通、气象、文旅资源、舆情、评价等数据资源的整合，大数据相关的配套系统的建设以及数据的扩容，打破数据壁垒，形成全面、安全、可靠的综合性数据管理及分析机制，截至 2023 年 11 月，已建设完成数字文旅大数据分析平台及数据模型 270 余种，形成了青海文旅的“数字大脑”，为全省数字文旅建设提供了优势条件和数据保障。其中“大美青海 · 生态旅游”公共服务平台，全面覆盖省文化和旅游厅、8 个市州、全省重点旅游县及景区景点，为访青游客提供了“吃住行游购娱”全要素全流程线上服务。三是合力发展显优势。黄河流域九省（区）文化馆联盟正式成立，将进一步加快推进黄河文化的保护、传承和弘扬，统筹黄河流域特色文化资源，融汇“文旅+”“数字化”多元模式，打造黄河流域特色文化品牌，丰富公共文化产品供给，让黄河孕育出的多彩文化同频共振，更好满足人民群众精神文化需求，提升黄河流域九省（区）文化馆联盟的品牌知名度、美誉度。

（四）市场监管与专项整治协同发力，规范市场秩序、提升服务质量

2023 年，青海省游客人数呈现“井喷式”增长，旅游市场也暴露诸多问题。对此，全省开展了一系列排查治理各类风险隐患，解决影响文旅服务质量突出问题的专项活动。一是对文旅市场的暗访评估。此次暗访团队聘请省内外专家近 300 人，暗访检查近 1800 人次，涉及全省两市六州近 300 家文旅企业，通报了 4 大类近 80 家问题企业和 140 余处存在旅游安全隐患和服务质量不达标的单位，并按照《文化和旅游市场信用管理规定》《青海省

旅游市场信用监管实施细则（试行）》进行联合惩戒，纳入失信人员名单，责令限期整改。二是对旅游景区的复核检查。本次选定的A级旅游景区涵盖自然生态类、人文古迹类、乡村旅游类、工业旅游类、体育旅游类及自然保护地等，其中5A级旅游景区3家、4A级旅游景区17家、3A级旅游景区19家。复核检查工作依照《旅游景区质量等级的划分与评定》国家标准与《文化和旅游部办公厅关于做好全国A级旅游景区2023年度复核工作的通知》要求，复检内容涵盖安全管理、旅游秩序、意识形态管理、智慧化建设、管理服务质量提升、预约管理、适老化建设等。结果显示，与《旅游景区质量等级评定与划分》的国家标准评定细则要求相比存在差距，对复核不达标景区进行了处理，其中3家取消质量等级、1家降低等级、5家限期整改。下一步，将继续完善旅游景区管理办法，建立“有进有出”的动态机制，持续推动旅游景区补短板、强弱项，提升特色化、品质化、智慧化水平，推动旅游景区全面提质升级。三是对乡村旅游的专项督查。西宁市出动执法人员近280人次，检查场所90余家次。民和县、平安区各景区负责人签订了安全生产责任协议，对重点旅游场所灭火器材配置、安全警示标语设置、特种设备日常检修维护等进行检查，同时采取包片连点方式，派专人入驻重点景区督导景区安全工作。“上山庄花海”“千紫缘”景区逐级签订安全生产目标责任书，成立由总经理任组长的安全生产工作领导小组，对餐饮区、景区、停车场分片包干管理。“边麻沟”“卯寨”景区严格落实承包方主体责任，对检验、检测不合格或无第三方评估报告的不准投入运营，杜绝违章作业。“七里寺花海”“平安驿”“油嘴湾”景区组织相关人员开展针对特种设备、员工服务能力和环境卫生的专项自查自纠。

（五）非物质文化遗产保护工作成果突出，传承优秀文化、弘扬民族精神

一是持续推进非遗政策落地实施。专项督查《青海省非物质文化遗产条例》《关于进一步加强非物质文化遗产保护工作的若干措施》的贯彻落实，督促各地结合实际出台相应文件，研究制定《青海省级非遗代表性项

目保护管理办法》《关于推动非遗与旅游融合发展的实施方案》等相关文件。二是不断推动非遗与旅游融合发展。进一步激发非遗活力，赋能旅游发展，推动非遗体验基地、特色景区、特色村镇及特色街区的建设，支持开展非遗体验游、非遗研学游等相关活动。发挥典型带动和示范引领，加强推介宣传，培育一批满足游客需求、具有鲜明非遗特色的旅游线路。鼓励各地结合实际在景区、景点开展形式多样的非遗旅游体验活动。三是进一步完善非遗保护传承体系。实施《青海省非遗代表性传承人传承活动评估细则》，评估国家级、省级非遗代表性传承人传承活动，开展“国家非遗记录工程”和“青海文化记忆工程”，推进非遗项目的研究和成果转化。四是持续提升非遗保护传承水平。实施“非遗传承人群研培计划”、“非遗青海传统工艺振兴计划”、“曲艺传承发展计划”、“青绣”提升工程等，强化非遗保护工作基层队伍建设，推进传统工艺类项目传承与发展，提升非遗项目传承人的专业素养和水平，并研究制定《青海传统工艺高质量发展实施方案》。五是积极促进非遗融入国家战略。加强非遗工坊建设，认定一批省级非遗工坊，全面推动非遗工坊助力乡村振兴工作，开展“非遗工坊典型案例”宣传推广。六是不断加大非遗传播力度。开展非遗传承实践与宣传活动，举办“文化进万家——视频直播家乡年”“文化和自然遗产日”“青海非遗宣传月”等宣传展示活动，推广“非遗进校园”优秀案例，同时强化非遗对外交流与传播，组织开展了“青海非遗台湾行”活动，进一步扩大青海非遗的影响力和美誉度。

（六）公共文化服务质量显著提升，城乡差距渐小、群众满意度渐长

一是群众文化活动内容丰富、形式多样。入选全国 2023 年“四季村晚”示范展示点名单的 7 个“村晚”，以“丰富文化供给·创造美好生活”为主题，结合本地区重大节庆和民族传统节日，整合区域内文化、旅游、非遗、文创、农副产品等资源，通过文艺展演、现场体验、观众互动、网络直播、微信小视频、抖音短视频等方式，将春、夏、秋、冬四季与本地区特色组合“亮相”，多角度、全方位展现新时代乡村振兴新风貌、乡村文化新风

采。以“群星荟萃·舞动青海”为主题的全省广场舞大赛获奖作品及群星奖入围作品展演，描述了新时代各族人民的幸福生活和奔向小康的喜悦心情，展示了新时代青海省各族群众的精神风貌和公共文化获得感。二是充分发挥“示范”效应，引领公共文化高质量发展。西宁市城西区五峰书院入选“全国基层公共文化服务高质量发展”典型案例。西宁市城西区以政府主导、部门管理、分步骤调动社会力量管理运营的模式，以“家门口的城市书房”为目标，建成五峰书院等9家城市书房。作为公共图书馆的延伸服务场所，城市书房的建成使用是西宁市深入推进全民阅读活动的有益补充，五峰书院更为全省其他地区探索引导社会力量参与公共文化服务发展路径、建设新型文化空间提供了重要借鉴。三是文化下乡热度有增无减。“我们的中国梦”文化进万家送戏下乡活动，以人民群众喜闻乐见的方式推动党的二十大精神在基层落地生根、开花结果。此次活动自农历正月初五开始持续至农历二月初二，来自互助县秦韵戏曲艺术团和海东艺馨戏曲研究艺术剧团的近90名演员在海东市互助县、平安区部分乡镇、村及景区上演10余场大戏和多场传统秦腔折子戏、眉户小戏及戏曲小品等，节目种类丰富、形式活泼、风格质朴，累计观众5000余名。

（七）地方标准与各级法规不断完善，保障文旅融合和谐生态

一是地方标准有的放矢。《智慧旅游景区建设指南》（DB63/T2119-2023）、《旅行社生态旅游安全服务质量要求》（DB63/T2020-2023）、《研学旅行产品服务规范》（DB63/T2121-2023）、《贵南藏绣》（DB63/T1251-2023）等省级地方标准正式实施。《智慧旅游景区建设指南》紧扣青海省旅游景区建设和智慧旅游发展实际，结合智慧景区发展新思路、新举措和新技术，在智慧旅游景区建设的基础配套、智慧服务、智慧管理、智慧营销等方面提供了标准参考。该标准的实施，将有助于进一步满足游客不断提升的智能体验需求，提高景区的智慧化服务水平，助力青海省文旅数字化转型发展。《旅行社生态旅游安全服务质量要求》规范了旅行社开展生态旅游服务的组织管理、培训教育、行前准备、行程保障、事件处

理与特色服务等内容，进一步强调旅行社在开展生态旅游业务经营中的安全、服务和质量，规范旅行社市场主体在融入青海省打造国际生态旅游目的地建设进程中的标准化管理。《研学旅行产品服务规范》对研学旅行产品的类型、研发以及研学旅行服务的教育、交通、餐饮、住宿、人员与评价进行系统化规范，弥补了青海省研学旅行产品服务标准的空白，为构建基于现代服务理念、科学完善的研学旅行产品服务体系提供了依据。《贵南藏绣》对藏绣的工艺流程、藏绣分类、原辅材料、绣法及要求、检验检测、标志、包装、运输与贮存进行了明确规定，对指导青海省贵南藏绣行业走向科学化、标准化，扶持、培育和发展青海省特色民族文化品牌具有重要意义。二是条例办法翔实完备。《玉树藏族自治州国际生态旅游目的地建设促进条例》紧扣保护生态环境的主线，正确处理发展生态旅游与保护生态环境的关系，明确国际生态旅游目的地建设应当贯彻新发展理念，为玉树州打造国际生态旅游目的地提供了法治保障。《青海省非遗工坊认定和管理办法》率先在全国出台，《办法》就非遗工坊的申报、认定条件、程序、设立建设、支持措施、评估管理等做出明确规定，旨在加强非遗保护，促进就业增收，巩固脱贫成果，助力乡村振兴。

二　青海省文化事业发展存在的问题与短板

2023年，青海省在文化事业发展上稳步推进，取得了一系列突出成绩，但其中仍存在一些问题和短板。

（一）公共文化服务效能与影响力有待提升

群众文艺活动品牌效应欠佳，在“老活动新做法”和发挥品牌效应上仍需拓宽发展思路，公共文化服务供给的人性化和多样化有待进一步提升，在发挥公共文化公益性、便捷性和科技性等问题上仍需积极探索；本土和乡村“网红”助力乡村振兴缺乏组织引领和阵地管理。

（二）文化数字化的发展转型有待持续推进

在消除“数字鸿沟”与“信息孤岛”方面仍需努力，在不断拓展文化资源的共享范围和适用效率上再见成效，在提高文化传播效率、促进城乡资源共享以及扩大文化服务供给等方面需持续推进。

（三）在强化非遗保护和宣传力度上仍需持续发力

民众在非遗保护中的参与程度不够高、落实不够具体，在激活文化遗产内在生命力上的能力有待提升，在文化遗产与日常生活融合上需持续发力，要在满足广大民众文化需求的同时，实现人人参与文化遗产的保护。

三　青海文化事业发展形势预测

2023 年 10 月，习近平同志在全国宣传思想文化工作会议上再度强调，宣传思想文化工作事关党的前途命运，事关国家长治久安，事关民族凝聚力和向心力，是一项极端重要的工作[①]。文化兴则国运兴，文化强则民族强。党的十八大以来，以习近平同志为核心的党中央始终把文化建设放在党和国家事业的重要位置，高瞻远瞩、科学决策，为中国特色社会主义文化发展开创了崭新的局面。展望 2024 年，青海省将在习近平新时代中国特色社会主义思想和习近平文化思想的引领与指导下，全面贯彻落实党的二十大及二十届历次全会精神，深入推进文化高质量发展，继续开创新时代文化发展新格局。

（一）国内文化发展环境分析

一是从文化投入上看，2022 年东部地区文化和旅游事业费占财政支出

① 《一场重要会议在京召开，首次提出习近平文化思想》，人民网，2023 年 10 月 9 日，http：//politics. people. com. cn/n1/2023/1009/c1001-40091490. html。

比重为0.59%，高出全国水平34.09%，人均文化和旅游事业费为91.68元，高出全国水平18.94%，文化和旅游机构从业人员数高出全国水平8.33%，文化市场经营机构资产总计高出全国水平109.55%，文化市场经营机构从业人员数高出全国水平27.27%。[①] 数据显示，东部地区文化投入水平高，文化产业发达，文化市场活跃，处于全国领先地位。相较于东部地区，西部地区的文化投入水平略显逊色。其中，文化和旅游事业费占财政支出比重为0.49%，人均文化和旅游事业费为78.75元，文化和旅游机构从业人员数为每万人28人，这3项指标均高于全国水平，可以看出西部地区文化和旅游事业费投入总量较为可观。但文化市场经营机构资产总计和文化市场经营机构从业人员数均低于全国水平，表明该地区文化产业发展资金不足、文化经济效益产出效果不明显。

二是从文化供给上看，东部地区仍保持领先。在文化供给8项指标中，人均公共图书馆藏书量、群众文化机构组织活动次数、博物馆基本陈列展览数、发行图书总印数、发行报纸总印数、有限广播电视实际用户数占家庭总户数比重等6项指标位居全国第一，表现了该地区丰富的文化馆藏资源和多样的文化活动。相较于东部地区，西部地区的文化供给水平有所降低，8项指标中除博物馆文物藏品数高出全国水平16.48%，其余指标均低于全国水平，特别是发行图书总印数、发行报纸总印数、发行期刊总印数均位居末位。数据显示，该地区仍需增加文化存量资源、扩大优质文化供给，以高质量文化供给服务全民精神生活。

三是从文化传播上看，东部地区优渥的地理位置和发达的外向型经济结构，使其在文化传播方面表现突出。在艺术表演团体国内演出观众人次、博物馆参观人次、公共图书馆总流通人次、群众文化机构文化服务惠及人次、广播电视节目综合人口覆盖率、对外对港澳台出访文化交流活动等方面均高于全国水平。西部地区在文化传播上相对落后，特别是艺术表演团体国内演

① 湖北大学高等人文研究院、中华文化发展湖北省协同创新中心、湖北文化建设研究院编《中国文化发展报告（2022~2023）》，社会科学文献出版社，2023，第84页。

出观众人次、公共图书馆总流通人次和对外对港澳台出访文化交流活动等指标均低于全国水平。

四是从文化消费水平看，东部地区发达的经济水平对文化消费的较大刺激和群众对文化消费的需求与习惯，可以激发市场消费活力，促使该地区文化消费持续领先于其他地区。相较东部地区，西部地区公共图书馆人均购书费、群众文化机构业务活动专项经费、居民人均文化娱乐消费支出占人均消费支出比重、居民人均文化娱乐消费支出等指标均低于全国水平。要不断加快经济发展、提升居民总体收入水平、加大公共文化服务投入、增强群众文化消费的便捷性、推动文化消费长期发展、提升地区文化消费能力与水平。

（二）青海文化事业发展形势预测

一是持续强化金融支持与项目园区建设。2024 年，青海省将继续按照文旅部办公厅印发《关于进一步用好地方政府专项债券推进文化和旅游领域重大项目建设的通知》的要求，积极抢抓新增专项债券集中申报机遇，加强与地方财政、发改等部门的沟通与对接，争取更多专项债券用于文化和旅游领域重大项目建设，同时结合《关于抓好金融政策落实　进一步支持演出企业和旅行社等市场主体纾困发展的通知》的要求，通过银行信贷、文旅相关产业发展基金、文旅保险产品等渠道支持演出企业、旅行社纾困发展。

二是持续深化文旅融合。国务院发布《“十四五”旅游业发展规划》，支持博物馆、文化馆、图书馆、美术馆、非遗馆、书店等文化场所增强旅游休闲功能，开发工业遗址、老旧厂房等，将其转型为文化和旅游消费场所，不断推动传统商业综合体向文体商旅综合体的转型，同时围绕推进以人为核心的新型城镇化与美丽乡村建设，优化旅游休闲功能，合理规划建设特色旅游村镇。

三是持续推进文化产品创新开发。在把握正确导向的前提下，推进先行先试，用好税收优惠政策，增强文化创意产品开发主体的活力，提升知识产权评估管理水平，创新文旅产品创意，坚持品牌引领、示范带动。

四是持续提升公共文化服务效能。进一步推进“四馆”建设，完善

“四馆”功能，把推动公共文化服务供给与群众需求精准对接，充分发挥服务效能，不断缩小城乡差距，促进公共文化服务高质量发展。

四 促进青海文化事业发展的对策建议

（一）始终坚持党的领导，凝聚和引领社会主义意识形态

文化建设与意识形态紧密相连，是建设精神文明的核心与灵魂。中国共产党成立之初，党领导无产阶级作为文化生力军明确了要“建立一个新中国，包括建立中华民族的新文化，把一个被旧文化统治因而愚昧落后的中国，变为一个被新文化统治因而文明先进的中国”①；进入新时代，在开启全面建设社会主义现代化国家的新征程中，文化自信被定义为更基础、更广泛、更深厚的自信”②，明确了要“推进文化自信自强，铸就社会主义文化新辉煌”③。习近平同志在全国宣传思想文化工作会议中凝练“七个着力”时再度强调“着力加强党对宣传思想文化工作的领导”④。党持之以恒领导文化建设，破旧立新、激浊扬清，以新文化育新人、树新风、走新路、建新功。历史与现实坚强地证明，中国特色社会主义文化建设必须坚持中国共产党的领导，特别是在今天，世界面临百年未有之大变局，只有更坚定党对文化建设各项工作的全面领导，不断凝聚和引领社会主义意识形态，把物质文明成果不断转化为精神和感情层面上的自觉与认同，将社会主义制度的优势以文化形式传播，才能实现中华文化强国的战略目标。

（二）传承和弘扬中华优秀传统文化，发展和创造人类文明新形态

文化的传承与发展离不开吐故纳新的能力和与时俱进的品质。2023 年 6

① 毛泽东：《新民主主义论》，《毛泽东选集》（第 2 卷），人民出版社，1991，第 697 页。

② 习近平：《在庆祝中国共产党成立 95 周年大会上的讲话》，人民出版社，2016，第 12、13 页。

③ 习近平：《高举中国特色社会主义伟大旗帜　为全面建设社会主义现代化国家而团结奋斗》，2022 年 10 月 25 日，中华人民共和国中央人民政府网。

④ 《一场重要会议在京召开，首次提出习近平文化思想》，人民网，2023 年 10 月 9 日。

月，习近平总书记在文化传承发展座谈会上指出，在新的起点上继续推动文化繁荣、建设文化强国、建设中华民族现代文明，是我们在新时代新的文化使命。接下来，我们要不断激活中华优秀传统文化的生命密码，进一步推进文化的创造性转化与创新性发展。一是在全面推进中华民族伟大复兴新征程中塑造中国形象。习近平总书记在党的二十大报告中首次提出“中国形象”，并赋予传统文化在塑造中国形象中的关键作用：“坚守中华文化立场，提炼展示中华文明的精神标识和文化精髓，加快构建中国话语和中国叙事体系，讲好中国故事、传播好中国声音，展现可信、可爱、可敬的中国形象。”① 我们要以符合时代特征的科学态度为基准，凝练传统文化的精神标识，树立中华文化的主体理念，彰显中华文化的独特气韵，让传统文化真正赋能国家形象塑造。二是深入挖掘和系统阐释中华优秀传统文化的科学内涵。在坚持和巩固马克思主义在意识形态主导地位的前提下，把马克思主义基本原理同中华优秀传统文化相结合，深刻阐释马克思主义与中华优秀传统文化的内在逻辑，坚守中华文化立场，正确认识中华文化与世界各国文化的内在关系，不断实现新时代中华优秀传统文化的创造性转化与创新性发展。三是激活中华传统文化基因，实现传统文化的现代性转换。一切划时代体系的真正内容，都是由产生这些体系的那个时期的需要而形成起来的。② 我们要坚持“熔古铸今”，在尊重时代特征、民族特征的前提下，秉承全人类共同价值取向，深度挖掘传统文化中的普适性价值理念，赋予传统文化新的时代内涵，发展和创造人类文明新形态。

（三）加快推进公共文化建设，提升民众素质、构建和谐社会

一是把各级领导干部的文化自觉体现在制度运行中。不断提升各级领导干部对文化建设重要性的认识主动，找准地方发展水平同经济社会发展新常

---

① 习近平：《高举中国特色社会主义伟大旗帜 为全面建设社会主义现代化国家而团结奋斗——在中国共产党第二十次全国代表大会上的报告》，2022 年 10 月 25 日，中华人民共和国中央人民政府网。

② 《马克思恩格斯全集》（第 3 卷），人民出版社，1960，第 544 页。

态、同人民群众快速增长的文化需求尚未完全适应的问题所在，切实增强各级领导干部抓文化、干文化、育文化的思想自觉和行动自觉。二是完善公共文化设施网络，加速公共文化服务提质升级。在实现公共文化服务设施标准化与均等化的基础上，加快文体中心建设，不断推进文体中心的社会化运营和改造升级，不断完善“四馆”功能，充分发挥其在促进群众文化艺术生活中的作用。利用特色文化资源，发挥地方优势和基层群众主体性和能动性，鼓励和支持他们开展更加符合自身需求的文化活动与项目，打造具有当地文化特色的品牌。三是进一步优化城乡公共文化资源配置，促进公共文化资源在城乡间的均衡配置，在政策制定、人才培养和经费保障方面加大对乡村的扶持力度，引导城市优质公共文化资源和文化服务向乡村延伸，实现城乡公共文化服务的共同发展。四是持续提升服务质量，促进公共文化服务的高质量发展。把“菜单式”与“订单式”公共文化服务落实到基层社区和乡村，实现服务与民众需求的精准对接。在加大资金投入的基础上，为基层社区和乡村提供更为多元的文化演艺活动和文化创意产品，不断提升民众的满意度和期望值。五是完善和实施各类保障措施。积极出台促进公共文化建设和发展的相关政策，以公益性活动为依托，实现资金补贴、扶持文化团队和不断吸引社会力量参与。六是运用互联网思维提升公共文化产品和服务供给水平。积极推进互联网进农村，通过降低农村宽带资费、家电下乡补贴等措施，刺激民众消费的转型升级，同时推进公共文化服务网络走进千家万户，拓宽民众选择文化产品和服务的路径与渠道。七是整合优质资源，提高乡村民众的综合文化素质。通过培训、就业和加强乡村文化建设，让民众在技术水平、文化知识和法治道德等方面有全面提升，做到生活富裕、乡风文明，从而实现建设社会主义新农村的总体要求。

（四）推进文化资源数字化转型，激活文化事业创新发展的生命密码

一是推进文化研究的数字化成果。积极建设文化学术研究的数字化平台，汇集前沿性学术成果，以 PC 端和手机端形式对文化类研究项目、战略合作、

学术交流、考古发现等相关成果进行展示，更好推进文化数字化成果向网络化、智能化转变。二是大力倡导“智慧游”。积极发挥文化、旅游和科技的相互促进作用，打造集需求采集服务交互、效果反馈于一体的游客互动新模式，通过“智慧游平台”，运用物联网、大数据、智能交互、图像采集等信息手段，实现可视化信息交互，同时采用 AI 导览、AR 识物、VR 全景等多种智能模式，提供攻略、路线、游览、购物、租赁、美食、旅居等专项服务。三是“四馆”的数字化补给。采用实体馆和数字馆同步展现的形式，为游客展示文化变迁和传承脉络，旨在打破时间空间限制，运用三维图像技术、立体显示系统和特种视效，将实体馆以三维形式呈现于网络，民众可以更为便捷地获取信息和掌握知识，并通过网络终端和手机客户端参与互动交流，在指尖传承传统文化。四是建设数字化文化保护体系。基于对文化数据信息的专业化采集，试建立当地“文化数字档案”和省、市、县三级“文化数字化保护系统”，切实以人防、技防、物防的三效防御保护实现文化的常态化保护。

（五）以习近平文化思想为引领，持续推进中华民族现代文明永续发展

全国宣传思想文化工作会议正式提出和系统阐释了习近平文化思想，对当前和今后一个时期宣传思想文化工作作出了重要部署，强调“要以钉钉子精神把各项任务要求落到实处，不断增强工作能力本领，提高工作质量效能，在建设社会主义文化强国、建设中华民族现代文明的奋斗和实践中展现新气象新作为”①。中华文化作为中华民族永续发展的不竭动力，正以前所未有的强势劲头居于世界文化版图“C 位”。未来，要继续坚定文化自信，“围绕举旗帜、聚民心、育新人、兴文化、展形象”建设社会主义文化强国。继续贡献中国智慧，统筹国内外两个大局，“共同营造有利于发展的国际环境，共同培育全球发展新动能”，推动世界文化多样性发展。继续传承

① 人民日报评论员：《不断开创新时代宣传思想文化工作新局面——论贯彻落实全国宣传思想文化工作会议精神》，《人民日报》2023 年 10 月 13 日，第 4 版。

和弘扬中华优秀传统文化，“促进各国人民相知相亲，共同应对各种全球性挑战”，加快人类命运共同体的国际传播。继续坚守中华文化立场，“讲好中国故事、传播好中国声音，展现可信、可爱、可敬的中国形象，推动中华文化更好走向世界”。继续在国际舞台上树立中国形象，为全人类文明进步事业做出更多贡献，不断补充和更新我国对外交流的“词语库”，创建具有中国魅力的话语体系。

B.10 2023年青海省医疗卫生事业发展调查报告

索南努日*

摘　要： 2023年青海省医药卫生系统坚持民生导向，扎实推进《青海省“十四五”卫生健康事业发展规划》《青海省“十四五”医疗卫生服务体系规划》，通过不断深化综合医改，持续医疗卫生体系建设，着力建构新型医疗卫生格局，创新中藏医发展，“病有所医”的民生保障、服务能力和水平得到进一步提升。但发展过程中也暴露出体制机制、软硬件建设等方面仍存在一些问题，在下一步工作中需要通过完善制度设计、着力贯彻落实等措施逐步解决上述问题，为实现青海高质量发展提供更为坚实的健康保障。

关键词： 医疗卫生　综合医改　中藏医　青海省

2023年，青海省卫生健康系统在青海省委、省政府的坚强领导下，通过扎实开展“学习贯彻习近平新时代中国特色社会主义思想主题教育”，持续推进全省深化医疗卫生体制、放管服改革，持续推进健康青海建设，持续推进改善医疗服务计划等一系列工作。“病有所医”的民生保障、服务能力和水平得到进一步提升。

一　2023年青海省医疗卫生事业发展状况

2023年，青海省卫生健康系统切实贯彻落实省委、省政府各项决策部

* 索南努日，青海省社会科学院社会学研究所助理研究员，主要研究方向为农村社会学。

署，持续扎实推进《青海省“十四五”卫生健康事业发展规划》《青海省“十四五”医疗卫生服务体系规划》，全省医疗卫生事业取得进一步的发展，为全面建设社会主义现代化国家的青海篇章提供了坚实的健康保障。

（一）医疗卫生体制改革进一步深入推进

第一，推进医疗服务价格改革。对医疗服务价格实施宏观管理和动态调整，建立医疗服务价格动态评估调价机制。优化医疗机构收入结构，实现年内医疗服务收入占医疗卫生机构总收入45%左右的目标。第二，推进公立医院薪酬制度改革。通过落实《关于深化公立医院薪酬制度改革的指导意见》，优化薪酬结构，公立医院绩效工资水平稳步提高。第三，推进医疗卫生事业用人改革。医疗卫生事业单位公开招聘自主权得到落实，完善“岗位能上能下、人员能进能出、待遇能高能低”动态用人和管理机制，人才队伍积极性得到充分调动。第四，深化医疗保障制度改革。健全基本医疗保险筹资和待遇、医保目录动态调整机制，在继续稳妥推进省一级职工医保统筹的同时实现医疗保障多层次有序衔接，因病致贫、因病返贫长效防范机制进一步完善。规范生育津贴支付政策及商业医疗保险。持续实施DRG/DIP付费改革三年行动。建立医保智能监控制度，有效遏制骗保等行为的发生。第五，统筹推进其他领域改革。推进提高老年健康服务能力，开展医养结合人才能力提升培训项目，推进医养结合示范项目，加强中藏医医院老年医学科建设。开展医疗卫生机构信息互通共享行动，提高信息化技术应用水平。加强精神、重症、麻醉等专业人才和防治结合复合型人才培养，提升住院医师规范化培训质量。加强以全科医生为重点的基层队伍建设，实施大学生乡村医生专项计划，完善村医待遇保障政策。

（二）新型就医和诊疗格局进一步构建

第一，国家区域医疗中心、高水平医院和省级区域医疗中心项目建设扎实推进，医联体、专科联盟、远程医疗协作网建设得到持续推进，提升省域内重特大疾病治疗能力。第二，医共体管理体制和运行机制得到巩固完善，通过国家“千县工程”、“青南支医”“环湖支医”行动，省、县、乡三级医疗服务能力显著提升，为实现“均衡布局优质医疗资源，做到大病重病在本省就能解决，一般病在市县解决，头疼脑热在乡镇、村里解决”的目标打下坚实基础。第三，公立医院综合改革持续深化。党委领导下的院长负责制全面落实，公立医院人员编制实现统筹使用和动态调整。13 所高质量发展试点公立医院经济运营管理体系得到进一步完善。

（三）中藏医药传承进一步发展

第一，制定印发并实施《青海省基层中藏医药服务能力提升工程“十四五”行动计划实施方案》，明确至 2025 年实现包括县域中藏医医疗机构基本实现全覆盖等在内的基层中藏医药七个“全覆盖”，基层中藏医药服务能力稳步提升。制定印发了《青海省中藏医重点专科建设标准》《青海省中藏医重点专科建设成效评估标准》，进一步推进和规范省中藏医重点专科建设工作。第二，推进重大中藏医药项目实施，全力推进国家中医区域医疗中心项目建设，积极争取中西医协同旗舰医院项目。加强中藏医医院康复科建设，推进名老中藏医专家工作室建设。实施青海省中藏医药科研创新项目，制定和推广 3~5 部藏医药标准，整理出版藏医药古籍 6 部。第三，注重中藏医人才培养。截至 2023 年，全省注册中医类别执业（助理）医师 7564 人，每千人口中医类别执业（助理）医师 1.27 人。在此基础上，2023 年，青海省医疗卫生系统先后组织开展 2023 年中医医术确有专长人员医师资格考核。2023 年，中藏医住院医师规范化培训，完成中藏医住院医师规范化培训 100 人、中藏医全科转岗培训 50 人。组织 590 名中藏医师参加青海省基层中藏医馆骨干人才培训班、青海省第四届“杏林杯”中藏医住院（全科）医师规范化培训临床技能竞赛。切实提升了全省中藏医行医规范程度及中藏医师职业技能水平。

（四）药品医用耗材供应保障进一步强化

第一，持续加强监管。加强药品供应保障和质量监管。持续推进基本药物优先配备使用。加强短缺药品协同监测预警和分级应对。探索完善药品流通新业态新模式，加快药品流通行业创新发展。开展药品临床综合评价，完善药品使用监测工作机制，促进规范合理用药。对国家组织药品和医用耗材集中带量采购中选产品全覆盖抽检，开展疫苗生产企业全覆盖巡查和血液制品生产企业抽查检查。合理进口必要的药品和医疗器械。研究完善“两票制”有关政策措施。第二，开展药品耗材集中带量采购。集中带量采购药品累计达到600个、耗材累计达到30种。落实药品耗材集中带量采购医保资金结余留用政策。优先配备使用国家基本药物，加强短缺药品监测预警和分级应对。第三，支持药品研发创新。明确医药产业链短板和支持重点，引导支持企业突破关键技术实现产业化，提升医药产业链配套水平和供应保障能力。持续推进优先审评审批工作。健全新药价格形成机制。继续发布鼓励研发申报儿童药品清单和鼓励仿制药品目录。第四，加强短缺药品供应保障。组织药政部门加大调研力度，综合分析群众需求和药品采集信息，以制定清单强化管理为抓手，不断增强短缺药品监测预警和应对处置能力，切实保障和维护人民群众身体健康。制定《青海省省级医药储备管理办法》，将第二批短缺药品清单全部纳入实物储备目录，强化省级医药储备功能，统筹调度企业储备配送短缺药品，保障用药需求。新增补充10种短缺药品和15种短缺预警药品进清单，有效处置19种药品短缺问题，全省未出现因药品短缺引发的临床医疗事故和不良事件。

（五）健康青海建设进一步推进

通过深入开展健康青海行动、爱国卫生运动等，提升基本公共卫生服务水平。第一，老龄健康方面，2023年，通过在全省范围内创建9个全国示范性老年友好型社区，开展2023年度老年医学人才培训项目工作，组织实施《开展老年痴呆防治促进行动（2023-2025年）》、2023年老年健康宣传周活动、老年痴呆防治促进行动等工作，全省范围内老年人健康养老服务需求得到进一步满足。第二，妇幼健康方面，批复青海省中医院开展母婴保健技术服务，印发实施《青海省加速消除宫颈癌行动实施方案（2023-2030

年）》，全省妇幼保健得到进一步完善。第三，地方病防治方面，通过举办2023年全省地方病防治项目管理暨技术培训班，开展2023年《青海省鼠疫防控条例》及全省春季地方病防治宣传活动以及在海西州茫崖市重点地方开展流行病现状调查。全省2023年鼠疫、包虫病、布鲁氏菌病、重点地方病防治工作成果得到持续巩固。

二　2023年青海省医疗卫生事业发展存在的问题

青海省医疗卫生系统通过扎实开展“学习贯彻习近平新时代中国特色社会主义思想主题教育”，医疗卫生各项工作有序推进，全省医疗卫生事业获得长足进步。但仍存在一些问题和短板。

第一，综合医改面临较大挑战。随着综合医改进入深水区和攻坚阶段，一些体制性、机制性矛盾日益突出，改革的系统性、整体性、协同性不够，影响了改革的整体效应。主要表现在以下方面：个别地区对深化医改的重要性、艰巨性和紧迫性认识不够，存在等待观望的情况；部分地区对分级诊疗、县级公立医院改革等重点任务推进不够，政策执行打折扣，医疗费用控制及医保基金管理不严；基层服务能力不强，信息化建设滞后；医保、医药、医疗之间协同联动不够，医保支付方式相对单一且改革效果不够明显等。这些问题，需在下一步深化医改中加以研究解决。

第二，基层医疗卫生机构硬件设施仍存短板。按照2022年国家最新颁布的《社区卫生服务中心、乡镇卫生院、村卫生室能力评价标准（2022年版）》要求，青海省基层医疗卫生机构还存在房屋面积不达标、科室不完善、设备不足和老化等情况。基层医疗卫生机构专业人才队伍总量仍然不足的同时，基层卫生机构人才留不住、下不去的问题仍较为突出。

第三，现有医疗卫生人才队伍建设仍需加强。基层医疗卫生人才存在总量不足，学历层次不高。特别是农牧区疫情防控工作中暴露出医务人员新冠诊疗方案、防控方案、防控指南等培训工作存在工作滞后、准备不足，对重点人群的分级分类管理无法满足实际需要等问题。

三　促进青海省医疗卫生事业发展的对策建议

（一）继续深化综合医改

一是破解青海省医院医疗检查结果“互认难”局面。强化《青海省检验结果互认实验室质量与技术要求（试行）》《青海省临床实验室室间质量评价协作方案》《关于确定青海省2023年医疗机构临床检验结果互认范围的通知》等政策措施实施力度，截至2023年，全省互认项目48项、互认机构74家，较2021年互认项目增加了8项、互认机构增加了15家，进一步增加医疗检查结果互认的医疗机构和项目数量。推动《青海省医学影像检查互认项目技术规范》落地实施，明确全省影像检查结果互认的技术、质量要求等。提升全民健康信息化程度，加快检查检验相关数据调阅功能测试，加快医疗检查结果终端建设速度。完善全省范围内各市州健康信息化互联互通的同时，通过对口帮扶关系积极推进援青各省份区域医学影像中心、医学检验中心等建设工作，全面提升工作水平。二是推动全省电子病历互联互通。加强全省全民健康信息平台统一电子病历标准体系建设，加强电子病历数据库建设和管理，继续深化电子病历数据库信息化程度，提升包括医疗检查结果在内电子病历互认程度，为医生及时查看患者的病历、制定精准的患者就诊方案提供依据，有效减轻患者就医负担。三是持续做好医疗卫生系统人才体系建设工作。加强与相关部门的沟通衔接，落实好“三放宽、一允许”的招聘倾斜政策，发挥好青南支医合作“组团式”帮扶作用，加强基层专科能力建设和人才培养，持续提升基层医疗卫生综合服务水平。四是督促医疗机构落实医保支付方式改革、医疗服务价格调整、国家集采药品耗材等工作，积极争取将临床疗效好的新技术、新疗法纳入新增医疗服务项目。同时，配合省医保局加强医保政策培训，督促医疗机构开展院内培训，详细解读医疗服务项目内涵，提高医务人员医保政策知识水平，规范执行医保政策。

（二）提升全省医疗卫生服务体系化程度

一是持续加强县级医疗卫生服务能力建设。多种方式充实、稳定卫生人才队伍。强化人才引进工作，在县域医共体内部实行人员总量“四统一”，即统一管理、统一招聘、统一调配、统一培训。对编制外人员按照核定人员总量确定岗位统筹考虑，实行动态调整。科学使用人才，强化《青海省卫生专业技术人员职称评价标准（试行）》《关于进一步做好全省医疗卫生事业单位有关人事管理工作的通知》的落实工作。依照“按岗聘用、以岗定薪、岗变薪变、同工同酬”的原则，继续贯彻根据不同岗位的工作量、工作标准、工作要求等进行分类考核，继续贯彻以工作量、技术难度、工作绩效、服务对象满意度为基础的统一绩效工资制度。职称评定方面，突破唯论文论，突出实际工作当中的工作量、工作业绩，职称评审在数量和标准上重点向长期在基层一线、条件艰苦地方工作的人员倾斜。根据县域居民诊疗需求，不断提高县级综合医院疾病综合诊疗和服务能力。在加强关键设备购置、人才队伍建设、临床诊疗技术推广、先进技术引进等方面加大投入力度，稳步提升临床专科、县域医共体、专科联盟、远程医疗协作网等方面的服务能力，不断推动县级综合医院医疗服务能力提质升级，不断满足人民群众日益增长的医疗健康需求。二是持续加强乡（镇）村医疗卫生服务能力建设。稳定和优化乡村医生队伍。强化乡（镇）村医生待遇保障，在保障卫生院（室）水、电、暖及医师的补贴力度的同时，鼓励村医通过自种、自采中藏药及应用中藏医适宜技术等渠道增加收入。贯彻实施《青海省大学生乡村医生专项计划实施方案》，对符合条件的医学专业高校毕业生，通过专项招聘，经上岗前培训，免试申请乡村医生执业注册到村卫生室服务，不断优化乡村医生队伍。持续强化硬件设施投入力度。为基层医疗机构配备必要的软硬件和数字化诊疗设备，搭建县域远程诊疗信息系统，提升基层医疗服务能力。三是继续实施《青海省“十四五”时期三级医院对口帮扶县级医院工作方案》，通过三级医院对口帮扶，引导优质医疗资源下沉，持续推动县级医院综合能力提升。继续开展青南和环湖地区支医绩效考核工作，重点考核支援协议落实、支医人员管理、受援医院人员培训、新技术新业务等情况，将考核结果与支医人员工作补助挂钩，并对考核不合格的支援和受援医院进行通报，确保支医工作落到实处、取得实效。

（三）加快中藏医发展

以持续贯彻实施《青海省基层中藏医药服务能力提升工程“十四五”行动计划实施方案》作为加快中藏医发展的重点工作。一是持续深入开展调查研究，全面了解掌握基层服务能力情况，开展基层中藏医药规划中期评估，及时发现全省中藏医药发展中的问题，有针对性地改进提高。二是依托省、市（州）、县级中藏医医院建设符合标准的中藏医药适宜技术推广中心（基地），通过持续开展中藏医馆骨干人才培训班、中藏医适宜技术培训班、中藏医全科转岗培训班、老中藏医药专家学术经验继承人理论培训班等培训模式，持续推进国家高级中医药人才工作及重点学科建设。三是推进实施青海省中藏医药科研创新项目。培育壮大省域内中藏医药品牌，持续改善中藏医医疗机构设施条件，充分发挥省级医疗卫生机构帮扶作用，帮助州、县总结中藏医药工作经验，加大基层中藏医适宜技术培训力度，针对各地实际，探索藏医药集文化、康复、养生及旅游于一体的产业融合发展模式。四是加快推进中藏医药标准化工作。贯彻落实《青海省藏药制剂通用名称翻译指导原则（试行）》，对全省藏（蒙）药制剂的藏（蒙）汉名称、功能主治、包装规格等进行了统一规范。同时按照《国家基本医疗保险用药暂行管理办法》，根据求同存异、去除重复的原则，遴选出临床使用频率高、全省通用及特色制剂共计 684 种。五是继续适度增加藏（蒙）药报销比例。在现有基础上，根据临床使用频率高、疗效确切的标准，继续扩大纳入医保支付范围的藏（蒙）药制剂，进一步满足农牧区群众就医需求。持续贯彻实施《青海省藏医医疗机构常用中药饮片通用名称目录（2022 版）》《青海省藏医医疗机构中（藏）药饮片临床应用技术指南》，将藏医医疗机构常用中药饮片纳入医保目录。六是推进中藏医服务价格调整工作。贯彻实施《青海省卫生健康委办公室关于做好新增中藏医医疗服务价格项目申报工作的通知》，加快新增或调价的中藏医服务项目申报审批流程，进一步规范新增或动态调整项目申报工作。充分发挥民族用药保障群众健康积极作用，继续配合省医保局进一步做好中藏医诊疗项目和中藏药医保报销工作，进一步满足群众多样化用药需求。

（四）持续巩固主题教育与综合整治成果

通过扎扎实实做好两批次“学习贯彻习近平新时代中国特色社会主义思想主题教育”活动，持续推动卫生健康党建“四有工程”建设。以持续深入推进模范机关创建为引领，强化“四强”基层党支部建设。继续切实做好调查研究工作，精准把握全省医疗卫生领域内存在的问题、短板，坚持问题导向，为医疗卫生事业持续发展提供有效指导。结合全省卫生健康系统纠正医药购销领域和医疗服务中不正之风、医生安排患者到指定药店购药专项整治活动，“以案促改”，对标对表，净化行业风气、促进事业发展，推进作风建设。聚焦目标任务，做到凝心聚力、推进工作、提质增效。要压实责任，坚持教育实践、重点任务两手抓、两促进。要注重统筹兼顾，理论学习贯彻始终、抓在经常，调查研究力促破解难题、为民解忧，检视整改推动建章立制。要加强指导，发挥巡回指导组作用，督促指导主题教育各项任务落到实处。要营造良好氛围，做好经验宣传，讲好“卫言健语”，展示工作成效，加强对行业先进典型的挖掘和宣传，营造尊医重卫的良好氛围。

B.11

2023年青海省教育事业发展调查报告

罡拉卓玛*

摘　要： 2023年，青海省把教育改革纳入全面深化改革统筹谋划，坚持为党育人、为国育才的使命，不断优化教育资源配置，推动党建与教育事业发展深度融合的“双融双促”。通过标准化的教育体系建设，进一步激发教育高质量发展的内生动力，为新时代青海省教育事业高质量发展作出了重大贡献。

关键词： 教育事业　高质量发展　青海省

2023年是青海省各项事业进入现代化建设新征程的关键时期，也是强化“四地”建设和生态保护，主动服务和融入新发展格局，坚定不移推进现代化新青海建设的重要时期。为了加强高质量教育体系建设，青海省委、省政府以习近平总书记关于教育事业重要论述为指导思想，认真贯彻落实青海省委十四届四次全体会议精神，围绕“坚持教育为人民服务，为中国共产党治国理政服务，为巩固和发展中国特色社会主义制度服务，为改革开放和社会主义现代化建设服务”的时代命题，全力扩大办学规模、提升教育水平、调整优化教育布局，为推动中国式现代化的新青海实践提供了根本保障。

青海作为民族地区，教育事业发展具有重要意义。2023年，青海省以党的教育方针政策为指引，以提升全民基本素质为保障，以加强教育事业高质量发展为目标，加强各市、州、县优质教育资源公平分配，扩大优质教育

* 罡拉卓玛，青海省社会科学院藏学研究所副研究员，主要研究方向为藏学、宗教学。

资源的覆盖面，充分激发教育事业发展生机活力，全面提升教学质量和人才培育系统，为青海教育事业发展模式提供了新的发展路径。特别是以立德树人的教育精神，加强青南地区薄弱学校的办学条件、师资水平，构建教育发展共同体。同时加强民族教育，推广普及国家通用语言文字，铸牢中华民族共同体意识，加强培养德、智、体、美全面发展的社会主义接班人，让新青海发展实力更强、奋进底气更足。

一　青海省教育事业发展基本情况

2023 年，青海省委、省政府以“新、优、严、扩、减”为发展思路，全面加强基层党建工作。为了促进教育优质均衡发展，青海省委、省政府深化教育领域改革，扩大教育优质资源覆盖面，加强改善教育教学条件，强化教育基础性、战略性支撑作用，更好地推动了青海省社会经济发展。

（一）全省教育规模

2023 年，青海省委、省政府积极响应党的教育方针政策，以助推教育质量改革为目标，落实立德树人根本任务，强化从严治校等问题，全面提升校内教育质量。同时，加大对各级各类学校的资金投入力度，新建和扩建学校规模，增加专职教师编制，两市六州的教育规模明显增大。2023 年，全省共有各级各类学校 2760 余所，专任教师 8 万余人，在校学生人数达 129. 25 万人①，基本实现教育资源的全面覆盖。

以青海省海西蒙古族藏族自治州为例，全州共有各级各类学校 189 所（不含高职），在校生 9 万余人，专任教师 6000 余人，校园总占地面积 455. 94 万平方米，学校规模不断增加②。青海省由于地理条件等限制，教育资源并不均衡，但为了优化教育资源，青海省建立县级寄宿制小学，全面整

① 资料来源：青海省教育厅 2024 年 2 月教育事业发展统计公报。

② 资料来源：海西州教育局 2023 年 9 月统计数据。

合教学资源，推进教育现代化建设，为全面建设高质量教育体系奠定坚实基础，全省教育正朝着办好让党放心、让人民满意的教育目标稳步迈进。

（二）学前教育规模

2023 年，青海省坚持教育优先发展，构建和完善以幼儿园为主、巡回走教为辅，广覆盖、高质量的学前教育公共服务体系，不断满足偏远乡镇村社农牧民群众对优质学前教育的需求，并通过政府购买服务实现学前教育免费覆盖青南等地农牧区村落。2023 年，青海省幼儿园总数达 1637 所，在园幼儿人数达 20.37 万人，普惠性幼儿园覆盖率达 97.8%①。玉树藏族自治州按照《关于加快发展学前教育的意见》的要求，制定开展州级自建项目补足发展短板等一系列措施，出台了保障学前教育发展的配套政策，建起“集中就近入园+巡回走教”的学期服务模式，建立基本覆盖县、乡、村三级的学前教育资源体系，玉树州 168 所幼儿园在园儿童达 24000 余人②。

截至 2023 年 10 月底，青海省海北藏族自治州总投入专项资金 1.09 亿元，新建和扩建幼儿园 118 所，生均面积从 2012 年以前的 1.75 平方米增加到 10.29 平方米③，以大村独立办园、小村联合办园、各乡镇保证有一所公办中心幼儿园为目标，实现了乡镇以上幼儿园全覆盖。

（三）义务教育规模

义务教育制度作为我国重要教育制度，是适龄儿童、少年接受教育的重要保障机制。随着新型城镇化的推进和生育政策的调整，青海省建立校际帮扶机制，运用信息技术提高偏远学校教学质量，加强优质课程资源共享，扩大优质教育资源供给。2023 年，义务教育在校生达 75.75 万人，其中小学净入学率为 99.9%，全省义务教育巩固率达到 98%左右。青海省海南藏族

① 资料来源：青海省教育厅 2024 年 2 月教育事业发展统计公报。

② 资料来源：玉树州教育局 2023 年 6 月统计数据。

③ 资料来源：《海北州坚持规模质量并重　努力办好人民满意的学前教育》，门源回族自治县人民政府网，2023 年 8 月 15 日。

自治州共有义务教育阶段学校 94 所，义务教育在校学生 4.2 万余人，义务教育巩固率达到 97%。其中贵德县全面落实控辍保学“双线”责任制，创新上门劝返、送教上门等办学思路，控辍保学从动态“清零”转向常态“清零”，全县义务教育适龄儿童入学率达 100%，报到注册率达 100%，小升初上学率达 100%，困难学生资助覆盖率达 100%①。青海省委、省政府以“板块式布局、学区制管理”模式，优化教育均衡发展格局，推动完善基本公共教育服务体系，基本实现了义务教育优质资源全覆盖。

（四）普通高中规模

2023 年，青海省高中阶段在校生人数达 13.45 万人，其中新招生人数达 7.69 万人。西宁市共有高中阶段学校 57 所，其中普通高中学校 42 所。海西蒙古族藏族自治州高中阶段学校数为 15 所（中职 2 所、普通高中 13 所），其中高中阶段在校生 1.6 万人，普通高中生为 9000 余人，中职在校生为 7000 余人②。玉树藏族自治州以“扩大资源、职普并行、州内异地办学同步”的发展路径，以扩大高中资源为目标，通过“恢复+转型+新建”的思路，修建 4 所民族高中学校，在校生人数达六千余人，高中阶段毛入学率为 32%。2022 年投入 9416 万元，已开工建设黄南藏族自治州第四民族高级中学，建成后可容纳 1500 名高中生。3 所黄南天津班在州中学、州民族高级中学继续办班；天津市 7 所高校继续面向黄南州招收 25 名定向就业本科省，教育质量得到提升③。青海省委、省政府帮扶兜底和坚持实行中职学校“三免一补”等政策，探索高中教育高质量发展之路，努力推动高中阶段教育优质均衡发展，全面落实“五项管理”措施，确保在读学生“有学上、安心上、上好学”，办好人民满意的教育，全省高中阶段教育向高质量发展迈出了坚实步伐。

① 资料来源：《青海海南：扎实推进公共教育服务均等化》，青海新闻网。

② 资料来源：青海省教育厅 2024 年 2 月教育事业发展统计公报。

③ 资料来源：《黄南州教育事业呈现“八个新特点”》，黄南藏族自治州人民政府网，2022 年 12 月 5 日。

（五）职业教育规模

青海省委、省政府依照《青海省推动现代职业教育高质量发展的实施方案》的要求，结合青海实际，优化职业教育类型定位，构建现代职业教育体系，建设技能型社会，培养扎根高原和创新创业的高层次技术技能型人才、青海工匠，为青海现代化建设提供有力人才和技能支撑。2023 年，西宁市中等职业技术学校共有 15 所，在校生达 4 万余人，新入校学生达 1.5 万人，毕业生 9000 余人，校园占地面积大约 90 万平方米，校舍建筑面积大约 60 万平方米①。海西蒙古族藏族自治州中等职业学校数为 2 所，与上年持平。其中，在校生 7500 余人，招生数为 2000 余人。海北藏族自治州中职学校在校生达到 5356 人，开设护理和幼儿教育、康复技术、畜禽生产技术等省级重点专业；建立 70 处实训基地，推进省属高职院校与海北中职学校开展“3+3”培养模式②，青海省卫生职业技术学院单招护理专业 50 人和康复技术专业 30 人的两个“海北专向班”，青海各地积极探索本地区中高职办学思路，与省内其他高职院校合作对接，有效解决州县人才缺失问题。

二　2023年青海省教育事业发展成效

以发展素质教育、促进教育公平为原则，认真贯彻落实党的教育方针政策和青海省委十四届四次全体会议精神，深化教育改革，整合教育资源，创新教育管理体制机制，全面构建教育协同发展。同时青海省坚持党的教育方针和为党育才的原则，坚持把教育优质均衡发展作为促进教育公平、推进教育高质量发展的重要抓手，统筹谋划制定工作规划，全省教育事业得到了快速发展。

---

① 资料来源：根据西宁市教育局 2023 年 10 月统计数据。

② 资料来源：《孜孜探索“青海湖畔绽放教育之花”海北州推动教育工作高质量发展综述》，海北藏族自治州政府网，2023 年 8 月 15 日。

（一）加强党建引领，促进基础教育高质量发展

2023年，青海省各类学校结合学习贯彻习近平新时代中国特色社会主义思想主题教育，推进党史学习教育常态化、长效化，持续推进作风教育整顿和师德师风教育活动，不断加强党的思想政治建设。在各州县教育系统开展党建活动，全力推进“一校一品”党建品牌创建工作，着力构建特色突出、富有内涵、百花齐放的中小学校党建品牌体系，全面研判教育项目、职称评审、招生考试、食堂管理等重点领域廉政风险点和薄弱环节，以案促改、从严治校，有力推动全面从严治党向纵深发展。同时全面推进党组织领导的校长负责制，不断加强大中小学思政课一体化建设，完善大中小学教材管理，扎实推进习近平新时代中国特色社会主义思想进教材、进课堂、进头脑，持续加强党对教育的全面领导，推动青海省教育事业高质量发展。

同时，青海省委、省政府以习近平新时代中国特色社会主义思想和习近平总书记关于教育工作的重要论述为指导思想，以满足人民群众“幼有所育”的期盼为目标，坚持公益普惠原则，结合加强教育质量和教育改革发展，通过管理互融、教学互通、学生互动、师资互派和党建共抓、质量共评、文化共育、资源共享的“四互四共”模式，着力补短板、强弱项，扩大教育教学覆盖率，提升教育公平普及水平，着力构建广覆盖、保基本、有质量的学前教育公共服务体系，推动学前教育普及普惠水平和保教质量不断提升。

（二）优化资源配置，基本实现教育均衡化

结合全省“十四五”教育发展规划，制定印发《青海省推进县域义务教育优质均衡发展实施意见（试行）》《关于统筹推进县域内城乡义务教育一体化改革发展的实施意见》《青海省县域义务教育优质均衡发展督导评估实施方案》等相关文件，制定“一县一案”“四个一”等7项工作举措，明

确了45个县（市、区、行委）优质均衡发展创建时间表和路线图[①]。同时通过“名校+新校”“名校+弱校”“名校+城郊学校”的“片区联盟”等形式调配教育资源，强化“互联网+教育”协作，深入开展点对点、一对一帮扶。

2023年初，在青海省委、省政府的大力支持下，建立完善省、市、县三级义务教育优质均衡发展工作机制，青海省10所高中阶段学校纳入国家乡村振兴重点帮扶县教育人才“组团式”帮扶，并选派省内东部地区500余名支教教师组成79个支教教研团队赴青南地区实施“组团式”支教帮扶，促进教育城乡优质均衡发展。通过调整资源比例结构，实施“异地办学计划”不断扩大教育资源，推动教育公共服务均等化，为推进全面建设小康社会和教育强省建设奠定了坚实基础。玉树藏族自治州、海南藏族自治州实施异地办学，帮助学子圆梦“上好学”，在各县的初中毕业生中择优录取，在北京、南京、广元等地上高中课程，高考录取率达到98%以上。2023年起海南州与江苏省签订合作协议，在江苏开办南通班。十年来，青海省通过“异地办学”送出约2万的民族高考生，多次成为全省民考民高考“状元”，就业情况良好，社会评价较高[②]，异地办学成为青海省教育事业的“精品工程”。

（三）加强教育覆盖率，满足群众教育需求

结合青海省实际情况，加大教育投入力度，改善办学条件，创新“异地办学”、“组团式”帮扶等多元办学体制，全省中小学、教学点均配备多媒体教学设备，接入互联网、校园网，实现中小学数字化教育资源全覆盖。同时，为了满足农牧民群众的教育需求，按照农牧地区的特殊情况，探索“集中就近入学+巡回走教”的教育服务模式，建立基本覆盖县、乡、村三级的教育资源体系，不断提高教育质量和服务品质。截至2023年7月，青

① 青海省教育厅教育督导室：《青海省加快推进义务教育优质均衡发展和城乡一体化》，《青海教育》2023年第Z2期。

② 资料来源：根据玉树州、海南州教育局2023年10月统计数据。

海省海北藏族自治州幼儿园从2010年的10所增加至118所，学前三年毛入园率从2010年的82.16%提高至96.03%，普惠性幼儿园覆盖率达到100%，新增学位超过1万个，评估认定省级示范幼儿园2所，州级示范园5所，县级示范园88所，优质资源逐年增加，学前教育实现跨越式发展①。

为了加强各级各类学校的覆盖率，青海省委、省政府加大农牧地区的教育项目专项资金投入力度，在推动办学覆盖率的同时，加大教育资源均等化，取得了显著的成效。2023年，青海省海西蒙古族藏族自治州总投资4.5亿元，共实施各类教育建设项目157个。其中，2022年续建项目39个，投资1.6亿元；2023年新建项目118个，投资2.9亿元；落实援青项目12个，落实援青资金2750万元②。

（四）强化控辍保学举措，全面保障适龄儿童受教育权益

2023年，青海省委、省政府为了实现义务教育有保障和阻断贫困代际传递，按照“属地管理、以县为主、就近入学、公办学校为主”和“全覆盖、零拒绝”的原则，持续加大辍学保学力度，全面消除大班额，形成政府负责、分级管理的辍学保学管理机制，实现控辍保学动态清零。2023年，青海省海北藏族自治州义务教育巩固率达到98.23%，适龄残疾儿童少年毛入学率达到97.99%，探索构建“5+2”“1+N”的课后服务体系③。有效保障了适龄儿童接受教育的合法权益。通过“法律法规控辍、政策管理控辍、责任制度控辍”等“三控”措施，为各级各类学校提供政策支持和科学高效服务，充分激发多元教育治理主体的积极性，根据各地区适龄儿童数据，做到清底数、明情况，全面掌握辖区内辍学情况，做好劝返工作，确保适龄儿童“一个不少”，保障适龄儿童少年应读尽读，有效扼制辍学现象。

---

① 资料来源：《孜孜探索“青海湖畔绽放教育之花”海北州推动教育工作高质量发展综述》，海北藏族自治州政府网，2023年8月15日。

② 资料来源：《海西州加大教育项目建设强化育人环境》，海西州人民政府网，2023年6月8日。

③ 资料来源：《孜孜探索“青海湖畔绽放教育之花”海北州推动教育工作高质量发展综述》，海北藏族自治州政府网，2023年8月15日。

（五）夯实立教之本，教师队伍素质显著提高

为了全面提升师资队伍综合素质，青海省完善教师招聘及考核考聘机制，通过省内跟岗研修和“国培计划”，重点培养乡村教师和骨干教师，确保了基层教师、培训经费、培训时间的“三落实”，累计培训义务教育阶段教师人数达2.8万余名，占义务教育阶段教师的60%[①]，推动教师队伍量质齐升，努力培养一支结构合理、业务精湛的专业化教师队伍，构建全方位的教师发展保障体系，为青海省教师队伍建设提供了有力保障。

此外，通过采取一系列系统性和策略性的措施鼓励城镇学校中的优秀校长和骨干教师向基层学校流动，同时鼓励从优质学校至薄弱学校，以及从中心学校至村小和教学点的人员流动。这种教师流动策略不仅旨在平衡师资力量，还能促进经验与资源的分享，在很大程度上缓解了乡村教师“下不去、留不住、教不好”的长期困境，为基层教育质量的提高铺设了坚实基础。同时加强对优秀教师扎根乡村的支持，确保他们能够获得应有的权益和荣誉，从而深化其对乡村教育的热情和承诺。为确保乡村教育能够持续、稳定地向前发展，努力培养、构建一支高素质、专业化且具有创新精神的乡村教师队伍。

三　青海省教育事业发展思路

为了进一步推进教育事业高质量发展，青海省委、省政府深入学习贯彻习近平总书记关于教育工作的指示精神，坚决落实党中央关于“办好教育”的决策部署，进一步推动政策保障和资源优化，加强广覆盖、保基本、有质量的教育公共服务体系，办好人民满意的教育。

---

① 青海省教育厅教育督导室：《青海省加快推进义务教育优质均衡发展和城乡一体化》，《青海教育》2023年第Z2期。

（一）进一步加强党对教育事业的全面领导

青海教育事业高质量发展关乎民族地区社会稳定和经济发展。全面加强党对教育事业的全面统筹领导，将教育发展摆在突出位置，坚持人民至上，集中全省力量，创新机制、综合施策，使教育领域始终成为坚持党的领导的坚强阵地。加强基层教育党组织工作，认真贯彻党的教育方针政策，始终坚守为党育人、为国育才使命初心，坚持党的全面领导，加强党组织领导的党支部书记责任制，着力提升各校党建工作水平，推进党建工作与教育教学深度融合，以高质量党建引领教育高质量发展，全面提升教育高质量发展。

（二）进一步加强教育教学改革

教育教学改革作为推进教育高质量发展的根本动力，是办好人民满意的教育的出发点和落脚点。在新时代，必须通过深化改革，促进教育公平、提高人才选拔水平，按照培养德智体美全面发展的社会主义建设者和接班人的要求，探索具有各州县自身特色的教育模式，在“教好”“学好”“管好”等教育领域进行综合改革，使教育工作同党和国家事业发展要求相适应、同农牧民群众期待相契合。进一步加强对青南地区的教育工作调研，增加教育投入资金，创新各州县民族教育模式，优化教育布局和结构，深化教育振兴乡村成果，加强国家通用语言文字的推广，进一步巩固“两个只增不减”和深化“双减”工作成果。将教育教学改革与青海重大战略紧密衔接，稳步推进优质教育资源的均等化和覆盖率，加快构建青海省现代教育体系。

（三）进一步强化教育管理监督

教育管理监督是促进教育发展的有效保障机制。推动各项管理监督机制协同发力，重点抽查与实地抽查相结合，突出问题导向，强化查准、查实、查深、查透，确保教育管理监督实效。在进一步完善教育管理监督工作机制的基础上，针对各州县教育工作中存在的问题，落实部门职责，强化主体责任，明确分工任务，以有效、有用、有力的监督机制，及时“修枝剪叶”，加大绩效考核指标和考核奖惩，完善和优化教育工作，同步规划、同步实施，展示青海省教育事业的好作风、好状态、好形象，全面提升教育品质和人民群众的“满意度”。

（四）进一步优化教育资源均衡

通过完善教育政策和机制，结合各州县的实际情况，增加对民族地区的教育投入资金，推动公共教育资源均衡发展，加强校际交流合作，努力实现学校分布、教学设备、师资配置均衡化，实现青海省优质教育资源的公平分配。建立全面、系统的教育改革政策，政府、学校、家庭和社会各界共同合作，鼓励社会各界参与支持，积极倡导公益教育活动，与社会资源进行深度合作，进一步提升教育公平和优质教育的普及率，构建多元化的教育生态系统。

（五）进一步加强教师队伍综合素质

为了进一步加强教师人才队伍建设，修订和完善基层教师培养机制，加强中小学教师科学素质提升培训，推进教师队伍建设的数字化转型。按照各州县的优点和弱点，分析各州县及各级各类学校的教师专业素质，进一步明确教师队伍发展定位，细化教师培养目标，推动教师队伍建设。在省委、省政府的大力支持下，对基层教师进行政策帮扶，实施相应的人才工程，优化基层教师队伍结构。同时，邀请知名学者、聘任退休专家等形式，多层次多渠道招揽人才，不断充实教育教学人才队伍。

B.12
2023年青海省人才工作创新发展报告

孙发平　徐小兵　董华朋　崔耀鹏*

摘　要：　人才是国家发展、民族振兴的战略性资源，对于推进现代化进程具有强大支持引领作用。2023年，青海省不断发力推动人才工作走深走实，在创新政策机制体系、搭建引才用才平台、强化本土人才培养、优化人才发展环境、用好援青人才资源等方面取得新进展，但也存在人才资源开发投入有限、培养引进人才方式单一、留人用人发展环境不佳、人才发展体制机制不活等问题和困难。本报告在综合研判人才工作发展趋势的基础上，提出坚持党管人才、打牢育才基础、做优引才载体、树牢用才导向、做好留才保障等对策建议，以期更好地为现代化新青海建设提供坚强的人才支撑和智力保障。

关键词：　人才工作　创新发展　青海省

致天下之治者在人才。2022年，习近平总书记在党的二十大报告中专章部署人才工作，从党和国家事业发展的全局高度，为新时代人才工作擘画了宏伟蓝图、指明了前进方向。2023年是全面贯彻党的二十大精神的开局之年，青海省持续加大实施人才强省战略力度，把人才工作提升到战略高度来抓，青海省人才工作取得了显著成效并呈现出良好的发展态势，同时也面

* 孙发平，青海省社会科学院研究员、教授、博士生导师，主要研究方向为管理经济学与区域经济发展；徐小兵，中组部办公厅二级巡视员，第五批援青干部人才总领队，青海省委组织部副部长（援青）；董华朋，青海省社会科学院中国特色社会主义理论体系研究中心助理研究员，主要研究方向为党的建设；崔耀鹏，青海省社会科学院中国特色社会主义理论体系研究中心助理研究员，主要研究方向为党的建设。

临着新的挑战和机遇，必须结合人才发展阶段性特征和时代发展要求，采取有效举措深入推进人才工作接续向好发展。

一　2023年青海省人才工作创新发展的做法与成效

2023 年，青海省坚持以习近平新时代人才工作新理念新战略新举措为指导，紧紧围绕现代化新青海建设奋斗目标，把人才发展摆在重要位置去谋划、部署和推动，不断创新政策体系、搭建平台载体、完善服务保障、优化发展环境、深化援青帮扶，人才工作取得新进展，为各项事业高质量发展厚植了新动能新优势。

（一）落实党管人才职责，筑牢人才工作基础

2023 年，青海省一如既往地坚持党管人才原则，不断加强党对人才工作的全面领导，着力将党的政治优势、组织优势转化为人才发展优势。一是强化组织领导。加强顶层谋划，专门召开省委人才工作领导小组全体会议，研究审议《青海省“十四五”期间人才发展规划》《省委人才工作领导小组 2023 年工作要点》，分析研判人才工作新情况、新问题，谋划部署人才工作新任务、新举措，进一步推动人才工作走深走实。二是压实工作责任。开展省直部门、市州和人才密集单位党组（党委）书记抓人才工作述职评议考核，发挥考核“指挥棒”作用，强化责任落实，充分调动人才工作的积极性、主动性、创造性，形成齐抓共管的人才工作格局。制定《中共青海省委人才工作领导小组成员单位工作职责》，进一步明确各单位工作职责，调动工作积极性，形成人才工作强大合力。三是优化政策体系。加大创新政策供给，省级层面制定出台《青海省事业单位工作人员竞聘上岗暂行办法》《青海省科技人才分类评价实施方案》《关于加强养老服务人才队伍建设的实施意见》等，市（州）、县（市、区）层面制定出台《海东市关于加快建设新时代人才强市的十五条措施》《黄南州中长期人才发展规划》《关于茫崖市人才工作提质见效的若干措施（试行）》等，逐

步构建上下贯通、纵横支撑、执行有力的人才政策体系，为各类人才发展提供坚强政策保障。

（二）加强本土人才培育，强化人才工作引擎

2023 年，青海省坚持抓好本土人才的培养工作，用力盘活本土人才资源，不断汇聚建设现代化新青海的智慧力量。一是借助内力育才。有序推进“昆仑英才”行动计划，举办青海省“昆仑英才·高端创新创业人才”项目入选者国情省情研修班，让专家人才在“看、听、行”中接受思想洗礼、汲取奋进力量，把所学所思转化为推动事业发展的生动实践，为现代化新青海建设贡献智慧力量。立足农村发展需要，举办青海省科技特派员“三区”科技人才集中培训班，着力提升“三区”科技人才、科技特派员、农牧业管理干部服务地方经济发展和乡村治理能力，不断赋能乡村振兴事业。二是借助外力育才。依托“西部之光”访问学者计划、少数民族专业技术人员特殊培养计划、乡村产业振兴带头人培育“头雁”项目等人才培养项目，选派教育、卫生、农牧、环保等领域的 30 名学者赴中央国家机关和东部省份所属科研院所、重点院校、医疗卫生机构访学研修，选派 20 名优秀中青年专业技术人才和科研骨干赴江苏省企事业单位进行深度培养，选派 50 余名少数民族专业技术人员到省外知名高校培训，组织农民专业合作社理事长、家庭农牧场负责人等“头雁”到发达地区交流学习，全力运用省外优势资源培养一批现代化新青海建设急需紧缺的人才。三是借助实践育才。着眼锻炼本土干部人才，“组团式”选派 60 名年轻干部赴基层一线挂职，帮助年轻干部在基层工作中提升做好群众服务的本领和解决实际问题的能力，持续强化年轻干部的思想淬炼、实践历练。

（三）搭建平台引才用才，增强人才工作效能

2023 年，青海省按照“发展需要人才支持”的思路，拓宽引才渠道，注重运用各类揽才聚智平台，聚天下英才而用之。一是直接引进急需人才资源。“组团式”开展校园引才活动，对接洽谈 5047 人，现场签约生态环保、

文化旅游、农业农村、医疗卫生、教育教学等领域人才196名，为青海未来发展进行人才战略布局。二是柔性引进紧缺人才资源。依托人才项目洽谈会成功对接人才项目507个，柔性引进生态环境、能源资源、教育卫生等领域人才1230名，预计带动投资92亿元，进一步夯实现代化新青海建设的人才基础。三是集聚省内外人才促发展。开展“京青专家服务活动”，52名省内外各领域优秀专家，共同向基层干部群众送信息、送技术、送服务，助力青海经济社会高质量发展。召开“院士专家在青海”座谈会，8名院士和100余名省内外专家学者、企业家代表，围绕科技赋能、绿色发展等问题，为现代化新青海建设建言献策、贡献智慧。举办传承“两弹一星”精神中国青年英才论坛，来自省内外的200余名专家学者，紧扣人工智能发展、生态文明高地建设、人才工作面临的机遇与挑战等问题展开深入探讨，形成一系列推动青海高质量发展的共识。支持第23批来青博士服务团参与青海建设、服务青海发展，28名成员开展新技术研究25项，申报项目专利30余项，完成手术1300余台，为服务青海现代化建设提供了智力支持。

（四）用好援青帮扶资源，提升人才工作质效

2023年，青海省坚持抓好援青干部人才的管理、服务、使用等工作，接续释放援青干部人才的活力和激情。一是激发援青干部人才奋斗热情。召开对口援青干部人才座谈会，健全援青干部人才管理服务制度体系，开展“我为青海代言”主题实践活动，以“小组团”形式分领域设立产业援青、科技援青等22个援青平台，举办形式多样的培训班、读书班、主题演讲比赛等学习活动，让援青干部人才在优良环境中展现使命担当、贡献智慧力量。第五批援青干部人才通过各种渠道累计争取援青资金43.9亿元，实施各领域项目1218个，近90%的资金投向民生领域，创历史新高。二是构建“组团式”援青新格局。通过积极争取，中央组织部首次将青海涉藏6州人民医院纳入“组团式”支援范围，确定援青6省市55家综合实力较强的医院，通过“以院包科”方式结对支援涉藏6州人民医院30个重点科室，接收对口援青6省市选派的139名医生、102名教师，选派省内的178名医生、

59名教师，强化帮扶力量配备，推动形成6省市和省内力量支援帮扶21家医院、17所学校的省州县三级“组团式”援青新格局，有效带动青海医疗卫生、教育教学事业的快速发展。三是提高“组团式”援青新成效。健全州县两级“组团式”议事协调机构，完善省州县三级上下贯通的议事协调机制，初步形成省州县三级党政“一把手”齐抓共管的良好局面，有力推动医疗、教育人才“组团式”帮扶工作不断向好发展。医疗人才“组团式”开展新技术新项目研究253项，救治危急重症患者1.7万人次，帮带培养本土医疗人才758名。教育人才“组团式”帮扶学校累计开展示范课教学206次、教研活动648次，建立联合教研平台24个。

（五）注重服务保障留才，优化人才工作生态

2023年，青海坚持主动关心人才，用心用情用力解决好人才后顾之忧，不断增强人才归属感、获得感，奋力打造人才生态“绿水青山”。一是聚焦情感留人。各级党委政府领导干部分层分类联系服务各类专家人才，定期走访慰问、谈心谈话，了解掌握专家人才的工作生活、思想动态情况，不断强化思想联系和情感关怀。大力营造弘扬科学家精神的浓厚氛围，充分发挥青海“两弹一星”等红色文化资源对人才政治引领的积极作用，用真情留住了大量人才，为现代化新青海建设奠定了坚实人才基础。二是聚焦待遇留人。落实《青海省省级引进高端创新创业人才保障住房分配实施办法》，面向省级层面直接引进的48名博士交付人才保障周转住房，确保人才在青安居乐业。组织各类专家人才开展健康体检和疗休养工作，以实际行动保障专家人才身心健康。持续推进职称制度改革，畅通人才评价机制，营造“阳光评审”的良好环境，为人才脱颖而出畅通渠道、搭建平台。三是聚焦环境留人。开展第三届“智汇三江源·助力新青海”人才项目洽谈会“十大特色人才项目”评选、宣传工作，着力构建尊重人才、见贤思齐的社会风尚。落实人才服务“一对一”制度，切实为人才提供多元化、精准化、个性化的贴心周到服务，积极营造爱护人才、关心人才的良好氛围。

二　2023年青海省人才工作创新发展面临的问题和困难

2023 年，青海省在推动人才工作创新发展中，依然面临着现实的困难和挑战，与现代化新青海建设对人才的需求还有一定差距。

（一）人才资源开发投入有待加强

相较于中东部发达地区而言，青海省受地理环境、资源禀赋和产业发展方式等因素影响，经济发展水平还处在一个较低的水平，经济总量偏小。2023 年，一般公共预算收入安排 345.6 亿元，一般公共预算支出安排 2175.9 亿元，收入明显小于支出，在满足各领域人才的保障性支出以及项目扶持、研发支撑、专利奖补等发展性支出上存在相当困难。除上级安排人才发展专项资金外，部分地区和企事业单位受限于自身发展水平，财政能力较弱，对人才工作的保障能力有限，对各类人才项目或引进人才的支持往往是“杯水车薪”，起不到决定性的效果，对高层次人才成长发展所需的科研环境、项目平台也缺乏高效投入和有效建设，在引才留才、调动人才积极性和创造性上明显存在物质支持不足现象。

（二）培养引进人才方式有待改进

2023 年，青海省在育才、引才方面持续加大力度，但方式方法上较为单一，制约着人才工作的高效开展。在人才培养上，同经济社会发展实际情况结合不够紧密，用人单位培养主体作用发挥不突出；对现有人才的基础性、理论性培训较多，实操性培训较少；对职能部门的党政人才、专业技术人才培训较多，对企业、社会组织、农牧民中的管理人才和技能人才培训较少；培训工作多头管理、重复组织的问题比较突出，导致出现人才重复参加培训、多部门培训同一内容的现象，培训资源没有得到有效整合。在人才引进上，主要依靠行政手段推动，多讲求全职招才的“刚性引才”，“人才+项目”“人才+产业”的“柔性引才”方法运用有所欠缺，借助东西部协作、对口支援平台加大人才交流、拓宽引才引智的渠道又不够宽，导致各类人才聚集不充分不平衡，大多集中在医疗卫生、教育教学等传统行业，清洁能源、盐湖资源等重点产业高精尖人才引进不足。

（三）留人用人发展环境有待改善

2023 年，青海省虽在优化留人用人环境上不断下功夫，但受各方面因素影响，人才发展环境仍不够理想。青海地处高海拔地区，自然环境较差，工作条件艰苦，地理环境上的劣势没有改变，一些急需紧缺人才即便引得来，也很难长久留得住，尤其在基层一线、边远地区留才更加困难，大量人才外流，人才短缺较为突出。调查发现，人才的工作待遇总体水平偏低且增长空间有限，人才成家、就医和家属就业、子女教育等方面的保障能力也不高，全社会对人才的众扶力度、众投强度不够，导致所需优秀人才留不住；部分人才的专业和岗位不匹配，未形成科学的用人导向，不利于人才能力作用的充分发挥；一些地方和单位存在对人才的关心不够到位、帮助不够充分、使用不合理等现象，阻碍了人才的发展和成长，难以真正做到用好用足人才。

（四）人才发展体制机制有待健全

2023 年，青海省陆续制定出台一些人才的新政策、新举措，但人才发展体制机制吸引力不强、聚合度不够的现象依然存在。在人才评价方面，现有的人才评价机制中存在分类评价不足、评价标准单一、评价手段趋同的问题，影响着人才积极性和创造性的发挥。在人才管理方面，现行的工资福利、社会保障、科研经费等政策大部分与编制挂钩，事实上形成了不同体制间的身份壁垒，使各类人才在不同体制间难以有序流动；柔性引进人才虽然在责任和义务上作了明确规定，但由于人事关系保留在原单位，实际工作中仍存在监管难的现象。在人才激励保障方面，用人单位在按需选人育人、按能力落实待遇上表现不灵活，“人才能进能出、待遇能高能低、岗位能上能下”机制尚未完全建立，选育留用人才举措不够扎实有力；人才的多元需求难满足、激励供给不匹配，个性化、精准化的人才服务保障机制亟待完善。

三 2024年青海省人才工作创新发展形势分析与展望

2024 年，青海省人才工作虽然面对错综复杂的环境，但同样拥有多重政策支持，仍能保持良好的发展态势。

（一）从国际环境看

当今世界各国的竞争归根结底是人才的竞争，无论发展经济还是发展科技都需要人才支撑，越来越多的国家把人才战略上升为国家重点战略，纷纷出招抢占先机，全球人才“争夺战”日益激烈。《全球人才流动趋势与发展报告（2022）》显示，全球人才区域流动保持增长，并逐步向数字经济领域、新兴职业和就业形态流动，世界人才中心正由欧美向亚洲扩散。然而，在逆全球化的大背景下，人才的国际流动正遭受着严峻考验，部分欧美国家基于狭隘的国家利益观念，出台一系列有关人才培养、流动的收紧政策和“抢夺”人才的举措，不断在引才育才上加大对他国的遏制和打压，成为人才国际流动的新阻力。挑战与机遇往往相伴而行，《亚洲经济前景及一体化进程》报告预测，亚洲经济体 2023 年经济增速为 4.5%，高于世界经济平均增速。亚洲尤其是中国、印度等国家经济的快速发展，带动着人才资源回流，中国引进海外人才进入历史机遇期。在日趋复杂的国际环境下，青海省应该迎难而上、抢抓机遇，发挥自身优势吸引更多海外人才服务现代化新青海建设。

（二）从国内形势看

党的二十大报告作出“实施科教兴国战略，强化现代化建设人才支撑”的重要部署，把教育、科技、人才整合在一起进行系统谋划，为深入推进人才强国建设提供了清晰路径、指明了前进方向。2022 年，我国新增劳动力平均受教育年限达 14 年，在学研究生 365.36 万人，人才自主培养质量全面提高，人才队伍素质显著增强；研发人员总量超过600万人，科技经费投入超过3万亿元，自主创新能力明显提升，高科技创新成果持续涌现，人才国际竞争比较优势初步形成；人才对经济增长的贡献率达34.5%，人才汇聚和创新驱动不断赋能高质量发展。总体来看，人才虹吸效应进一步显现，加快建设世界重要人才中心和创新高地迈出坚实步伐。同时，我国经济发展空间结构的深刻变化和发展动力极化现象的日益突出，对人才、科技等要素流动产生重要影响，国内各地抢抓人才现象愈演愈烈，区域人才竞争压力持续增大。面对国内形势的深刻变化，青海省唯有顺时而动、因势利导，才能赢得人才工作创新发展的主动和先机。

（三）从省内发展态势看

大力实施人才强省战略，不断强化现代化新青海建设的人才支撑，是青海省做好人才工作的出发点和落脚点。当前，青海在党和国家工作全局中的战略地位日益凸显，各项事业迎来新的发展机遇。共建“一带一路”、实施乡村振兴、推进“双碳”行动、建设全国统一大市场、黄河流域生态保护和高质量发展等重大国家战略利好，对口支援、东西部协作、支持艰苦地区发展等政策叠加效应显现，带动青海人才工作持续向好发展。如2023年青海专业技术人才、高技能人才总量预计分别突破18.4万人、10万人，人才的结构不断优化且能力进一步提升，为现代化新青海建设注入强劲动力。立足省情实际，深刻认识自身人才发展的阶段性特征，准确把握时代赋予的发展机遇，紧紧围绕加快建设现代化新青海需要，进行系统性谋划，采取突破性举措，奋力开创新时代人才强省新局面，是青海人才工作创新发展面临的新形势新任务。

（四）前景展望

2024年，青海省将始终坚持党管人才原则，持续深化人才工作认识，正确把握人才发展规律，注重畅通渠道、搭建平台、创新方式，突出“扩容蓄能”，全方位培养引进用好人才，人才工作有望呈现良好发展态势。一是人才工作首位度将显著提升。聚力构建人才发展新格局，强化人才政策创新，深化人才发展体制机制改革，进一步做好顶层设计，确保人才工作高效推进。二是人才资源聚集度将明显提高。健全引才用才的良性循环机制，紧盯生态环保、盐湖产业、清洁能源、有机农畜产品等领域引聚人才，打造具有青海特色的人才高地，进一步满足青海高质量发展需要。三是人才培养效能度将逐渐显现。完善全链条、全方位育才体系，深化人才培养模式，注重阶梯式人才培养，进一步盘活人才资源。四是人才生态优适度将明显提升。创新人才发展环境，主动帮助人才解决最期盼、最需要的问题，进一步优化“近悦远来”人才生态。

四 进一步推动青海省人才工作创新发展的对策建议

人才是第一资源、是最核心的竞争力。在2023年8月召开的青海省组织工作会议上，省委书记陈刚和省委常委、组织部部长赵月霞分别对“扎实做好人才引育用留工作”作出重要安排部署，为青海省接续推进人才工作创新发展明确了具体工作路径。在现代化建设新征程中，青海省要牢牢把握人才这个关键因素，坚持党管人才原则，紧抓人才“育、引、用、留”各环节工作，厚植人才发展沃土，集聚人才强大动能，不断为现代化新青海建设提供坚强人才支撑。

（一）坚持党管人才，完善领导体系

坚持和加强党的全面领导，是做好新时代人才工作的重要前提。一是坚持全域视野和“大人才”观念，在党委统一领导下，充分整合各方面积极因素，推动形成组织部门牵头抓总，职能部门相互配合、各负其责，全社会广泛参与的人才工作发展新格局。二是健全各级人才工作领导小组工作规则，明确人才工作有关部门职责任务，全面推进人才工作目标责任制。三是强化“一把手”抓人才主体责任，坚持开展人才工作专项述职，把人才工作纳入党

建工作述职评议考核，并将考核结果作为高质量发展综合考评和选拔使用干部的重要依据，进一步压实压紧人才工作责任。四是建立人才工作“责任清单”制度，着力构建部门联动、分工合理、职责明确、运转高效的人才工作运行机制。五是有效发挥组织部门职能优势，建立组织部门牵头会同有关部门围绕人才工作重点难点问题定期沟通联系机制，凝聚各方共识，齐抓共管推动落实。六是学校、科研院所、医院、企业等人才比较集中的单位党组织，要结合自身实际完善人才工作领导机制，创造性地做好人才育引留用工作。

（二）打牢育才基础，激发人才活力

人才工作的基础在培养，需要进一步健全人才培养机制，完善育才政策举措，着重抓好各方面人才的教育培训和潜力开发，强化人才梯队建设，确保各项事业发展所需人才薪火相传。一是优化各类人才计划，依托“昆仑英才”行动计划、“西部之光”访问学者等，培养一批急需紧缺人才和高水平创新创业团队，以高素质人才引领高质量发展。二是立足当地资源禀赋、产业基础、比较优势和发展潜力，调整优化学科专业结构布局，健全学科协同和学科交叉融合发展机制，培养一批创新型、实用型、复合型人才，促进产才融合发展。三是坚持“育用并举”原则，改变以往大水“漫灌”的培养方式，深化“订单式”培养模式，有针对性地提高人才服务发展的质量和效益。四是探索建立“上挂式”“下派式”锻炼人才机制，注重运用实践育人，切实增强人才的岗位胜任能力。五是持续用好援青优质资源，深化请进来“师带徒”和送出去“跟班挂”等双向培育工作机制，发挥援青人才“传帮带”作用，助力盘活本土人才资源，聚焦发展所需选送各类人才赴对口援助地区访学研修、跟班学习，提升本土人才适应发展的能力。

（三）做优引才载体，汇聚人才动能

把各方面人才集聚到现代化新青海建设各项事业中来，需要进一步拓宽渠道引才，汇聚赶超发展新动能。一是牢固树立“不求所有、但求所用”意识，围绕生态环保、清洁能源、盐湖化工、特色农牧、教育医疗等重点领

域，探索直接、柔性、“候鸟式”引才路径，搭建重点学科、重点实验室、博士工作室等优质引才平台，通过政策引才、产业引才、项目引才等方式聚才引智，推动产学研融合发展，助力经济社会发展。二是持续深化对口支援、东西部协作人才工作，充分用好“援青式”“组团式”等做法，带动引进一批行业、产业、学科领军人才和创新团队，加快构建引才新格局，不断助推高质量发展提质增效。三是推动招商引资和招才引智深度融合，推行“人、财、项目”打包引进的模式，在项目引进的同时，同步引进人才、技术、品牌等，做到招商必招才、引资必引智，促进产业发展与人才供给精准匹配，切实扩大项目招引工作实效。四是强化“借梯登高”思维，通过双向挂职、短期工作、设立基层专家工作站等柔性流动方式，引导各类人才向基层一线有序流动，定期定向服务基层发展。

（四）树牢用才导向，释放人才活力

用好用活各类人才，需要进一步转变思想认识，深化人才管理、使用、评价、激励方面的制度改革，真正让人才大显身手、建功立业。一是遵循人才成长规律，进一步破除“官本位”、行政化的传统思维，完善人才管理政策体系，建立放权松绑与约束监督相结合的人才管理机制，健全人才资源合理流动、有效配置机制，全力为人才发展和使用创造有利条件，不断激发人才创新创业活力。二是充分向用人主体授权、为人才松绑，积极为各类人才匹配最能发挥作用的工作岗位，努力形成人尽其才、才尽其用的良好局面。三是积极构建充分信任、放手使用、容错纠错的人才支持机制，树立鼓励创新、宽容失败的鲜明导向。四是支持高校、科研院所等建立人才驿站，引导各类人才通过周末工程师、假日专家等方式来青开展交流服务。五是坚决纠正“四唯”偏向，有序推进人才分类评价改革，加快形成科学化、社会化、市场化人才评价机制，促进各类人才尽展其长、实现价值。六是完善人才薪酬制度，实行人才股权、期权激励，提升人才成果转化收益分配比例，支持符合条件的用人主体开展职称自主评审，畅通新职业从业人员职业技能等级认定渠道，激励人才发挥作用。

（五）做好留才保障，优化人才环境

完善人才服务保障政策举措，优化留人环境，激发人才干事动能，是做好人才工作“后半篇文章”的关键所在。一是健全完善多元化人才投入及稳定增长的机制，强化人才发展的资金保障，为留住人才提供坚强保障。二是推行特殊需要人才“一人一策”“特事特办”个性化服务，以最大诚意留住最需要的人才。三是进一步加强和改进领导干部联系人才制度，与专家人才“结对子”“做亲戚”，及时了解掌握他们的思想动态、工作生活情况，主动帮助排忧解难，做人才的贴心人、暖心人。四是畅通人才服务“绿色通道”，打造“一站式”服务平台，努力为专家人才提供全方位、精细化服务，着重解决好他们的住房保障、配偶就业、子女就学、医疗健康等后顾之忧，让专家人才轻装上阵、安心发展。五是健全人才表彰奖励机制，加大培育、选树和宣传人才典型力度，在全社会努力营造“爱才重才、敬才用才”的良好风尚。六是强化对人才的政治引领和政治吸纳，注重推荐优秀人才入党、参选“两代表一委员”，支持人才参与重大决策、重大项目的咨询论证，深入开展理想信念教育、国情研修，引导广大人才扎根青海、热爱青海、奉献青海，自觉担负起建设现代化新青海的时代使命。

参考文献

范青青、孙锐：《党的二十大前后我国地方人才工作进展与趋势》，《中国科技人才》2023 年第 4 期。

孙锐：《新时代十年人才强国战略进展及相关理论探讨》，《科学学研究》2023 年第 7 期。

中共海北藏族自治州门源县委组织部：《青海省门源县“四坚持”力促人才工作“四提升”》，《党建研究》2023 年第 7 期。

郑思哲：《为现代化新青海建设提供坚强组织保证——新时代青海组织工作综述》，《青海日报》2023 年 8 月 25 日，第 1 版。

B.13

2023年青海基层社会治理调查报告

郭 斌 田鹤翔*

摘 要： 党的二十大提出“完善社会治理体系”的重大战略部署，青海省在第十四次党代会中明确指出了“以共建共治共享为导向，构建社会治理新格局”的发展愿景，为青海社会治理如何进一步推进明确了演进路径。青海作为“农区、牧区、城区三合一”的省份，是“多民族聚居、多宗教共存、多元文化共融”的稳疆固藏战略要地，为此需要分阶段、按步骤地持续推进社会治理，结合青海经济发展和人口结构变化面临的新形势、新问题，不断完善青海特色的社会治理体系，为国家治理体系和治理能力现代化贡献青海智慧。

关键词： 社会治理 党建引领 青海特色

党的十八大以来，青海省委、省政府突出顶层设计，立足青海城、农、牧结合的独特优势与实际特征，聚焦其特殊的民族、宗教、文化区位优势和地域突出亮点，贯彻落实共建共治共享的社会治理制度，遵循国家提出的“城市治理精细、农村治理精美、牧区治理精进”战略定位，全省各市州依据“三区”特色，分别进行“三区”分类分层施治的社会治理试点创新，在试点创新中明确各自的优势领域和方向，设计具有针对性的重点任务，通过机制创新促进经验性实践探索，初步确立了城区、农村、牧区三种类型，市州、县市区、乡镇、村社区社会治理四个层级的“三种类型、四个层级”

* 郭斌，青海省社会科学院政法研究所助理研究员，主要研究方向为地方法治、生态治理；田鹤翔，青海省社会科学院政法研究所研究实习员，主要研究方向为环境法、地方法治。

青海特色社会治理模式，产生了条块相连、层级分明、上下联动、多元交融的社会治理新发展格局。

一 2023年青海社会治理取得的成效

“十四五”时期，全省各市州因地制宜，积极探索各具特色的社会治理新方式，用创新亮点引领和丰富基层治理体系。海北州创新人民调解工作方面的制度机制，海南州贵南县成为乡村治理体系建设全国试点，海西州秉持区域协作打造治理新式样，黄南州开辟“一核三治”治理机制，果洛州达日县探求牧长制新模式，玉树州进一步强化“村寺并联”治理模式，初步构建并达成了“城市治理精细、农村治理精美、牧区治理精进”目标。

（一）党建引领下的基层社会治理创新持续推进

在创新和深化社会治理的过程中，青海自始至终都将党的领导视作根本保障，把党委领导全面夯实在社会治理全领域和不同层面。深化和探究青海在社会治理中的发展路径，省委全会立足社会治理现代化的发展愿景，在平安青海建设和地方治理层面展开会议工作部署、落实具体要求细则，省委常委会专题座谈交流、审议重点难点工作、研究突出漏洞查摆。一个个制度规划的出台、一项项接地气举措的施行，都是青海省委专题商酌、科学统筹、动员部署的结果，为推进青海社会治理体系和治理能力现代化提供了坚强的政治保障。

青海各市州在推进基层社会治理的过程中，也始终将党建引领贯彻执行在基层社会治理的全过程与不同层面。一是把强化党建引领视为推动社会治理深化的主线，充分保持党委总揽全局、协调各方的统筹作用，在党委领导下持续健全和稳步推进社会治理的制度落地，将平安建设、社会治理融入经济社会发展全过程，把党支部、党小组建在网格上，党组织深入各类村级组织中，全面协调部署党的建设、综合管理、社会保障和社会救助等多个方面的工作，旨在构建一个以党建为导向、多方参与和良性互动的社会治理组织结构。二是稳步推进“基层党建+”工作模式，将社区作为“轴心”，形成社区党建、单位党建、行业党建、区域化党建深度融合、协同联动的“红色党委”堡垒机制，促进形成以基层党组织为核心的公共服务圈、群众自治圈、社会共治圈，将党组织的精细化服务管理落实到社会治理末梢。在海北州门源县通过成立物业管理行业协会功能型党支部，将党的政治优势、组织优势和群众工作优势深刻展现，从物业管理服务融入小区综合治理体系着手，把党建“红细胞”渗透到了物业服务和社区治理的各个环节，逐步探索形成“党建+矛盾纠纷调解”“四必访”“敲门行动”等工作机制，重点关注孤寡老人、空巢老人、残疾人、留守儿童等弱老群体，以及入赘家庭、单亲家庭、重组家庭、留守家庭和独居家庭等“五类家庭”，实现了城市的精细化治理。三是积极开展党员“红色细胞”、支部“红色堡垒”、社区党建“红色阵地”等党建引领社会治理品牌创建活动，实现群众从“旁观者”向“参与者”的身份转化，实现“服务+参与”的职能转变意识，积极引导基层群众在投入发挥社会治理的过程中精准定位自己的小坐标点，在村级事务管理中发挥自身优势地位，充分发挥群众自治力，让群众自觉动起来，以先行后试推动党建引领基层社会治理全力推进、实现新发展。

（二）综合治理化解矛盾纠纷步入法治化发展轨道

青海发展和落实新时期提出的“枫桥经验”，将矛盾纠纷化解在基层，将基层社会治理能力现代化充分显示。第一，整合力量资源。通过对综治中心、信访接待中心、诉讼服务中心、矛盾纠纷调解中心和公共法务服务中心进行的综合调整，在市州、县区、乡镇（街道）实现三级社会治理综合服务中心的挂牌运作，使群众矛盾纠纷的调解过程实现“只进一扇门、只对一个窗、一次办成事”。目前青海省打造的三级社会治理综合服务中心全部投入实体化运营，通过将公安、信访、法院和司法等部门引进入驻，为人民群众能够提供更为高效、便捷、系统、畅通的矛盾纠纷调解服务。以海西州挂牌的德令哈市社会治理综合服务中心为例，截至2023年9月，全市已经调解相关纠纷276件，为群众进行诉讼法律服务412件，提供法律援助159

件、公证服务91件、法律咨询378件，所受理的纠纷和信访案件与上年同期数据相比较均呈现下降趋势。[①] 第二，加大统筹协调力度，实现上下一体联动。在实现中心集中统筹调度的前提下，形成条块结合、多元主体、随叫随到的联合调处机制，形成业务范围全覆盖、调解流程全贯通、体制机制无缝衔接的服务体系。面对群众反映的利益与诉求问题，开展走访式交流，及时了解群众真实意愿、就地解决基层的纠纷冲突，真正展现“小事不出村、大事不出镇、矛盾不上交”的工作目标。

（三）乡风建设助力社会治理日益规范化

在基层社会治理的过程中，如何发挥乡风建设在提升善治能力方面的作用是青海不断思考的问题。民风淳则乡风兴，青海在乡风铸魂的过程中，以文明村镇创建为载体，探索“一约四会”基层社会治理新模式，不断释放乡村“善治”发展活力，促进乡村治理蓬勃发展。

一是组织修订村规民约，将敬老孝老、婚事新办、丧事简办等移风易俗内容写入村规，明确在婚丧嫁娶方面的办席标准、随礼金额等具体尺度，使村民摒弃高价彩礼、铺张浪费、盲目攀比等各类旧俗陋习，结合线上推广与线下宣传的创新形式，多渠道、多方式地宣传移风易俗精神。二是深化典型标杆，弘扬社会主义核心价值观。各乡村均展开属于自己村的好婆婆、好媳妇、道德模范、最美人物、最美家庭活动评比，部分乡村还建立了红黑榜、道德榜，以树立榜样的形式激励和约束村民。通过进一步传播文明新风，引导更多的群众参与到弘扬传统美德活动中，树立和谐文明的新风尚，推动思想政治工作在青海大地开花结果。三是开展“乡村振兴积分超市”建设，在树立典型模范提供精神层面的引导方面，部分地区以建立积分超市的形式通过物质手段进行奖励。对获得典型标杆评比、积极参与志愿活动、传播文明新风的村民进行积分奖励，村民用积分兑换各种生活用品，从而吸引更多

① 《从各自为政到资源共享——青海整合五大中心提升基层治理效能》，法治网，2023年9月25日，http：//www.legaldaily.com.cn/index_article/content/2023-09/25/content_8906735.html，最后检索时间：2023年10月15日。

村民参与，共同承担起社会治理的任务，为乡村全面振兴工作提供强大精神力量和物质保障。

（四）智慧乡村推动社会治理有序推进

习近平总书记强调，要应用大数据提升国家治理现代化水平。① 青海在基层社会治理的过程中通过智慧乡村（社区）项目的建设，坚持一张网建设、一体化发展，以政策宣传、便民服务、智慧医疗、智慧教育、网上办理、视频监控为主要内容，为乡镇政府和社区在基层治理的过程中提供管理和服务渠道，在丰富人民群众精神文化需要和使人民群众享受到信息化带来的便捷的同时，也为群众带来了获取政府信息和反映利益诉求的便捷通道。例如，海北州祁连县打造的"党建+民情格子铺"治理模式，依托"智慧民生"平台，将全村划分为不同片区并配有相应铺员，村民可通过在线 App 实现咨询反映问题，铺员在第一时间认领并进行答复，真正为群众实现了"指尖办理"。此外，在实现信息化的过程中，各地均以高标准建成并运行标准化、规范化的综治中心，通过购置村级综治中心视频摄像头、无人机单兵系统等，保障了视频图像远程传输，初步实现了"互联网+公共安全"的治安防控新模式。综治平台更是通过更新和引入基础数据，将住建、市场监管、交通等 20 余个职能部门连接，实现州、县、乡、村、网格的一网贯通、五级联动、职能部门信息资源共享和多部门多应用大联动格局，充分发挥综治中心实战平台和维稳保障作用。各地政法委、公安打造的"天眼""鹰眼""雪亮"工程实施建设并投入运行以来，实现了对社区、乡村、寺院的实时监控，将治理防范措施延伸到群众身边，发动社会力量和社会群众参与，在领导决策、打击犯罪、服务群众等方面发挥着不可替代的作用。

（五）基层公共法律服务逐步完善

随着青海法治政府建设速度不断加快，司法改革所取得的成效斐然，社

---

① 《运用大数据提升国家治理现代化水平》，人民网，2018 年 2 月 1 日，http://theory.people.com.cn/GB/n1/2018/0201/c40531-29799599.html? ivk_ sa = 1024320u，最后检索时间：2023 年 10 月 17 日。

会治理中依法治理能力逐渐增强。在扎实推进公共法律服务的进程中，自始至终秉持“谁执法谁普法”责任制，稳步推行“以案释法”，积极推动法律“七进”，法治宣传教育机制不断完善。一是充分发挥公共法律服务职能，引导公证员、律师以及其他法律工作服务者自觉履行社会义务，积极参与到基层公益性法律服务之中。逐步推行村级社会治理综合服务站的构建，发挥“一村一警”、人民调解、乡村法律顾问等现有法律资源，落实乡村“法律明白人”服务培养工程，动态掌握基层民情与民意。同时，由法官、检察官出任各村法治副书记或法治副校长，展开对村、社区、学校的普法工作，利用实现公共法律服务向深向广延伸。二是采用多样化宣传手段，在宣传的过程中做到治理与宣教并重，综合采用线上与线下相结合的形式，在重要的节日与节点时段对群众开展宣传教育，引导群众参与到共建共治共享之中。线上方式以微信群、QQ 群、LED 屏等为宣传媒介，线下方式则采用村口广播、公示栏宣传、发放知识手册、现场答疑解惑等方式，广泛宣传关于基层社会治理的新政策，多角度、全方位、深层次地让每一个群众对治理政策有深刻的理解与体会，激发人民群众依法参与基层社会治理的能力。

二　2023年青海社会治理面临的问题与挑战

对照省委、省政府提出的发展愿景，面对城市乡村社会结构日益分化，群众诉求日益多元的新形势、新需求，青海社会治理还存在党建引领水平有待提高、乡村法律服务体系不健全、居民参与社区治理意识不强、社区网格精细化治理有待提升等问题，需要始终秉持以人民为中心的思想，助力提升社会治理体系和治理能力的现代化程度。

（一）党建引领水平有待提高

随着党建引领基层社会治理工作的不断深化，部分地区基层党组织统领各类组织力度不够的问题也逐渐显露出来。一是区域化党建水平有待持续提升。尽管青海省各区县均建立了党建联盟，区域化党建体系初步建立，但社区党组织的资源整合能力不足，与党建联盟单位的共建活动内容有待提升。二是城乡社区离退休党员增多问题。随着国企退休人员全部转入街道社区管理，城乡社区离退休党员逐年增多。如何加强离退休党员教育管理，帮助他们完成从“单位人”向“社区人”的转变，充分发挥他们在基层社区治理的“夕阳”作用，尚未找到合适的方法。三是在职党员参与社区治理深度不够。单位和社区应对在职党员的双重管理和激励机制尚未得到切实发挥，使在职党员进入社区的表现与其所在单位的政治和经济状况难以建立直接关联。同时社区应对在职党员的管理权限方面能力相对较弱，主要依赖党员的个人自觉性，造成在职党员在社区治理中的主动性和积极性相对较低，优势和作用未充分发挥。四是农村基层党员“青黄不接”现象明显。由于农村青年党员大量外出务工，仅存的党员骨干受限于承担大量行政事务，基层党员在面对发展问题时存在严重数量不足问题，党员老龄化导致基层党组织作用不能有效发挥。五是党建引领基层社会治理队伍结构有待优化。虽然2021年换届后村“两委”班子成员文化素质与往届相比较整体有明显提高，但在总体上文化程度仍较低，高中（中专）文化以上占比较低，一些基层干部的思想不够解放，观念相对陈旧，在发展集体经济方面思路不宽、点子不新、办法不多，仍然存在“等、靠、要”思想。新当选的村“两委”班子成员缺乏群众工作经验，政策水平低，处理矛盾纠纷能力弱。部分地区的“两委”班子在发展思路方面缺乏足够的创新精神，由于专业知识的缺乏和个人能力限制，在主动发展的过程中往往缺少思路，班子成员服务能力和社会的综合能力还存在提升空间。

（二）乡村法律服务体系不健全

青海省经过多年的基层建设投入，各级政府投入乡村法律服务体系方面的建设资金逐年增多，但从投入分布情况来看，法律资源相较于乡村地区主要汇集在大城市和经济发达地区，导致城乡、区域、中心城区与县域之间分布着极为不平衡的法律服务资源。一是乡村法治人才短缺。地区间的经济发展水平差距，造成乡村缺乏专职法律工作人员。乡村由村“两委”班子成员兼任人民调解委员会委员，只能调解“家长里短”的邻里纠纷，无法提供系统、专业的法律服务。二是地方经费保障不足，“一村一法律顾问”实施效果有限。覆盖全省的“一村一法律顾问”制度，由于地方财政投入不足，只能按照1000元/村的标准给予补助，但又要求一名律师最多只能服务6个村，一名律师一年6000元的经费保障不能覆盖律师的法律服务成本，导致“一村一法律顾问”实施效果不佳。三是普法教育形式碎片化。各部门根据各自的普法责任，分别打造各自的智慧普法宣传平台，制作普法短视频，借助微信、微博、网站和抖音平台不定期向社会发布，普及法律知识，无法体系化地宣传法律知识。个别地区的普法宣传未能有效地利用好现代信息技术和传播媒介，还是采取舞台剧和巡回演出的方式，普法影响范围有限。

（三）居民参与社会治理意识不强

随着大量流动人口来城市工作，当前本县户籍人口、流动人口散居在一个社区，社区的组织结构和人群分布越来越复杂，社区由之前“熟人社会”逐渐转变。由于缺乏有效协调各方利益的沟通与对话渠道，居民与社区之间虽然互为依赖、相辅相成，但居民缺乏对社区的认同感、归属感，参与治理的驱动力不足。广大居民只享受社会治理的好处，不承担社会治理的义务，社区治理工作都是党员和社区干部在做、群众在看。大部分社区采取“党群积分超市”的形式来激发居民投入社区治理的积极性，但社区积分超市获得的经费有限，存在半年时间超市物品就被兑换一空的现象，积分超市的激励效果没有可持续性。

（四）社区网格精细化治理有待提升

青海正在全方位地实施网格化服务管理模式，在全省划分了22438个囊括城乡、条块相连的网格化片区，并为此专门配备足够的专兼职网格员58771名。此外，还大力推进一村一警制度，公开招录超过4500名“村警”，由此循序渐进地产生市级统筹协调，县级集中联办，乡镇（街道）力量整合，村社提供精准、科学、大数据支撑的社会治理模式。但伴随经济水平的不断提高，大量农牧民进城打工，逐步形成了人口规模庞大的大型社区和超大型社区，在一些城市，超大型楼盘、万人小区不断出现，人口密度加大，导致社区网格化没有发挥预期作用。一是社区网格划分不合理。经由调研不同区域网格划分发现，对比村居面积、常住人口数、新居民数、出租房数等方面的数据不难看出，部分城市社区划分的网格数偏少，基层社区网格员和住户数量比例不匹配，部分社区的1个网格员要服务网格内的3000~5000名群众。二是网格员待遇仍然偏低。青海的社区专职网格员是由公益性岗位人员担任，月工资只有1960~2500元，与其承担的工作任务、素质要求不匹配，又没有明确合理的晋升渠道，从长远看不利于网格员队伍的稳定维护。同时，多数地区的网格员为女性，在入户访查等工作中往往存在不利因素。三是工作队伍素质不高。绝大多数社区网格员的队伍构成均具有成员老龄化、文化教育程度偏低、综合能力素质略显不足等问题，即使经过多次培训仍然无法掌握信息技术，或者培训时掌握挺好，但经过长时间地使用仍有困难。在这种情况下，尽管网格系统拥有较为先进的功能设施，但网格员的真正潜能仍然没有完全展现。

三　2024年推进青海社会治理的对策建议

青海省第十四次党代会提出的目标要求，均为青海社会治理如何推进及发展方向作出了明确具体地要求。青海需要深化对社会治理领域表现出的阶段性特征和治理规律性的认识①，结合社会治理面临的形势和存在的问题，从以下几个方面加强和改进社会治理工作，充分运用协商民主等方式发展基层民主，提高公共管理服务安全治理水平。

① 谢热：《贯彻党的二十大精神　推进青海基层社会治理现代化》，《青海日报》2023年7月25日，第8版。

（一）加强基层党组织的政治功能和组织功能

必须真正加强基层党组织在政治和组织工作中的功能，将党的政治、组织和群众工作优势升华为基层社会治理的创新优势和发展优势，稳固提升社区治理精准化水平。一是提升区域化党建水平。逐步形成以社区党组织为核心、社区离退休党员为主体、辖区单位等多元主体参与的“一核多元”社区治理新机制。社区党组织应当全方位、多层次地领导基层社会治理工作，充分发挥协调各方利益主体的领导作用，让辖区单位党组织成为社区治理主体，同社区党组织成为社会治理共同体。二是健全离退休党员和在职党员报到长效机制，让离退休党员和在职党员在社区的表现和其在单位的政治、经济待遇挂钩，让他们融入“精网微格、网片互补”的基层治理新模式，担任其所在网格和片区的楼栋长和街巷长，同社区网格员一起服务网格居民，切实发挥离退休党员和在职党员在社区治理中的作用。三是要加强农村党员队伍建设。为了应对人才队伍的老龄化以及青黄不接等问题，需要着重关注村内的致富带头人、外出务工或经商的人员、退役军人以及乡村医生、教师和杰出大学生群体，将其作为党员发展和培养的关键对象，储备村级党员队伍的后备力量。

（二）健全乡村法律服务体系

乡村法律服务体系建设必须重点关注乡村实际需求，动态调整法律服务体系建设的发展重心，真正满足广大人民群众对乡村法律服务的需求。一是深化法治乡村（社区）建设。深入推进乡村（社区）进行的“法律明白人”培育工程，尤其重视对村干部、人民调解员、网格员、村民小组长、村警、退役军人、民兵、青年致富带头人等群体的培养和训练工作。二是健全“一村（社区）一法律顾问”制度，青海省应以内地探索基层治理为依托，加大统筹与推广力度，有效解决当前基层法律顾问制度中财政投入不足、服务范围较小、服务项目不细等问题，完善律师轮换进入乡村服务机制，让法律工作者们能更安心、更长久、更积极地在村庄、社区的基层治理中发挥作用。三是完善普法方式，创新构建大普法格局。整合全省普法宣传资源，建立统一调配机制，由省司法厅根据各类人群不同的法治需求，分层分类开展法治教育，提高普法产品供给的整体性、适应性和有效性。

（三）进一步完善社区动员机制

增强社区居民参与社会治理的意识，关键在于如何建立并健全社区动员机制，扎实做好以社区党组织为核心的社区自治体系建设，增强居民主动参与社区治理的意识。一是建强社区组织体系，增强居民对社区的获得感与满足感。社区通过建立协调各方利益的途径和渠道，搭建就业平台，免费为社区居民提供就业、创业、培训等方式，提升与加强社区的感召力和影响力，在物理结构层面推动对社区居民的再组织。二是强化居民意识培养，夯实社区自治基础。要想充分将社区居民自治落实到位，就必须再塑以往社区所打造的“熟人社会”，从根本入手在意识领域切实增强居民的主动性和参与意识。三是创新社会动员机制，建立社会信用系统。加快建立覆盖企事业单位、社会公众的征信系统，引导居民主动融入社区、服务网格，提升广泛参与社会治理的自觉性。

（四）提升社区网格化管理精细度

提升社会网格化管理精细度，使社区治理从被动应对转向主动治理。一是科学划分网格。明确网格划分主体，建议由区县牵头，具体由乡镇街道、村社区来负责划分网格。从工作实际、便于管理、方便群众等方面进行划分。乡镇街道和村社区有权根据网格面积、人口变化情况进行动态调整，由区县市进行批复同意即可。二是提高网格员劳动报酬。为有效解决网格员在工资福利与工作待遇方面的困境，政府方面需要全面考量网格化服务运行成本、网格员工作绩效补贴等经费并将其纳入相应预算。此外，可考虑在此基础上设立网格治理专项经费，对网格员的绩效和工作内容进行整体考核评价，将对工作实绩的量化考核作为工资考量因素，从而确保网格员队伍的稳定性和工作开展积极性，确保党建引领网格化社会治理工作可以得到稳固发展。三是加强网格员业务培训。因地制宜地确定各地网格员数量与规模，打造动态化、实时化的网格员资料库。并针对网格员综合能力设立培训上岗制度，建立常态化、持续性的培训机制，以提高网格员在政策学习和专业技能层面的综合能力。确实因为年龄和文化素质等无法掌握网格信息技术的，建议由在职党员辅助其完成相关工作。

四　2024年青海社会治理的预测与展望

青海的社会治理必将在贯彻落实中共青海省委十四届四次全体会议的精神下，突出问题需求导向，持续优化基层治理体系，快速精准回应群众诉求，夯实基层治理和乡村振兴人才基础，结合青海城区、牧区、农区自身特点，朝着科学化、精细化方向发展。

城市社区治理更加规范。首先，青海经过城市化快速发展的时期，大量农村人员和外来人员涌入城市，造成社区的人员构成和成分的复杂性，在社区治理过程中需要充分考虑此部分群体的利益，发挥社区党组织的组织力与协调力，在治理过程中将其与社区紧紧捆绑在一起，结合各方力量形成利益共同体，增强群众的归属感和满足感。其次，各地在社区治理中虽然已经建立党支部，例如海北祁连县八宝镇打造的“蜂巢支部”，要求社区内的在职党员及其他支部进入，甚至与其他支部创建联合党委，但社区支部的统领作用发挥不明显，需要更进一步形成制度化、规范化的运行机制，充分发挥基层党组织的政治优势、组织优势以及领导优势，调动党员担任社区楼栋长、巡护志愿者的主动性，使社会组织、社工、志愿者等社会力量参与社区治理的方法路径更加畅通，实现党员凝心聚力的先锋作用，真正让在职党员融入社区治理当中。最后，伴随城镇人口的快速上升，社区管理服务范围不断扩大，原有网格划分如何与时俱进是值得思考的问题。需要及时构建集预防、受理、调处、化解于一体的矛盾纠纷排查机制，综合运用大数据现代化手段提高治理效率和方式，发挥社会组织在社区治理中的作用。

牧区治理更加平衡。首先，社会治理与生态治理之间的关系会更加合理。由于青海目前正在创建以祁连山国家公园为首的一批国家公园，部分地区需要加快对牧区群众生态补偿的进度，在生态治理的同时也可以保障群众的正常生活水平，避免牧区群众在划定的禁牧区内从事牧业行为发生。其次，由于青海区位上的地广人稀，所划定的保护区范围较为广阔，在依靠森林公安、生态保护员巡护的同时调动牧区群众参与生态治理的积极性，将生态治理主体范围进一步扩大，将生态环境治理与牧区群众利益并重。最后，课题组在调研中发现，全球经济下行影响牧民在牛羊方面的收入，这样可能导致牧民为追求短期经济利益畜养更多牛羊的恶行循环，对生态环境造成不可挽回的影响，需要发挥政府的宏观调控手段来遏制此类现象，切实提高牧区群众收入。同时，提升牧区群众金融知识与技能，使他们更好地利用信贷杠杆发展自身的生态畜牧产业，避免因贷款金额过大导致自身家庭困境情况的出现。

农区治理更加系统。首先，村级后备人才将会得到充分培养。在全面推进乡村振兴的大背景下，面对村级组织人才日益减少的困境中，按照“选得好、育得强、管得着、用得上”总目标，系统构建“选、育、管、用”有效衔接，一体推进后备人才培养机制，强化储备人才实践锻炼，破除乡村之间的地域限制，在乡镇乃至县域范围内实现人才资源的统筹利用，实现乡村振兴人才的后继有人。其次，乡村精神文明建设进一步提高。在坚持“德治”的前提下，村规民约的效用将会更充分地发挥，引导村民自觉投入乡村治理，形成自觉守法、遇事求法、依法解决的良好社会风气。最后，村财乡管制度更加规范。面对村办公经费缺乏、基础设施老化、村民医保缴纳不足、农村管网污水处理等难题，做好村级财务的管理工作，简化审批流程手续，明确县乡主管部门的职责划分，在加强对村级财务工作指导的同时保障村民对财务的知情权、参与权和监督权，确保村级财务管理工作健康有序地展开。

参考文献

赵业程、孙志成：《中国共产党领导农村社会治理的实践历程及经验启示》，《西南民族大学学报》（人文社会科学版）2023 年第 9 期。

宋学勤、卫玮岑：《中国之治：中国共产党社会治理思想主题》，《河北学刊》2023 年第 6 期。

张文显：《推动信息化时代社会治理法治化》，《法制与社会发展》2023 年第 5 期。

李卓、赵晓峰：《联动与协同：市域社会治理的基本逻辑与实践进路》，《中共福建省委党校（福建行政学院）学报》2023 年第 4 期。

生 态 篇

B.14
2023年青海生态文明建设调查报告

羊进拉毛　更群东主*

摘　要：　本报告从青海生态文明建设的总体态势入手，对大气、水、声、辐射等环境质量和森林、湿地、草原等生态系统进行了评价，分析了生态环境退化、资源能源节约集约利用水平不高、生态文明制度体系不完善、生态科技创新不足、社会参与程度低等方面的困难和挑战，提出了对策建议，并对未来进行了展望。

关键词：　生态文明建设　生态保护　青海省

以习近平新时代中国特色社会主义思想为指导，全面贯彻落实党的二十大精神，努力建设人与自然和谐共生的美丽中国，关乎人民福祉，关乎民族未来。青海是全球生物多样性保护的重要区域，也是我国重要的生态安全屏

* 羊进拉毛，青海省社会科学院生态文明研究所助理研究员、博士，主要研究方向为生态旅游、国家公园文化；更群东主，西北民族大学中国语言文学学部中国语言文学专业博士研究生，主要研究方向为多语种文学与文化传承。

障。近年来，青海在生态文明建设过程中取得了显著成效。但仍然面临着生态环境脆弱、资源能源节约集约利用水平不高、生态文明制度体系不完善、生态科技创新不足、社会参与程度低等多种瓶颈。为此，本报告提出，立足青海地区实际情况，树立生态共同体理念，推进产业绿色发展，完善生态文明建设长效机制，推进区域发展，实现共同富裕。

一 2022～2023年青海生态文明建设总体情况

近年来，全省在党中央国务院和省委、省政府坚强领导下，深入践行习近平生态文明思想，以改善生态环境质量为核心，以减污降碳协同增效为总抓手，聚焦生态文明高地和产业“四地”建设，加快构建生态环境治理体系，持续改善生态环境质量，在高水平保护与高质量发展中迈出坚实步伐。

（一）生态环境稳步改善

青海在生态文明建设过程中，根据自然保护地分类划定标准，对现有的自然保护区、风景名胜区、草原风景区、水资源保护区、野生动物重要栖息地等各类自然保护地进行了综合评价。按照保护区域的自然属性和生态价值，以及管理目标进行梳理、调整和归类，逐步形成以国家公园为主体、自然保护区为基础、各类自然公园为补充的自然保护地分类系统。一是通过广播、电视、报纸、网络等新闻媒体，开展多种形式的生物多样性保护宣传教育活动，引导公众积极参与生物多样性保护，加强学校的生物多样性科普教育，提高了公众的生物多样性保护意识。二是充分利用生态资源和文化资源，推动旅游资源整合，提升景区服务设施功能，探索“生态+文化”的旅游融合可持续发展模式。加强生态文明文艺作品创作，发挥文艺作品在生态文化中的传播作用，将生态哲学、生态美学、生态伦理渗透到文艺作品中，以多种途径宣传生态文明理念，提高公众生态文明意识。三是在生态文明建设过程中，引导和鼓励社区居民参与生态旅游，不仅能激发社区居民参与生态保护的积极性，还能促进转产转业，减少对传统畜牧业的依赖性，做到了在保护中开发、在开发中保护。实现了对自然和文化资源的更大保护，增强了社区居民的权能，并改善他们的社会经济福祉。

（二）建立生态保护长效机制，实现自然资源持续利用

建立健全生态保护补偿政策和长效机制，有利于解决保护与发展之间的矛盾。全省为了遏制生态环境恶化，围绕生态保护、改善民生，全面推行包括生态移民和禁牧禁畜，以及草畜平衡管理制度，通过生态管护员队伍建设，健全完善草原监管监测体系，使居民逐渐从草原利用者向保护和利用兼顾的草原生态守护者转变。

全省各州县通过严格贯彻落实习近平生态文明思想，重视网格协管员的巡查工作，并做好生态环境保护中所存在的问题、短板、弱项等方面的记录。同时，结合具体县域、经济条件和农户的差异，由政府主导、市场运作、社会参与，设计多元化生态保护补偿方案，提升协同作用的生态保护补偿长效机制。优化组合构建生态补偿式助农新模式，实现生态保护与农户增收。通过认真对待并采取有效的措施，实现了生态环境的持续保护和改善。

（三）生物多样性得到有效保护

生物与生物之间是相互帮助又彼此竞争的关系，并在相互作用中产生一定的功能。生物多样性种类非常多，一般情况下，生物多样性分为遗传多样性、物种多样性、生态系统多样性。全省为解决生物多样性保护中所存在的根本问题，通过引导相关部门、企业、社会组织、社会公众积极参与生物多样性保护和监管，增强和提升了生物多样性保护的监管能力。近年来，有效保护了全省64%的湿地生态系统、42.6%的天然草原生态系统、30.7%的森林生态系统、95%的野生动物种类、85%的野生动物栖息地、96%的野生植物、68.9%的自然遗迹、69.8%的自然景观。全省在打造生态文明高地目标的引领下，以国家公园示范省建设为引领，持续加大生物多样性保护力度，不断健全生物多样性保护体系。

（四）居民生活质量显著提升

全省为了改善居民生活环境、提高经济收入，逐步建立生态补偿机制政策，并结合以国家公园为主体的自然保护区设立生态公益岗位，在一定程度上提高了当地农牧民的经济收入，并给农牧民进行劳动技能培训，引导农牧民群众从畜牧业生产逐渐转向生态管护、特许经营生产模式。近年来，全省各市州为了带动当地经济发展，改善居民生活环境，扶持创办扶贫专业合作社，引导牧民有序加入，几乎每个行政村都有扶贫专业合作社，将扶贫专业合作社与生态畜牧业相结合，科学设计合作社运作模式，提供相关岗位，解决低保户和建档立卡户家庭转产转业困难问题。

通过实施农村生活垃圾收集处理、农村村庄生活污水治理、农村“厕所革命”以及村庄环境综合整治等行动，农村人居环境不断改善，乡村生态短板进一步补齐。目前，全省所有行政村全部配齐垃圾收集转运设施，均建立了日常保洁机制，村收集、乡镇转运、县处理机制进一步完善，农村生活垃圾得到治理的行政村达到 91.7%。同时，通过加强生态保护理念和资金扶持等多种途径进一步提升生态环境质量、整合资源、持续推进农村危旧房改造，优化人居环境。

二　当前青海生态文明建设面临的主要困难

全省在生态文明建设上面临着生态保护和建设任务重、制度体系和法治建设不完善、科技创新不足、社会参与程度低、执行和惩处力度不够等主要困难。因此，全省结合实际情况，积极推进生态文明建设，促进经济社会的可持续发展。

（一）生态环境脆弱，保护任务重

全省总体生态环境较为脆弱，容易受到人类活动和自然因素的影响。2023 年以来，在多方努力下，全省生态环境恶化趋势得到初步遏制，但仍有一些地区存在生态环境退化现象，如土地沙化、草地退化等。据《人民日报》[①] 记载，青藏高原的东南部地区的木格滩即黄沙头沙漠化土地，近342万亩的沙漠化土地中，有142万亩是沙漠，而且沙漠每年以5~15米的速度向东移动，严重影响了当地的交通枢纽和正常的生产生活。

此外，海北藏族自治州东北部和海西蒙古族藏族自治州的一些地区也存在不同程度的沙漠化现象。在柴达木盆地东部和河湟谷地，由于地势低洼、排水不畅、蒸发量大等自然条件，导致土壤盐碱化、贫瘠化严重，影响了农作物的生长和生态环境的质量。主要在以下两个方面对青海的生态文明建设构成了较大的挑战。一是草地退化。全省草地仍有秃斑状裸露土地，黑土滩退化草地面积仍达1189.32万亩。二是土地沙化和盐渍化。全省存在大量的湖泊和河流，但由于过度放牧、污染和工业废水的排放等，仍有破坏水生态系统现象。同时，由于气候变化和水资源的过度开采，全省的地下水资源严重衰竭，面临着供需矛盾和水量减少的问题。

（二）资源能源节约集约利用水平仍有待提高

全省拥有丰富的矿产资源和能源资源，但随着经济发展的加速，一些地区出现了资源能源过度开发和利用的困难，导致环境污染和生态破坏。如何合理开发和利用资源能源，确保生态文明建设的可持续发展，是全省面临的又一难题。煤炭、油气等资源的开采和利用为青海的经济发展做出了贡献。然而，过度开采和利用这些资源也可能会导致资源枯竭，还会对生态环境造成严重破坏。

尽管青海拥有丰富的太阳能、风能等新能源资源，但由于技术、资金等制约，新能源开发不足，未能实现规模化、产业化发展。主要有以下几个方面限制了青海能源结构的优化和生态环境的改善。一是能源结构单一。青海的能源结构以煤炭、油气等传统能源为主，新能源的开发和利用尚处于起步

① 《青海贵南黄沙头：沙漠绿洲，精神高地》，青海省林业和草原局官方发布公众平台，2023年1月13日。

阶段。这种单一的能源结构不仅导致资源浪费，还对生态环境造成了较大的压力。二是资源开采的无序状态。由于缺乏统一规划和监管，一些地区的资源开采存在无序状态。煤炭、油气等资源开发过度，导致资源浪费和生态环境的破坏。三是技术水平落后。青海的一些地区和企业存在技术水平落后的问题，难以实现资源的有效利用和能源的节约。例如，一些企业的生产工艺和技术水平相对落后，带来能源消耗量大、废弃物排放量大等困难和挑战。

（三）生态文明制度体系仍不完善

尽管全省在生态文明制度建设方面取得了一定的进展，但总体来看，其完善生态文明制度体系仍存在困难。生态文明建设的监管机制亟待完善，以确保各项环保政策的贯彻执行。从近些年的地方实践看，制度缺失既是青海生态文明建设的短板，又制约着生态文明建设的持续推进。在环保领域由于生态环境保护管理体制不顺，法律法规不健全，导致出现了守法成本高、违法成本低、执法较困难的现象。且由于生态保护的内生动力不足导致面临生态建设投入不足、公众参与程度低等困难和挑战。

（四）科技创新不足、技术推广难

生态文明建设需要科技创新的支撑，但全省在环保科技创新方面存在明显的不足。同时，一些环保技术的推广和应用也面临较大的难题，如一些农牧民对于新型环保技术的接受程度较低，影响了生态文明建设的进程。

在生态文明建设过程中，一是生态技术创新风险高。生态技术创新存在较高的技术风险，原因在于生态技术的开发还不成熟，出现风险的概率很大，这些风险甚至还会对以后的生产造成严重影响，从而加大了整个生态技术创新的难度。二是自主创新能力有限。在生态治理领域，信息科技的应用还不够广泛，防污抗险能力存在城乡差异。关键技术尚未形成体系，对生态产业和生产安全治理的支撑能力不足。三是数字化转型难。生态环境数据分析、平台运营维护、生态环境信息数据安全等专业人才极为紧缺，从而导致企业无法有效进行数字化转型。

（五）社会参与度程度低、宣传教育难

生态文明建设需要全社会的共同参与和支持，然而，一些地区仍然存在对环保认识不足、环保意识薄弱等问题，需要加强环保宣传教育，提高社会参与度和环保意识。但目前全省在这方面的社会参与度明显不足。

此外，环保宣传教育也存在较大的难题，如何提高公众的环保意识和生态文明意识，增强社会各界对生态文明建设的认同和支持，是全省面临的又一重要挑战。一是公众对生态文明知识缺乏了解。当前全省的生态文明教育还比较缺乏，许多公众对生态文明知识了解不足，对生态保护的重要性缺乏认识。这就导致公众缺乏参与生态保护的动力，也难以形成有效的宣传教育。二是生态文明建设的利益诉求不同。由于不同群体对生态文明建设的利益诉求不同，有些群体可能因为自身利益而对生态保护缺乏兴趣，导致参与度和宣传教育效果不佳。三是缺乏有效的激励机制。当前，缺乏有效的激励机制也是导致社会参与度低、宣传教育难的一个重要原因。一些地方虽然出台了相关政策，但在实际操作中缺乏具体可行的措施，无法有效地调动公众参与生态保护的积极性。四是宣传教育方式单一。目前，青海生态文明建设的宣传教育方式还比较单一，多采用传统的宣传方式和手段，缺乏创新和吸引力，难以引起公众的兴趣和关注。

三　推进青海生态文明建设的建议

为了解决以上这些困难，全省需要结合实际情况，制定更加科学合理的生态文明建设战略和政策，加强环保监管和执法力度，推动生态文明制度体系的完善，加强科技创新和环保技术推广，提高社会参与度和环保宣传教育水平。同时，也需要全国其他地区的支持和协作，共同推动生态文明建设的进程。

（一）加强生态环境保护，推动生态文明建设

青海在生态文明建设过程中，需要采取多种措施，包括优化国土空间开

发保护格局、严格落实主体功能区布局、加快完善生态文明制度体系、正确处理发展生态旅游和保护生态环境的关系、坚决整治生态领域突出问题等。还需要加强政策引导，鼓励企业采用环保技术和生产环保产品。同时，进一步完善生态补偿机制，明确生态受益区和生态贡献区之间的权益关系，让当地居民能够从生态保护中得到实惠。一是增强生态环境保护意识。公民应增强生态环境保护意识，采取低碳、节俭的生活方式，自觉履行环境保护义务。二是建立健全多元化的生态环境保护投资融资机制。各级人民政府应鼓励和引导社会资本参与生态环境保护，建立健全多元化的生态环境保护投资融资机制。三是加强生态环境保护宣传和普及工作。各级人民政府和有关部门应当加强生态环境保护宣传和普及工作，提高公众的生态环境保护意识，营造保护生态环境的良好氛围。

（二）提升资源能源利用水平

青海提升资源能源利用水平需要采取多方面的措施，包括提高能源利用效率、发展清洁能源、推进能源结构调整、加强能源合作、促进能源科技创新等。一是提高能源利用效率。应大力推广先进的能源利用技术，在消耗能源的各个领域，包括工业、交通运输、建筑等，采取更加高效、清洁的能源利用方式。例如，工业领域可以推广节能减排技术，建筑领域可以推广节能建筑等。二是发展清洁能源。青海拥有丰富的太阳能、风能、水能等清洁能源资源，应大力发展清洁能源，推广新能源应用，逐步减少对传统能源的依赖。例如，可以加快推进光伏发电、风力发电、水力发电等清洁能源的开发和利用。三是推进能源结构调整。优化能源结构，发展清洁能源是青海未来能源发展的主要方向。应加快推进能源结构的调整，增加清洁能源比重，减少对传统能源的依赖，提高能源利用的安全性和可持续性。四是加强能源合作。青海应积极开展与国内外的能源合作，引进先进的能源技术和经验，提高资源能源利用水平。同时，也可以通过开展能源贸易等方式，促进能源资源的优化配置和高效利用。同时加强能源科技创新，研发更加高效、清洁的能源利用技术和产品，提高能源利用效率，是青海提升资源能源利用水平的关键。应加大对能源科技创新的投入和支持，鼓励企业进行技术创新和产品升级。

（三）进一步完善生态文明制度体系

青海在生态文明建设方面已经取得了一定的进展，但生态文明制度体系仍需进一步完善。为了推动实现绿色转型，应降低资源消耗、减少污染排放、防止生态破坏。着力解决突出环境问题，坚持全民共治，源头防治，深化体制机制改革，构建以排污许可制为核心的固定污染源监管制度体系，完善污染防治区域联动机制和陆海统筹的生态环境治理体系。一是根据生态文明制度体系的总体要求，筑牢生态安全屏障。要统筹山水林田湖草沙冰一体化保护和修复，加强对重要生态系统的保护和永续利用，构建以国家公园为主体的自然保护地体系。二是构建生态环境保护制度体系。科学把握生态文明建设的系统性、完整性及其内在规律，按照源头预防、过程控制、损害赔偿、追究责任的思路，构建产权清晰、多元参与、激励约束并重、系统完整的生态文明制度体系。三是健全国土空间开发、资源节约利用、环境污染治理、生态保护修复的体制机制，推动形成人与自然和谐共生、协调发展的新格局。同时，明确环境治理中各主体的责任义务，政府履行主导职责，企业承担主体责任，社会组织和公众发挥参与和监督作用。

（四）加强生态科技创新

加强生态科技创新是实现生态文明建设和可持续发展的重要途径。需要全社会共同努力，不断推进科技创新的进程，为人类的美好未来作出更大的贡献。为此，应加强技术研发和人才培养，完善政策法规，提高科技创新的投入等，以推动生态文明建设的持续发展。一是加强多方投入。政府和企业应加大对生态科技创新的投入，包括资金、人力和物力等方面。通过设立生态科技专项资金、鼓励企业加大投入、吸引社会资本投入等方式，推动生态科技创新的快速发展。二是完善相关政策法规。制定和完善生态科技创新的政策法规，鼓励和保护创新成果。同时，建立健全科技创新的风险投资机制，降低企业的创新风险。三是培养和引进相关专业人才。重视生态科技创新人才的培养，建立完善的人才培养体系。加强高校、科研机构和企业在生态科技创新方面的合作，提高科技人才的素质和能力。四是加强科技创新成果的推广应用。将生态科技创新成果应用于实际生产生活中，推动生态文明建设和可持续发展。通过技术转移、产业化等方式，将科技创新转化为生产力，为经济发展和环境保护做出贡献。

（五）加强宣传教育，提高社会参与程度

生态文明建设需要全社会共同参与、共同努力。不断加强宣传教育的力度和广度，引导公众积极参与生态文明建设，实现可持续发展。一是加强生态文明教育。通过加强生态文明教育，提高公众对生态文明知识的了解和认识，增强生态保护意识。可以在学校、社区、公园等公共场所开展生态保护宣传活动，举办生态保护主题的讲座和展览。二是创新宣传教育方式。采用更加多样化的宣传教育方式，如利用互联网、新媒体等手段，制作一些生动有趣的宣传资料，吸引公众的注意力。同时，政府和媒体可以加强合作，通过电视、广播、报纸、网络等各种宣传手段，引导公众形成绿色消费、绿色生产、绿色交通等生活方式。三是建立有效的激励机制。通过建立有效的激励机制，对积极参与生态保护的个人或团体给予一定的奖励或补贴，激发公众的积极性和主动性。四是加强政府引导和支持。政府应加强引导和支持，为生态文明建设提供必要的政策和资金支持，推动生态文明建设的顺利进行。

B.15
2023年黄河青海流域生态保护和高质量发展调查报告*

郭　婧**

摘　要：　青海坚决扛起保护三江源、保护“中华水塔”的重大责任，青海省地理位置重要、生态资源丰富，但生态环境脆弱，保护治理难度大。本报告通过分析黄河青海流域生态环境现状，总结出黄河青海流域面临流域生态环境脆弱、生态产品价值实现渠道有待探索、流域治理目标和措施存在差异、流域发展科技支撑能力不足以及文旅资源未得到充分利用等制约因素。要实现黄河青海流域生态保护和高质量发展，应从强化河湖湿地保护修复，稳固水源涵养能力；完善黄河源头区个性化发展措施；加强基础设施建设，补齐黄河青海流域公共服务短板；弘扬黄河文化精神，发展好源头河湟文化；适时优化调整“八七”分水方案；遵循价值规律，实现黄河青海流域生态产品价值等方面探索流域可持续发展之路。

关键词：　黄河流域　生态保护　协同推进　高质量发展　青海省

党的二十大报告明确指出：“推进京津冀协同发展、长江经济带发展、长三角一体化发展，推动黄河流域生态保护和高质量发展。”习近平总书记在黄河流域座谈会上指出，保护黄河是事关中华民族伟大复兴的千秋大计。

---

* 本文为青海省社科规划办年度项目“黄河青海流域横向生态补偿机制研究”（项目编号：22Y011）的阶段性研究成果。

** 郭婧，青海省社会科学院生态文明研究所副研究员，主要研究方向为生态经济、恢复生态学。

黄河流域在我国经济社会发展和生态安全方面具有十分重要的地位①，蕴藏着巨大的生态服务价值。经评估，三江源头的青海省生态服务总价值为7300亿元/年，生态屏障价值极为重要②。黄河流域同样是全国重要的农牧业生产基地和能源基地，是我国重要的经济地带，流域各地紧密结合比较优势和发展阶段，培育经济重要增长极，不断增强流域高质量发展内生动力③。

黄河发源于青海的巴颜喀拉山脉，流经青海全省16个县，流域面积达15.23万平方千米、干流长度占黄河总长的31%、多年平均出境水量占黄河总流量的49.4%，既是源头区，也是干流区，对黄河流域水资源可持续开发利用具有决定性影响。青海也是黄河重要的水源涵养区，全省湿地面积8143.6千公顷，水资源总量为961.9亿立方米，河流湖泊众多，有200多条流域面积在1000平方千米左右的河流④。习近平总书记强调，青海生态地位重要而特殊，必须担负起保护三江源、保护“中华水塔”的重大责任。青海始终坚持保护好三江源，保护好“中华水塔”，确保“一江清水向东流”。统筹实施黄河干流和省内其他河流水生态保护修复治理，确保黄河出省断面水质在Ⅱ类及以上。为今后保护黄河生态、建设美丽中国作出青海新的更大贡献。

一　黄河青海流域生态保护现状

2019年9月18日，习近平总书记在河南郑州主持召开黄河流域生态保

① 张倪：《以生态文明新思维推动黄河流域生态保护与发展的突破——专访中国社会科学院生态文明研究所所长张永生》，《中国发展观察》2020年第Z8期，第8~11页。

② 李勇、刘亚州：《青海生态系统服务功能价值量评价》，《干旱区资源与环境》2010年第5期，第1~2页。

③ 颜慕依：《黄河流域城镇经济高质量协调发展与创新》，《上海商业》2023年第5期，第211页。

④ 武传鹏、胡建华：《努力探索黄河流域生态保护和高质量发展的青海路径》，《青海日报》2019年11月18日，第11版。

护和高质量发展座谈会并发表重要讲话①。此次会议为青海省推进黄河流域生态环境保护工作提供了坚强的组织保障。目前，青海省结合国家有关部委开展了多项黄河流域研究课题，因地制宜组织开展源头保护和水源涵养、生态补偿、“三个最大”研究，相继启动生态保护修复、水利发展、高质量发展、黄河文化保护传承弘扬等专项规划编制，同步开展总体规划思路研究。

（一）生态环境质量稳步提升

青海是国家重要的生态安全屏障，既是黄河源头区，也是干流区，在黄河流域具有不可替代的战略地位。因此，青海省牢固树立绿水青山就是金山银山理念，切实保持生态文明建设战略定力，进一步推动青海黄河流域生态环境保护。首先，统筹山水林田湖草沙系统治理，实施了天然林保护、退牧还草、湖泊和湿地保护等生态工程，实施了三江源生态保护一期、二期工程，已累计下达投资 135.4 亿元。其次，开展水土保持工程，治理水土流失 7017.46 平方公里。大力推进大规模国土绿化提速行动，在黄河流域完成国土绿化 1297 万亩。最后，全面建立五级河湖长体系，构建“天空地”一体化生态网络监测体系。黄河源头水源涵养功能不断增强，水源涵养量年均增幅达 6%以上，草原退化趋势明显减缓，森林生态功能逐渐增强，湿地生态系统面积扩大，荒漠化土地面积逐步减少。

（二）青海积极融入和服务黄河立法工作

开展黄河立法工作是深入推动黄河流域生态保护和高质量发展的迫切需要。青海省勇于承担源头责任、干流担当的要求，积极融入和服务黄河立法工作。青海省深入研究，结合黄河事务、政策法规、体制改革、生态文明建设、环境资源保护等工作职能，认真梳理有效的做法和需要探索实践的内

① 段鑫、陈亮：《产业结构升级对黄河流域资源型城市经济高质量发展的影响研究》，《生态经济》2023 年第 2 期，第 92 页。

容，助力黄河立法。一方面，召开专家座谈会开门问策，邀请相关领域专家教授和省直有关部门，围绕加强上游生态系统保护与修复、黄河流域自然保护地体系建设、生物多样性保护、保护传承弘扬河湟文化等重点，形成了一批建设性的意见建议。另一方面，深入基层一线问计问策，广泛听取各地对黄河立法的意见建议，并加强对依法治黄的宣传引导，增强各族干部群众的法治意识。

（三）绿色发展取得阶段性成果

青海初步形成以国家公园、清洁能源、绿色有机农畜产品、高原美丽城镇、民族团结进步“五个示范省”建设为载体①，以生态、循环、数字、飞地“四种经济形态”为引领的经济转型发展新格局。作为国家重要的生态安全屏障，依托地域优势和产业优势，清洁能源发展态势强劲，成绩显著，形成了风水光齐发展的新能源产业格局。截至2022年6月底，青海省总装机容量达4325万千瓦，清洁能源装机和发电量占比分别达到90.9%和84.8%，风电、太阳能发电装机占比达61.8%，黄河上游河段成为全国重要的新能源基地。此外，青海省黄河流域绿色农田建设和农业高质量发展项目贷款获批，获得亚洲银行贷款1.18亿元人民币，该项目计划建设绿色高标准农田0.33万公顷，治理水土流失1.33万公顷，涉及大通、湟源、互助及共和3个市（州）的4个县、8个乡镇、38个行政村，受益区农村人口3.4万，能够有效促进项目地区绿色农田建设、生态环境保护、农村产业发展和巩固拓展脱贫成果。该项目的实施为开展绿色、气候韧性农业生产基地建设，提升农业产业价值链和加强机构能力建设等提供支撑。

（四）流域环境污染系统治理成效显著

习近平总书记曾在黄河流域生态保护和高质量发展座谈会上提出，治理

① 信长星：《奏响新时代“黄河大合唱”源头乐章》，《学习时报》2020年11月27日，第A1版。

黄河，重在保护，要在治理[①]。经过综合治理，黄河青海流域生态环境治理及其发展已取得显著成效。这对于扭转黄河流域生态环境系统恶化趋势和提升生态系统质量发挥着不可替代的作用。一是农业面源污染监测能力不断加强。逐步建成了流域农业面源污染治理监测平台，开展了农业面源污染长期定位监测工作。根据流域农业污染源类型分布、地理气候条件等因素确定了农业面源治理试点地区。二是注重臭氧与PM2.5的协同治理。在遏制臭氧污染上升趋势的同时，降低了PM2.5浓度；优化了PM2.5和臭氧协同治理的科学技术，同时也为减排路径提供保障，确保了氮氧化物和挥发性有机物实现流域范围内的“双控双降”。三是流域废物利用处置能力得到提升。深入开展固体废物排查整治，是从源头推动污染治理、改善流域生态环境的重要举措。科学处置各类违法倾倒固体废物问题、特别是历史遗留固体废物问题，解决了的固体废物环境污染问题，同时有力提升了黄河青海流域危险废物利用处置能力和全过程信息化监管水平。青海加大危险废物污染源头管控，不断优化固体废物处置设施布局。截至2023年7月，青海省危险废物年处置能力达到206.6万吨，具备处置盐湖化工、石油开采、电解铝、铝加工、有色金属冶炼等行业领域产生的废盐、废酸、油泥、铝灰、大修渣、冶炼废渣、废矿物油类危险废物的能力。在有效防范黄河上游沿线生态环境安全风险的同时，形成了“遥感排查—分批交办—地方整改—专家帮扶—遥感再看”的闭环管理工作模式，取得显著成效。

（五）黄河文化保护传承成果丰硕

黄河流域的黄河、湟水河、隆务河等带状分布的水系是黄河文化的重要承载区，荟萃了河湟文化、热贡文化、格萨尔文化等一系列特色鲜明的地域文化，呈现出多元融合的青海。深入挖掘黄河流域特色文化资源，建立了以

① 孙立成：《奋力书写“造福人民的幸福河”时代答卷》，《求是》2021年第18期，第62~66页。

国家级项目为龙头、省级项目为骨干、州县级项目为基础的四级非遗名录体系[①]。河湟文化国家公园、源头文化国家公园、喇家国家考古遗址公园等重大文化项目有序推进。沿黄文化旅游产业发展迅速，多措并举，推进国家全域旅游示范区建设。2023 年 3 月，青海省印发《黄河青海流域文化保护传承弘扬规划》，青海省将依托黄河青海流域自然地理和文化资源分布特征，着力打造黄河青海流域三项工程、五大功能区，使文旅产业蓬勃发展，旅游产品不断丰富，黄河文化保护、传承、弘扬体系基本建成。

二　黄河青海流域生态保护存在的主要问题

（一）流域生态环境脆弱

黄河流域是我国生态脆弱区面积最大、脆弱生态类型最多的区域，局部地区伴随生态系统退化、水源涵养功能降低的情况[②]。同时，黄河流域地区基础设施建设和能源资源开发增多，防治人为水土流失任务艰巨。黄河流域城市发展面临的重大现实问题还是缺水、干旱、风沙、水污染、雾霾、城市人居环境问题等。例如，黄河上游地区土壤污染、水污染、大气污染、草原退化和水土流失等问题依然存在。近几年，在国家重点实施生态工程下，黄河青海流域生态环保工作虽取得积极成效，但整体生态安全格局尚未完全形成。主要表现在河湖草地湿地统筹不到位。一方面，生态系统退化趋势还未得到根本性大扭转，湿地蓄水功能退化，自然灾害频发，这些均是危害流域生态环境安全的重点因素。另一方面，随着全球变暖，草场面临“沙化”“板结化”“黑土化”的威胁，加之这些地区生态系统自我修复能力弱，导

① 严维青：《青海省融入黄河流域生态保护和高质量发展的 SWOT 分析》，《柴达木开发研究》2020 年第 3 期，第 34 页。

② 新华社：《习近平在深入推动黄河流域生态保护和高质量发展座谈会上强调　咬定目标脚踏实地埋头苦干久久为功　为黄河永远造福中华民族而不懈奋斗　韩正出席并讲话》，《水利建设与管理》2021 年第 11 期，第 1~3 页。

致生态系统失衡，草场承载力下降，从而反向制约了畜牧业的发展[①]。因此，源头地区生态环境恢复和治理实现“整体恢复、全面好转、生态健康、功能稳定”的长远目标任务十分繁重。

（二）生态产品价值实现渠道有待探索

生态产品价值实现是可持续发展的重要途径，随着黄河流域生态保护和高质量发展战略的实施，国家加大环境保护力度和能源消费总量控制力度，经济发展的节能减排压力陡增。产业发展需要的土地、水等资源可能会逐渐紧缺，更加严格的环境政策可能提高生产成本。但从当前的实践看，生态产品价值实现方式存在购买主体较为单一，变现途径狭窄的问题。大多是政府买单、财政掏钱。虽然社会上对生态产品的需求很旺盛，但高品质生态产品供给方面存在利益主体多元、缺少地域品牌、缺少统一规划和权威交易渠道等难题，导致产品难以满足市场需求。同时，生态产品的价值往往是隐含在产品和服务中，难以通过一般的市场交易体现出来。此外，随着退耕还林（草）政策的持续实施，林（草）业碳汇、绿色农产品、有机农产品、生态旅游等生态产品有待开发，生态资源的经济价值实现任务重。

（三）黄河青海流域水土保持治理难度较高

黄河青海流域水土保持可控性较低、治理难度高，主要表现在 2022 年青海流域水土流失面积占全国水土流失面积的 61.71%（见表 1）。2019～2022 年，青海省流域水土流失面积虽有减少趋势，但面积较小。2022 年的水土流失治理面积仅占流失总面积的 1.02%，需要大力实施生态保护工程、林草修护工程来治理流域内水土流失情况。流域降水量低而蒸发量大，水资源天然补给少，加之流域内荒漠化土地集中等，导致流域内植被保护修护难度大。2021 年青海省平均降水量 356.2 毫米，折合水量 2481.6 亿立方米，

① 李浩：《青海省黄河流域生态保护与经济高质量发展研究》，《市场论坛》2021 年第 3 期，第 24 页。

比上年少4.9%。且省内降水量年内分配不均，主要集中在6~9月，占全年降水量的57.8%~72.1%；枯季降水量仅为全年的8.7%~21.7%。近年来，青海省深入贯彻落实习近平生态文明思想，牢固树立绿水青山就是金山银山理念，不断加大水土流失综合治理力度。2022年水土保持率达到77%，水源涵养能力稳步提升。但在水资源供需矛盾大、水土流失治理难度高、水环境污染防治任务重的多重制约因素叠加下，黄河青海流域要不断协调配合生态环境保护治理与自然资源开发利用的关系，因地制宜、精准施策，使水土流失面积、强度进一步达到双降的目标，为进一步筑牢高原生态安全屏障提供水保支撑保障。

表1　2018~2022年黄河青海流域水土流失情况

年度	流域水土流失面积(全国)		流域水土保持率(全国)(%)	流域水土流失面积(青海)(万平方千米)	治理水土流失面积(青海)(平方千米)
	合计(万平方千米)	中度以上占比(%)			
2018	—	—	—	—	—
2019	—	—	—	16.21	—
2020	26.27	36.06	66.94	16.16	2019.36
2021	25.93	34.36	67.37	16.11	—
2022	25.96	—	—	16.02	1633.66

资料来源：历年《黄河留有水土保持公报》，历年《青海省水土保持公报》。

（四）流域发展科技支撑能力不足

青海省面临源头地区特殊的气候条件和敏感脆弱的生态环境特征，但产业结构的转型升级以及新型业态经济的发展都需要以科技水平和人力资源作为支撑。目前，青海省整体科技水平在全国范围内一直处于比较落后的境地，生态环境保护建设领域科研院所较少，技术人才缺乏，科技支撑能力不足，产业结构转型需要的高端管理人才和专业技术人才都十分紧缺，与黄河流域的中东部发达地区差距较大。难以满足生态环境高水平保护与经济社会高质量发展的需求。尤其是区域产业结构的优化升级，以及农牧业效率的提升都急需良好的人力资源作为基础和高端的人才支撑。而青海受所处地理位置和经济社会发展水平的制约，还面临对高端人才吸引力度降低、人才流失严重等问题，使黄河青海流域区域经济在社会高质量发展过程中存在制约。

（五）文旅资源未得到充分利用

由于青海地处青藏高原，沿黄流域各区段的自然生态和文化类型也不同，受制于文旅产业发展过程中资源禀赋差异及沿黄特有的生态约束，流域内相关地区自然资源发展利用水平和文旅融合发展程度不一，出现了自然资源、人文旅游资源开发碎片化、散点化、低端化的特征。加之文化旅游资源开发不足、旅游基础设施和公共服务体系不完善，导致文旅产业发展质量不高。而且，黄河文化产业发展缓慢，市场主体发育不足，产业体系亟待健全，文化创新融合度低，缺乏强势且有影响力的文化精品。

三　对策建议

2024 年至“十四五”时期末，青海作为源头区和干流区，对于黄河流域生态保护和高质量发展贡献青海力量。在打造生态文明建设的前沿阵地的同时，保护好“中华水塔”，建设国家公园示范省，筑牢国家生态安全屏障，为下一个二十年高质量发展赋能赋势、谋篇布局，为黄河青海流域生态保护和高质量发展提供了新空间。

（一）强化河湖湿地保护修复，稳固水源涵养能力

科学系统地开展湿地生态环境本底调查，加强湿地自然保护区、湿地公园、小微湿地建设，完善河湖湿地监测、评估和预警体系。进一步实施湿地保护与恢复工程，对中度退化程度以上的区域实施封禁保护。争取扩大湿地生态效益补偿范围。以自然河湖水系为基础，加强对入河湖、湿地河道的生态修复，促进河湖生态良性循环。科学确定江河湖泊生态流量和生态水位，将生态用水纳入流域水资源统一配置和管理。推进草地生态系统保护，采取

适度封育、补播改良、饲草种植、舍饲圈养等适度干预修复措施，对中度以上退化草地进行差异化治理，加大黑土滩治理力度，达到自然恢复为主、其他手段为辅的目标。强化草原火灾、有害生物的监测预警和防控体系建设。健全草原产权制度，完善草原承包经营制度和用途管制制度，落实基本草原保护制度，动态调整农牧民奖补政策。推进草地划区轮牧，适度控制散养规模，减轻草地利用强度。加强森林植被保护与建设，加大水源涵养林封山禁牧、轮封轮牧和封育保护力度，建立健全天然林保护修复制度体系。

（二）完善黄河源头区个性化发展措施

青海作为黄河源头区、干流区，每年源源不断地向下游输送洁净水源。做好水源涵养和治理工作，对黄河流域生态保护和高质量发展具有基础战略支撑作用。扎实推进国家公园建设，积极推进其他国家公园创设工作，开展国家草原自然公园创设试点。探索建立自然保护地分类指标体系和标准，建立分类科学、布局合理的自然保护地体系，制定自然保护地整合优化办法，加快推进国家公园地方立法，出台国家公园建设规范标准，建设全国国家公园标杆。统筹推进山水林田湖草沙系统保护和修复，科学实施固沙治沙防沙工程，稳固水源涵养能力。大力发展绿色有机农牧业，充分挖掘特色农牧业资源优势和发展潜力，贯彻创新驱动发展战略，强化绿色发展的政策导向，构建绿色低碳循环发展经济体系，构建体现本地特色的产业体系。支持青海发展绿色有机农牧业，打造全国最大的有机牦牛、藏羊养殖基地。

（三）加强基础设施建设，补齐黄河青海流域公共服务短板

由于地理位置偏远、交通不便、相关服务设施不完善，现有的区域教育、医疗、就业、住房、文化娱乐等公共服务的内容和质量难以满足其产业需求，与经济社会实现高质量发展存在一定差距。实现流域生态保护和高质量发展，基础设施建设是首要保障，主要包括以下几方面。一是提高基础建设和公务服务保障。在产业发展过程中，黄河流域占有一定优势的生态产品

面临的最大问题是配套基础设施，尤其是道路交通问题。近年来，随着政府的规划和投入，交通问题得到重点解决，该路段生态产品的产业化程度高于其他受拥堵影响的生态产品，实现的生态产品价值更多。二是基础能力的提升是黄河流域生态价值提取和潜在生态产品转换的驱动力。黄河流域潜在生态产品分布不均衡，价值难以兑现。这对一些地区的基础设施，特别是道路交通提出了更高的要求。在一些潜力生态产品分布的地区，如果地方政府能够更好地进行基础能力建设，这些潜力生态产品很快就会成为优势产品，经过包装和推广，它们的生态价值可以得到很好的提升。

（四）弘扬黄河文化精神，发展好源头河湟文化

青海作为黄河源头是中华民族多元一体文化的缩影地，要把河湟文化保护好、传承好、弘扬好。应充分认识传承和发展河湟文化、讲好“黄河故事”的重要性，加强河湟文化的研究与阐释，深度挖掘河湟历史文化资源，研究、传承和弘扬河湟文化，让河湟文化生生不息、日益繁荣。建设黄河上游多民族和谐共生的高地，开放多元包容的窗口，农耕文化与游牧文化交融、中华民族起源与多民族文化综合体的展示平台，打造沿黄地区独具特色的河湟文化靓丽名片，努力建成黄河上游湟水流域生态文明示范区。

（五）适时优化调整“八七”分水方案

根据目前的黄河径流量及时空分布，充分考虑黄河生态用水规模等因素，科学核算黄河可分水量，调整原方案的黄河分水总量。在大稳小调的基调下调整各省份分水比例。包括“八七”分水方案实施以来各省份实际用水情况、各省份经济发展水平、黄河流域各省份未来发展对黄河分水需求和节水潜力、未来跨流域调水分水规模等。“八七”分水方案分配给青海省黄河地表水可供耗水量指标 14.1 亿立方米。截至 2023 年 10 月，青海省黄河流域地表水已审批耗水量 12.12 亿立方米，考虑节水等因素，仅能达到“引黄济宁”工程近期调水 5.11 亿立方米的指标，远期 2.79 亿立方米的耗水指标尚未落实。此外，考虑到青海省规划的“三滩”引水生态治理、共和盆

地水资源配置、纳子峡灌区等重点工程和城镇生活工业发展需水，建议增加青海省的黄河耗水指标。

（六）遵循价值规律，实现黄河青海流域生态产品价值

确保生态产品资源优势转化为经济优势，市场参与是必然的，市场参与必须以价值规律为主导。在实现其经济价值的过程中也会激发其商品特性，特别是在工业化的发展中，绿色产品的价值将直接体现在经济效益上。在实现黄河青海流域生态产品价值的过程中，实现经济价值是流域经济发展的必然要求。流域生态产品必须遵循价值规律，积极参与市场竞争，创造优质的区域生态产品。生态产品一旦进入市场，无论是有益的生态产品还是潜在的生态产品，都必须利用自身的特点和独特性，在市场上获取竞争优势。同时必须清楚，市场价值的波动也对环保产品的质量和服务提出了更高的要求。正如习近平总书记所强调的，“在国防中发展，在发展中保护”。决不能以经济利益为由，破坏生态产品的基础，特别是盲目开发。虽然意识到生态产品的经济效益，但充分考虑黄河流域的生态效益和社会效益是一种必然趋势。

B.16
2023年青海创建国家公园示范省建设报告

李婧梅*

摘　要： 国家公园示范省建设是青海践行习近平生态文明思想的生动实践。2023年，青海以国家公园为主体的自然保护地体系示范省建设在生态保护、体系搭建、科技支撑能力、共建共享机制等方面有了新进展，对全方位、高水平推进青海生态文明建设，筑牢国家生态安全屏障，发挥着积极作用，但在多元共治、自然教育、文化多样性探索等方面依然任重而道远。未来，青海国家公园示范省建设将探索人与自然和谐共生、绿色发展、顶层设计等方面的新形态。

关键词： 国家公园示范省　高质量发展　青海省

2019年6月，青海在全国率先推进建立以国家公园为主体的自然保护地体系示范省（以下简称国家公园示范省）。2020年3月，青海启动国家公园示范省建设三年行动计划，明确“三步走”战略目标①。2023年，青海国家公园示范省三年行动已顺利完成，目标任务基本实现，下一步将进入巩固提升阶段。

从三江源中国第一个国家公园正式设立到祁连山国家公园青海片区试点任务全面完成，再到青海湖国家公园积极创建，青海聚力打造具有高原特色和国家代表性的自然保护地典范。在优化保护地格局、创新管理体制、健全资金保障、实施科学有效管理、探索人与自然和谐发展五个方面开展示范，

---

* 李婧梅，青海省社会科学院生态文明研究所助理研究员，主要研究方向为生态环境保护、国家公园建设。

① 宋明慧：《国家公园，人与自然和谐共生的生态长卷》，《青海日报》2023年8月18日，第1版。

成为美丽中国的重要窗口。未来，青海将全力建设好四个国家公园，高标准建设三江源国家公园，加快推进祁连山国家公园设园，扎实推进青海湖国家公园创建，做好昆仑山国家公园青海片区创建前期工作，积极推动建设青藏高原国家公园群。

一　以国家公园为主体的自然保护地体系示范省建设取得的成效

青海省从三江源地区、祁连山地区、环青海湖地区、柴达木地区和河湟地区 5 个生态板块谋划三江源、祁连山、青海湖、昆仑山四个国家公园。① 2023 年，青海省高质量高标准创建西宁国家植物园，坎布拉地质公园成功入选 2021～2022 年全球 17 个世界地质公园候选地之一，正式进入评估进程。青海成功举办第二届国家公园论坛，首次发布了中国国家公园标识，国家公园成为青海的一张新名片。

（一）生态保护成效显著

多年的生态保护和建设，青海省自然保护地草地盖度、生物量、生态服务功能持续增加，野生动物种群数量、分布呈逐渐恢复增长和扩大的趋势，自然保护地覆盖类型更加全面，保护的手段和管理水平不断提高，为我国以国家公园为主体的自然保护地建设提供了有益借鉴，为国际生物多样性保护提供了样板。

1. 生物多样性保护网络更加完善

青海国家公园范围内生物多样性持续提升。多年来，通过建设完善生态廊道、加强救护管理、强化动态监测等手段，自然保护栖息地生态环境质量稳中向好，生物多样性保护水平不断增强。雪豹、藏羚羊等重点保护的国家

① 宋晓英、姚占山：《国家公园示范省　大美青海向未来》，《中国绿色时报》2023 年 8 月 14 日，第 2 版。

一级野生动物种群恢复、数量回升。三江源国家公园藏羚羊种群恢复到7万多只，物种多样性持续恢复，关键物种种群数量稳定增长，不断发现水獭、兔狲、荒野猫、野猪等新的物种记录。祁连山国家公园青海片区调查发现昆虫新种14种、中国新记录10种、青海新记录228种、祁连山鸟类新记录9种，生物多样性保护成效显著。据估计，作为旗舰物种的雪豹，在青海省的数量已超过1200只。

通过实施野生动物拯救工程、社区共建共管、围栏高度降低、救护点设立等一系列举措，青海湖独有的珍稀有蹄类动物和旗舰物种——普氏原羚，种群数量不断增加，较保护初期增长了11倍，2022年种群数量达3400余只，种群栖息地也从初期的7个发展到15个。青海湖拥有鸟类232种、兽类42种，栖息水鸟数量60余万只，高原独有的“草—河—湖—鱼—鸟”共生生态链趋于平衡。

2. 生态系统功能稳定发挥

21世纪初，青海陆续实施三江源、青海湖、祁连山等地区的重大生态保护工程，经过多年努力，以及受青藏高原暖湿化影响，全省生态退化的趋势得到初步遏制。三江源水源涵养量年均增幅6%以上，祁连山地区河流年径流量增加27.5%，全省出境水量由原来的600多亿立方米增加到900多亿立方米，祁连山国家公园青海片区植被生态质量提高，退化草地得到有效恢复，水源涵养能力和水文径流量明显提升，空气质量显著提升，植被固定二氧化碳量和释放氧气量分别增加19.01%和20.34%。①

《祁连山国家公园（青海片区）生态产品价值核算成果》显示，2020年度祁连山国家公园青海片区生态产品价值的核算结果为1009.08亿元，其中物质类生态产品价值120.3亿元，占生态产品价值的11.92%；调节服务类生态产品价值864.93亿元，占生态产品价值的85.71%；文化服务类生态产品价值9.96亿元，占生态产品价值的0.99%；生物多样性服务价值13.89亿元，占生态产品价值的1.38%。

① 祁连山国家公园管理局：《祁连山国家公园青海片区及祁连山区生态保护建设成效》。

（二）以国家公园为主体的自然保护地体系建设日益完善

1. 自然保护地优化整合

青海在全国率先启动自然保护地调查评估和整合优化工作，全省109处各级各类自然保护地整合优化为3类83处，总面积27.22万平方公里，占全省国土面积的39.08%，国家公园占全省自然保护地总面积的75.85%，生态保护红线占全省国土面积比例为42.56%，初步形成以国家公园为主体、自然保护区为基础、各类自然公园为补充的新型自然保护地体系。①

2. 自然保护地治理体系和治理能力现代化

一是搭建自然保护地治理体系。通过启动全省自然保护地调查评估和整合优化工作，一揽子解决了自然保护地与城镇建成区、线性基础设施等矛盾冲突问题。青海省林草局成立了专门的国家公园和自然保护地管理部门，三江源国家公园、祁连山国家公园都已完成机构设立，明确了管理机构，青海湖国家公园管理机构正在设立中。

二是强化顶层设计。着眼打造青藏高原生态文明高地，编制实施《青海以国家公园为主体的自然保护地体系现代化建设总体方案》《国家公园示范省巩固提升行动方案（2023—2025年）》；编制完成《青海以国家公园为主体的自然保护地体系示范省建设总体规划》、“自然保护地管理体制建构方案”等18项制度办法和“自然保护地建设规范”等4项技术标准，初步形成统一规范的自然保护地制度标准体系。推动完成青海湖等33个自然保护地自然资源资产确权登记，初步形成了具有中国特色、符合青海实际的制度体系和相应的配套政策②。

三是率先探索自然保护地立法。青海颁布实施《三江源国家公园条例》《青海湖流域生态环境保护条例》《青海省可可西里自然遗产地保护条例》，

① 宋明慧：《青海：加快打造具有高原特色和国家代表性的自然保护地体系国家公园占全省自然保护地总面积75.85%》，《青海日报》2023年8月14日，第1版。

② 叶文娟：《青海将全力推动　祁连山国家公园正式设园》，《青海日报》2023年2月22日，第1版。

通过在全国率先开展国家公园地方立法、国家公园总体规划与专项规划编制、各项技术标准与管理规范制定、流域生态保护补偿试点、生态产品价值实现机制、碳汇交易、自然保护地特许经营试点等一系列探索性、创新性、实践性工作，促进了自然保护地治理体系和治理能力现代化。

《三江源国家公园总体规划（2023-2030年）》正式发布，规划明确了三江源国家公园未来的建设总体框架、建设目标、发展路线图等，在生态系统一体化保护和修复、自然体验、和谐社区建设等方面做出了部署，为未来三江源国家公园管理和建设的发展奠定了基础。[①]

3. 生态文化建设内涵不断拓展

三江源国家公园、祁连山国家公园、青海湖国家公园均对区域内的人文资源进行了本底调查，全面掌握了国家公园内人文资源分布情况及现状，为推动国家公园人文资源保护和利用提供依据和方向。同时在生态文化宣传方面，三江源国家公园、祁连山国家公园和青海湖国家公园利用生态摄影、自然文学、生态艺术、生态科普、生态文创等形式，全面打造媒体牵引、平台支撑、形象展现、展陈立体的国家公园宣传教育体系，广泛传播中国国家公园声音。

（三）科技支撑能力不断增强

青海省境内的国家公园多处于高寒偏远、地域广袤、基础设施薄弱地区，科技支撑显得尤为重要。一是建立高精度时空基准信息服务网络。二是建设规范、长期、涵盖主要地理单元及生态类型的点面生态环境监测样地，应用无人机、高分辨率卫星遥感和人工智能等手段实现对水、气、土壤、生物等多个环境要素的实时监控，通过信息化建设，在资源监管、巡护管理、科研监测、生物多样性管理、社区发展、生态文化、资源评估等方面实现了标准化管理。[②] 三是建立“生态—生产—生活”融合发展科技体系，加强与

① 青海省人民政府：《三江源国家公园总体规划（2023-2030年）》新闻发布会，2023年8月23日

② 赵姗：《三江源国家公园建设的科技支撑》，《中国经济时报》2023年3月23日，第4版。

国内外高校、科研机构的合作与交流，全省新增国家林业和草原长期科研基地 4 个、国家种质资源库 3 个，初步形成了自然保护地科技创新支撑服务体系。

（四）共建共享机制进一步提升

1. 特许经营工作进入新阶段

国家公园特许经营是在生态保护第一前提下，提高国家公园内自然资源资产的经营利用水平和公众体验质量，维护国家、公众和特许经营受让人合法权益的重要手段。目前，三个国家公园均开展了不同程度的特许经营项目，在带动当地社区发展、拓展世居居民收入渠道、促进国家公园绿色发展等方面取得了一定的成效。三江源国家公园在运作过程中表现为多元的“小而美”的特许经营项目和向市场提供“负责任”的商品，形成了 NGO 特许模式和企业主导模式。围绕特许经营项目，将政府的政治目标、企业的经济目标和社区的发展目标融为一体，人与自然和谐的共生性整体发展目标观逐渐显现，为我国其他国家公园做出了示范①。祁连山国家公园以特许经营制度探索为突破口，深入开展生态游憩、自然教育、森林康养、文化体验、园外服务等试点探索。青海湖国家公园积极开展特许经营的前期工作，在总体规划、试点方案、管理办法等方面着力，为未来特许经营工作谋划蓝图。

2. 自然教育步入体系化建设轨道

作为我国唯一的有三个国家公园的省份，青海省探索建立符合各自然保护地实际的自然教育模式，由点到面开展了不同层次、不同形式的自然教育工作。制定印发《关于加快推进青海国家公园省自然教育高质量发展的指导意见（试行）》和《青海省自然教育大纲（试行）》，加强自然教育顶层设计。一是以省内 5 个国家级自然保护区为试点，为自然教育工作开展

① 《三江源国家公园共生性整体发展的特许经营机制及其成效》，载苏杨、张海霞、何昉主编《中国国家公园体制建设报告（2021～2022）》，社会科学文献出版社，2022，第 232～249 页。

积累经验。组织成立自然教育专家团队和志愿者队伍，科学制定解说系统，培训业务人员及原住居民，开展自然教育进机关单位活动。二是发掘各自然保护地的森林、草原、湿地、地质、野生动植物等自然教育资源，开展自然教育课程设计、读本（绘本）创作、解说词撰写、生态文创（教具）设计开发、中小学生态研学旅行等活动，打造具有青海特色的自然教育品牌。三是协同林草、环保、教育、农业、科技、文旅等部门，在爱鸟周、环境日、公益节等节庆期间或者在各类展馆中开展以学生、公众、家长为主要受众的自然教育活动。形成了“课程和读本研发—师资培育—学校应用”全闭环链条、产学研教深度融合的自然教育体系，并依托国家公园、国家级自然保护区、国家湿地公园等平台，因地制宜开展自然课堂进校园、生态夏令营、自然观察节等主题体验活动，积极探索打造国家公园品牌的自然教育活动模式。祁连山国家公园青海片区设立 15 所生态学校并实现全学段覆盖，举办多场亲近自然、爱鸟周自然教育系列活动。截至 2023 年 10 月中旬，2023 年 5 月 27 日开放的祁连山国家公园生态科普馆已迎接观众 1.2 万余人次，单日客流最高 500 人次，提供人工讲解 600 批次，组织自然教育科普活动 20 余次，上新文创产品 30 余款。

3. 社会参与国家公园建设日益广泛

国家公园具有公共属性，在三江源国家公园试点时期，社会参与国家公园建设方面已有所尝试。经过多年的探索和发展，目前已形成公众、企业、非政府组织积极参与国家公园建设的合力，为青海国家公园治理注入了新鲜血液。

一是企业方面。广汽传祺、蔚来汽车、恒源祥集团、太平洋保险等我国知名企业均不同程度为国家公园建设捐助，在生态管护员意外伤害保险、科研（救助）基地建设、装备捐赠等方面给予国家公园支持。同时企业协同社会组织，从建设支持、教育示范、生态养护、环境检测、环保科研教育等多个维度助力国家公园生态建设。二是社会组织。社会组织是连接地方政府、管理机构、公众、企业的重要纽带。目前，有世界自然基金会、山水自然保护中心、阿拉善 SEE、三江源生态保护基金会等 40 多家社会组织参与青海三个国家公园的建设，以其开放且灵活的优势，弥补了政府在社区引导方面不足的问题，在国家公园生态环境保护、特许经营、自然教育、推动政企合作、促进社区发展等方面发挥着重要作用①。三是其他利益相关者，包括国家公园内的世居居民、生态管护员、附近社区居民、公园特许经营者、游客，以及对国家公园建设感兴趣的公民，他们是推动国家公园高质量发展的重要力量。2023 年，首届青海国家公园主题公益节上，各方共同探索生态环境保护全民参与机制，搭建政府各相关部门、在地生态环保公益机构及公众之间的桥梁，建立长期稳定的传播渠道，号召社会公众广泛参与公益环保和国家公园建设等，为青海国家公园示范省建设助力。

二　国家公园示范省建设存在的问题及对策建议

（一）多元共治仍需深入开展

目前，除青海湖国家公园还未正式设立机构外（由原来的青海湖景区保护利用管理局承担职责），三江源国家公园、祁连山国家公园均设立了管理机构，形成“管理局—管理分局—管护站”的管理模式。三江源国家公园属中央事权，委托省级人民政府代管；祁连山国家公园依托国家林业和草原局驻西安森林资源监督专员办事处组建祁连山国家公园管理局，在青海省林草局加挂省级管理局牌子，由中央和省级政府共同管理。

国家公园建设与管理采取“自上而下”的政府占主导的治理模式，在国家公园建设前期统一共识、高效开展等方面起到了重要作用，但随着国家公园建设步伐的推进，地方治理色彩强烈，面临管理成本高、监督主体较为单一、缺乏多元共治监督机制、相关方利益得不到有效保障的困境，导致管护成效不高、治理监督碎片化等问题，同时也容易使政府部门的管

① 邓玮、王锐：《关于国家公园公众参与的几点思考》，《中国生态文明》2022 年第 3 期，第 78~81 页。

理陷入滥用权力和不作为的风险①。同时，国家公园资源环境综合执法队伍尚未建立。青海省林业实行的是以森林公安为主的综合执法管理。受行业公安体制改革的影响，青海撤销了森林公安机构和人员，对如何组建综合执法队伍，目前尚无明确的思路，国家公园综合执法面临执法主体缺失的问题。

国家公园管理分局应建立社区共管委员会，包括国家公园基层利益相关方，即原住居民代表、企业代表、县镇村相关负责人等，定期或不定期与管理分局举办共管协调会议，协商当地各利益相关群体的需求、问题，共同制定解决方案，缓解保护与民生和发展之间的矛盾，积极争取当地社区与地方政府的支持和参与。社区共管委员会是促进形成在地各利益群体和谐、合作和共享利益的重要机制。②

（二）自然教育有待深化

目前，青海三个国家公园以生态体验、生态研学为主的特许经营仍待进一步发展，生态体验与自然教育融合发展有一定的局限，使公众对国家公园的认知度和参与度不高，对国家公园的感性体验仍有待提升，需要切实引导公众增强参与国家公园生态保护及建设管理的积极性、主动性。③ 同时，自然教育旨在主动认识、感知、联结、亲近自然，强调真实的体验，在自然中获得启发，而目前青海面向受众的自然教育模式仍以视频、图片、展览等形式为主，难以与自然保护地的森林、草地、湖泊、野生动植物等自然要素产生密切联结，以此获得感性认识，由此敬畏自然、尊重自然、顺应自然、保护自然，提升对国家公园的认同度和参与度，这使自然教育的效果评估较为困难。

---

① 吕志祥、赵天玮：《祁连山国家公园多元共治体系建构探析》，《西北民族大学学报》（哲学社会科学版）2021 年第 4 期，第 82~88 页。

② 《国家公园管理单位体制——国家公园管理机构的设置》，载苏杨、张海霞、何昉主编《中国国家公园体制建设报告（2021~2022）》，社会科学文献出版社，2022，第 71~104 页。

③ 田禾：《对国家公园落实全民公益性理念的思考——基于马克思主义生态观》，《国家林业和草原局管理干部学院学报》2023 年第 3 期，第 49~54 页。

在这种情形下，一是要加快对国家公园生态体验、生态研学等低碳产业的发展，在生态保护优先的前提下开展自然教育，使访客通过参与生态观察、野外探险、研学教育、解说服务等共创活动提升自然认知水平和情感价值，塑造自然价值观。二是在自然教育课程的策划与实施、自然教育课程设计及呈现方面需要有更高的标准。青海国家公园生态保护与自然教育应相互促进；国家公园自然教育设施配备和活动设计应注重互动性、趣味性、挑战性和文化性，以进一步促进游客参与自然教育共创，充分发挥国家公园的自然育人功能①。

（三）国家公园文化多样性需进一步挖掘

青海作为多民族地区，汉族、藏族、回族、撒拉族、土族、蒙古族在与高寒严酷的气候环境斗争的历史进程中日益形成了敬畏自然、与自然和谐共生等具有青海特色的传统生态文化，昆仑文化、草原文化、游牧文化等共同构成了珍惜自然、万物皆灵的地区文化，也成为维系生态平衡的密码。然而，目前青海三个国家公园的生态要素、物种多样性、生态系统格局等均有了较成熟的监测体系，在技术安排、监测手段方面都有较高的水平，但是对当地传统文化的发掘、利用及监测缺少长效机制，在深度挖掘国家公园精神文化内涵，强化国家公园文化品牌塑造，不断提升国家公园的吸引力、凝聚力和影响力方面仍有较大努力空间。目前国家文化公园的创建将有助于青海自然保护地文化发展机制优化、生态文化深度阐释、文化挖掘、文化实物保护、文创产品开发等方面。下一步可通过加强与专业的企业、机构沟通，建立行之有效的合作机制，为保护生态环境、传承地方文化做出更大的贡献。

① 姚昕雨、张茵：《大熊猫国家公园游客参与自然教育的价值共创机理》，《中国城市林业》2023年第4期，第102~108页。

三　未来发展趋势

（一）人与自然和谐共生有新进展

党的二十大将人与自然和谐共生作为中国式现代化的重要特征，强调人与自然是生命共同体，要求坚定不移走生产发展、生活富裕、生态良好的文明发展道路。[①] 习近平总书记在2023年全国生态环境保护大会上强调全面推进美丽中国建设，加快推进人与自然和谐共生的现代化。在人与自然和谐相处的目标下，青海国家公园建设的重点将从物种、种群、群落的保护以及生态系统的格局和功能的稳定与提升进一步转向对区域内“经济—社会—生态”复合系统的关注。这就意味着，人地关系将成为各方推进国家公园建设的工作方向。青海建设国家公园示范省，就要探索以人与自然和谐共生的现代化为认识论基础的国家公园建设路径。在这个宏大复杂的系统工程中，涉及从生态文明观念、生态文明制度到生态文明行为、生态文明技术等的创新和重大变革，也意味着青海将在这些方面开展实践，为促进人与自然和谐共生贡献力量，实现国家公园建设理论的飞跃和质变。在这个过程中，建立符合中国特色社会主义道路、青海特点的国家公园体制，结合我国社会主义国家的基本底色，以铸牢中华民族共同体意识为导向，在青海特有的生态文化背景下，在美丽中国建设的现实需要和中华民族伟大复兴的发展阶段等因素的共同作用下，进一步深化青海建设国家公园的体制机制，成为我国生态文明制度的重要组成部分。

（二）国家公园绿色发展有新境界

自然教育将会是国家公园最具代表性的生态产品之一，让公众在亲身体

① 周国文、张璐、胡丹：《国家公园保护式建设的环境伦理：人与自然和谐共生》，《北京林业大学学报》（社会科学版）2021年第2期，第66~71页。

验中更加直接、全面地了解我们赖以生存的美丽家园是国家公园建设的初衷之一。青海是我国重要的生态安全屏障，在生态环境保护、生物多样性保护等方面有着丰硕的成果，以此为基础，未来青海自然教育活动可充分依托青海多年来生态保护方面科研工作的支撑，打造个性化、特色化的研学产品和品牌。特许经营成为国家公园共建共享的重要方式，青海国家公园生态农牧业体验、中藏药采集、文化创意服务、碳汇交易等经营性活动有序开展，打造国际生态旅游目的地青海湖示范区与创建青海湖国家公园统筹发展，公众前往国家公园休闲的机会增多，国家公园公益性增强，国民对国家公园的幸福感和自豪感进一步提升。

（三）顶层设计进一步加强

未来我国将形成以《自然保护地法》为基本法律、《国家公园法》《自然保护区条例》《风景名胜区条例》等法律法规为支撑、地方性法规为补充的自然保护地法律法规体系，青海省国家公园建设和保护地体系的建设朝着法治化、规范化、有序化的方向推进，综合考虑到各方利益，规范并理顺各种法律关系。青海省三个国家公园均实现“一园一法”，青海国家公园内的各项活动将严格遵照国家法律法规进行管理，青海省各个国家公园规划全面出台实施，体制机制运行顺畅有序，自然保护地体系搭建完成，进入科学管理和保护阶段，各个自然保护区、自然公园明确保护功能和发展目标，自然保护地保护和发展有新局面。

昆仑山国家公园开始创建，青藏高原国家公园集群雏形显现，青藏高原重要自然生态系统、生物多样性集聚区和独特景观遗迹得到全面系统保护。青藏高原国家公园群建设让各个国家公园围绕生态系统完整性、生物多样性、文化意识与社会福祉等目标，协调生态保护、游憩教育、社区发展等多种活动之间的关系，开展自然资源保护与利用。

B.17
2023年青海碳达峰碳中和发展报告

毛江晖　郭　斌　张明霞*

摘　要：　碳达峰碳中和是广泛深刻的经济社会系统性变革以及能源生产和消费革命。青海碳达峰碳中和目标具有时间刚性，其阻力和动力均源于能源生产和消费。本报告对青海碳达峰碳中和推进情况以及政策驱动下碳排放趋势的变化情况进行研究，对青海响应中央政府“双碳”战略的宏观设计、降碳状态和排放趋势情况进行客观评价，衡量青海经济增长同碳排放量增长之间的关系，并从国家战略规划、政策制度体系、监督执法力度和社会共建行动等方面深入分析青海省开展“双碳”工作面临的形势任务，充分认识实现青海“双碳”目标的困难和短板。未来，青海应将碳排放相关影响因素作为挖掘碳减排潜力的主要工作方向，从供给端、消费端、固碳端协同发力，抑制干扰因素并激活支持因素，发挥青海生态系统固碳功能的潜力和优势，助力青海科学有序实现“双碳”目标。

关键词：　碳达峰　碳中和　生态固碳　青海省

碳达峰碳中和是一场广泛而深刻的经济社会系统性变革。青海作为水、风、光等清洁能源富集区，发展优势显著，生态系统固碳功能潜力巨大，应义不容辞地践行国家“双碳”目标。未来，科学有序地推进碳达峰碳中和，

* 毛江晖，青海省社会科学院生态环境研究所所长、副研究员，主要研究方向为自然保护地发展、环境规制、生态经济；郭斌，青海省社会科学院政法研究所助理研究员，主要研究方向为地方法治、生态治理；张明霞，青海省社会科学院生态文明研究所副研究员，主要研究方向为生态经济、森林生态系统及可持续经营。

对于赋能“四地”建设，拓展“一优两高”实践内涵，坚定不移地走生态优先、绿色低碳的高质量发展之路，将青海打造成全国乃至国际生态文明高地具有重大意义。

一　青海碳达峰碳中和推进情况

碳达峰碳中和的推进情况既要测定碳排放量，以掌握 CO_2 的总量规模变化，也要计算碳排放强度，以衡量青海经济增长同碳排放量增长之间的关系。

（一）碳排放量总体呈减少趋势

本报告基于《IPCC 2006 年国家温室气体清单指南 2019 修订版》中提供的方法，根据青海省三次产业特点以及数据的获取程度，测算基于能源消费量的碳排放量。第一，参考 IPCC 碳排放系数法，获得原煤、原油、汽油、柴油、天然气等主要能源的碳排放因子。第二，将《中国能源统计年鉴》能源资产负债表中记录的能源消费数据转换为标准煤消耗量，然后应用以标准煤为计量单位的碳排放因子系数。[①] 本报告选取 2016~2022 年《中国能源统计年鉴》中的青海省的能源平衡表数据测算出 2015~2022 年青海省三次产业的碳排放量，并预测 2023 年碳排放量（见表 1）。

表 1　2015~2023 年青海省碳排放量

单位：万吨，%

年份	碳排放量	增长率
2015	2123.41	—
2016	2072.63	-2.39
2017	1961.24	-5.37
2018	2148.44	9.54
2019	2156.00	0.35

① 注：通过发电和供热等过程产生的二次能源被排除在本研究的碳排放范围之外。

续表

年份	碳排放量	增长率
2020	2169. 96	0. 64
2021	2163. 74	-0. 28
2022	2042. 39	-5. 60
2023	2034. 12	-0. 40

注：2023 年数据是以青海省 2000~2022 年的经济增速、产业结构、能源强度数据为基础，通过 STIRPAT 模型得出的预测值。

2015~2020 年，青海省碳排放量呈现先降后升的发展趋势。青海省碳排放量从 2015 年的 2123. 41 万吨上升到 2020 年的 2169. 96 万吨，增长了 46. 55 万吨，增长率为 2. 19%，总体呈现缓慢上升趋势。但是，在 2015~2017 年，出现了下降趋势。2020 年碳排放量达到峰值，为 2169. 96 万吨，之后开始缓慢下降。

（二）碳排放强度呈下降趋势

通过碳排放量计算结果可以了解碳排放的整体走势和强度变化，但了解碳排放同经济发展的微妙关系以及对其的影响需要更深入分析。本报告采用碳排放强度指数来衡量这种动态关系，碳排放强度值越低，表明每万元 GDP 的碳排放量和能源消耗量越低，经济更环保。相反，数值越高意味着单位能源消耗和 GDP 的碳排放量越大。为了保持计算精度，消除价格变动的影响，以 1952 年为基年，将 GDP 数据调整为不变价格，同时考虑了三大产业的增加值。

表 2 列出了 2015~2022 年青海省及三次产业碳排放强度，该数据显示青海省碳排放强度持续下降，青海省碳排放强度从 2015 年 9. 46 吨/万元下降到 2022 年 6. 09 吨/万元，其间年均碳排放强度是 7. 56 吨/万元，年均下降 4. 40%。从三次产业角度看，研究期内青海省三次产业碳排放强度持续下降。第一产业碳排放强度从 2015 年 0. 96 吨/万元下降到 2022 年 0. 74 吨/万元，其间年均碳排放强度为 0. 88 吨/万元，年均下降 2. 62%；第二产业碳

排放强度也出现显著下降，从 2015 年 7.01 吨/万元下降到 2022 年 3.94 吨/万元，其间年平均碳排放强度为 5.63 吨/万元；第三产业碳排放强度从 2015 年的 1.49 吨/万元下降到 2022 年的 1.41 吨/万元，研究期内的碳排放强度年平均值为 1.45 吨/万元。

表 2　2015~2022 年青海省及三次产业碳排放强度

单位：吨/万元

年份	青海省	第一产业	第二产业	第三产业
2015	9.46	0.96	7.01	1.49
2016	8.58	0.89	6.35	1.34
2017	7.66	0.87	5.47	1.32
2018	7.95	1.04	5.48	1.43
2019	7.33	0.86	5.00	1.47
2020	6.84	0.77	4.60	1.47
2021	6.55	0.76	4.34	1.45
2022	6.09	0.74	3.94	1.41

资料来源：根据《中国统计年鉴》（2016~2022）、《青海统计年鉴》（2016~2022）及《IPCC 国家温室气体清单指南》有关数据计算得出。

二　青海省碳达峰碳中和态势分析

本报告从推动地方政府工作的逻辑，基于可持续发展、低碳经济、碳排放脱钩等基础理论，利用计量经济学和统计学方法，遵循科学性、层次性、代表性、数据可获性等原则，协同科研机构研究视角和社会组织视角，综合考虑经济发展与能源利用、碳排放及其他因素影响，在借鉴国际可持续发展指标体系、气候变化表现指数、全球环境绩效指数、低碳竞争力评价和国内应对气候变化统计指标体系、国家循环经济示范城市建设评价指标、绿色发展指标体系构建的基础上，构建省级碳达峰碳中和指数评价指标体系，并开展除西藏（缺少数据）之外的西部 11 个省级行政区评价。通过收集公开数据和信息，对各省份响应中央政府“双碳”战略的宏观设计、降碳状态和排放趋势情况进行客观评价。评价结果旨在反映各省份在碳达峰碳中和目标制定、能力建设等方面的意愿，展示各省份产业结构、能源消费、交通运输、碳汇能力等影响“双碳”目标实现的状态，以及政策驱动下碳排放趋势的变化情况，为青海省开展“双碳”工作提供参考依据（见表3）。

表3　2015~2022年西部各省份碳达峰碳中和指数

全国排序	西部排序	省份	双碳综合指数	宏观设计指数	降碳状态指数	排放趋势指数
4	1	四川	57.31	30.00	71.00	84.70
8	2	重庆	53.80	35.70	70.50	56.80
13	3	云南	50.40	32.10	67.40	53.20
14	4	青海	50.20	41.40	55.90	56.30
19	5	陕西	44.00	37.00	61.70	22.70
20	6	贵州	43.75	33.50	54.70	42.30
23	7	甘肃	40.20	27.00	53.70	39.70
24	8	广西	40.00	24.80	64.80	20.90
28	9	新疆	26.40	22.80	33.90	18.70
29	10	内蒙古	24.30	25.50	34.30	1.70
30	11	宁夏	10.90	15.10	11.90	0.50

（一）宏观设计指数

宏观设计指数主要考查碳达峰目标任务分解、碳中和远景目标规划、碳减排试点建设、碳排放统计核算数据披露和节能减排投入占比等指标。青海的该项指数为41.40，居西部首位。其中，碳排放统计核算数据披露项目由于受限于执行国家发展改革委、国家统计局、生态环境部印发的《关于加快建立统一规范的碳排放统计核算体系实施方案》面临的困难，该项目指数低于西部平均值0.02。但是，青海省政府相继印发《青海省碳达峰实施方案》《青海省能源领域碳达峰实施方案》《青海省城乡建设领域碳达峰实施方案》《青海省工业领域碳达峰实施方案》，在总体部署下的统筹推进、生态优先转型提质、政策引领市场主导等方面高效作用，弥补了上述微小差距。

（二）降碳状态指数

降碳状态指数主要考查人均碳排放量、单位 GDP 碳排放量、高耗能产业占比、公路货运周转量占比、人均新能源车辆拥有量、单位 GDP 能耗强度、非化石能源消费占比、年平均风功率密度、水平面年总太阳辐照量、活立木总蓄积量等指标。青海的该项指数为 55. 90，位列第 6。该项指数主要受限于人均新能源车辆拥有量、单位 GDP 能耗强度、非化石能源消费占比、活立木总蓄积量等 4 项指标，表明青海省仍需在新能源汽车发展、提高产业结构的绿色化水平和加强水源涵养扩大绿化面积等方面努力。

（三）排放趋势指数

排放趋势指数主要考查碳排放趋势检验、碳排放脱钩指数、碳排放量变化率 3 项指标。青海的该项指数为 56. 30，位列第 3。该项指数主要受制于碳排放脱钩。碳排放脱钩概念代表了一个理想化过程，指经济增长与温室气体排放之间的联系减弱或完全消失。在这种情况下，经济增长是在能源消耗逐步减少的同时实现的。研究表明，青海省第二产业在供给侧结构性改革中在淘汰落后生产方式、降低能源消耗方面取得了实质性进展，有效地减少了碳排放，同时促进了经济发展。但与此同时，第一、第三产业脱钩指数分别为 0. 156 和 0. 455，属于弱脱钩状态，第一、第二产业能源碳排放的生产总值弹性较大，表明青海省仍需大力发展绿色低碳产业，积极推进绿色低碳消费，加力提升固碳能力，加大“双碳”科技创新。

三　国家碳达峰碳中和发展政策的新指向

2022 年以来，国家战略规划、政策制度体系、监督执法力度和社会共建行动等方面出现了一些新指向，为青海省克服困难、弥补短板提供了“风向标”。

（一）国家战略规划

2023 年 2 月，中共中央、国务院发布《质量强国建设纲要》，优先推进重点行业和产品资源效率提升，文件强调推进低碳、零碳、负碳相关核心技术研究的紧迫性，以期促进高耗能行业向低碳转型。全面推进绿色设计、绿色制造、绿色施工是这一战略的核心。完善绿色产品统一标准、加强认证和标签体系、促进健康绿色供应链发展。优化技术标准，支持资源循环利用，促进资源绿色高效再利用，建立健全碳达峰和碳中和测量体系，推广国际公认的碳测量标准，同时建立监测碳排放和环境影响评估机制，健全国土空间生态修复标准化体系。引入绿色产品消费促进制度，鼓励可持续和生态友好的消费产品选择。建设高质量国家被视为发展国家经济、提升国际地位的关键一步。从本质上说，它是满足人民提高生活质量愿望的一种可行方式。

（二）政策制度体系

2023 年 4 月，国家标准化管理委员会、国家发展改革委等 11 个部门联合发布《碳达峰碳中和标准体系建设指南》，具有里程碑意义。该文件强调以普遍适用的标准为中心，解决与碳减排、碳清除和不断发展的碳市场相关的关键问题，建立碳峰值和碳中和的基础标准框架。截至 2025 年要制定和修订不少于 1000 项国家和行业标准，尽快与国际标准接轨，将碳核算稽查标准覆盖到整个行业。对重点行业和产品的能源消耗和效率评估实施国际化标准，积极参与至少 30 项与绿色低碳实践相关的国际标准，促进绿色低碳国际标准化水平的跨越性提升。

2023 年 6 月，国家发展和改革委员会公布了对《固定资产投资项目节能审查办法》的重大修改，此更新包含多个重要方面。一是突出节能审查的总体方向，包括加强对能源消耗总量及其强度的测量，以及对化石燃料、可再生能源、原材料和碳排放等各个部门的能源消耗进行监管。二是完善管理体系。在强化管理责任、加强部门间协调、缩小现有差距的同时，引入了补充审查受理、期满重新评估、分阶段节能评估、简化数据调度等规定，细化节能报告内容，严格节能审核要求，明确跨省项目的审查方法，确保审查过程统一。三是持续推动“放管服”改革。指导节能审查机构制定并发布服务指南，包括申请材料、受理程序、审查标准、处理步骤和时限，为项目建设单位提供全面指导和服务，提高工作效率和透明度。日常监督检查坚持“双随机、一公开”的原则。四是强调审查后监督。加强对节能审查结果执行情况和节能任务执行情况的监督。对未经批准开工建设、未进行强制节能评估、提供误导性信息等行为给予行政处罚。对存在严重违法行为的单位，将按照有关法律规定，采取联合惩戒措施。

2023 年 8 月，国家发展改革委同有关部门出台《绿色低碳先进技术示范工程实施方案》。该文件要求到 2025 年实施多个示范项目，致力于创造一个先进的绿色低碳技术得到有效展示并易于实施的环境，在这个过程中，关于绿色低碳技术推广的政策标准会更健全，商业模式会更成熟，监管机制也更合理与先进，推动重点领域降碳工作的稳定开展。到 2030 年，在绿色低碳先进技术示范工程的推动下，相关技术研发基本成熟，相关政策、商业模式和监管机制将变得更全面，从而使绿色低碳技术和产业能够在全球舞台上有效竞争，碳中和这一行动将会取得阶段性成绩。

（三）监督执法力度

2023 年 2 月，最高人民法院发布《最高人民法院关于完整准确全面贯彻新发展理念　为积极稳妥推进碳达峰碳中和提供司法服务的意见》，该文件强调，要深入、准确、全面贯彻落实新发展理念，这与中共中央、国务院《关于完整准确全面贯彻新发展理念做好碳达峰碳中和工作的意见》确定的总体目标相一致，即以国家协调、节约、双循环、风险缓释为原则，充分发挥司法职能作用，积极稳妥推进碳达峰和碳中和。

（四）社会共建行动

2023 年 6 月，生态环境部等五部门共同发布《生态环境公民十大行为准则》，随着我国生态文明建设不断深入，该准则的修订，标志着该准则在更加务实、广泛适用方面迈出了重要一步，接下来要推动全社会向着绿色低碳的生产方式和生活方式目标迈进，利用民众的集体力量，打造美丽中国。

四　科学有序地推进青海碳达峰碳中和的政策建议

未来，为科学有序实现“双碳”目标，青海应将碳排放相关影响因素作为挖掘碳减排潜力的主要工作方向，采取有效措施，抑制干扰因素并激活支持因素，从供给端、消费端、固碳端协同发力，助力科学有序实现“双碳”目标。

（一）科学构建新型能源利用体系

一是加快化石能源消费替代和转型升级，逐步降低煤油气在能源结构中的占比。统筹电力供应安全保障，对其规模进行明智控制。新建机组的煤耗必须达到国内先进标准。煤电落后产能的退出应是一个结构合理、渐进的过程。加速节能升级和增强现有装置的灵活性是关键步骤。此外，提升煤电作为系统中基本、可靠电源的作用也至关重要。保持石油消费处于合理区间，有序引导天然气消费，合理优化利用结构，优先保障民生用气，推动气电与新能源融合发展。二是依托资源优势，统筹兼顾内需和外送，形成以千万千瓦级清洁能源基础设施为基础，向省内城市和周边地区延伸的清洁能源发展格局。充分利用高原太阳能资源、土地资源富集优势，持续推进新能源发电规模化、集约化发展，积极打造光伏发电和风电基地、技术发展高地。统筹水电开发和生态保护，科学有序地组织黄河上游水能资源开发，稳步开展黄河上游已建水电站扩机改造，提高水电站运行效率。坚持集中式与分布式并举，积极推进整县（市、区）屋顶分布式光伏开发试点，发展分散式风电，扩大分布式清洁能源就地开发、就地消纳。三是加快推进特高压外送通道建设，积极扩大绿色电力跨省跨区外送规模，支撑清洁能源基地建设，实现青海清洁能源在全国范围内优化配置。电网应不断提高灵活开放的接入、控制和抗干扰能力，有效满足分布式电源、储能解决方案、电动汽车充电基础设施和电加热系统的多样化需求。打造清洁低碳的新型城农网配电系统。四是积极推动水储能、电化学储能、压缩空气、太阳能光热发电等储能技术示范，形成多种技术路线叠加多重应用场景的储能多元发展格局。按照国家新一轮抽水蓄能中长期规划，积极推动抽水蓄能电站建设。开展太阳能热发电参与系统调峰的联调运行示范，提高电力系统安全稳定水平。利用燃气发电厂的优势，特别是在深度紧急峰值负载管理和快速启动和关闭方面的优势，使天然气供应能力与电力系统发展需求保持一致，燃气电站规模和部署应因地制宜合理确定。

（二）大力发展循环经济助力碳减排

一是发挥全省清洁能源优势，完善“装备制造—清洁能源生产—绿电输送—消纳”循环产业链条，提高清洁能源就地消纳比重。推进深加工产业与新能源融合发展，鼓励盐湖等资源开发企业优先使用光伏、风能等清洁能源，提升盐湖产业绿色发展水平。鼓励电解铝、钢铁、铁合金等行业提高清洁用能占比，加大应用和推广新技术、新工艺、新装备力度，完成绿色化改造，提升能源利用效率，推动传统产业高端化、智能化、绿色化发展，降低产业碳排放，形成以新能源为驱动的多元循环经济体系。二是建设和引进关键项目，延伸产业链，促进产业共生和企业内部循环生产。实现项目、企业和行业之间的闭路物料流，最大限度地利用资源，优化煤化工、特色生物资源开发利用等循环经济产业链，切实提高资源产出率。推动园区重点企业清洁生产，促进原料和废弃物源头减量，推进产业废弃物回收及资源化利用。实施节能降碳改造，推进能源梯级利用和余热余压回收利用。开展绿色电力交易，提高园区绿电供能占比，持续推进更多增量电网建设，降低生产碳排放。加强水资源高效利用、循环利用，加快园区废水资源化和处理设施建设，推进实施污水集中处置系统，推动中水回用，提高水资源循环利用效率。三是引导区域资源整体开发、产业协同联动发展，促进资源、产品的综合开发、循环利用和产业融合，打造循环产业链，注重资源综合开发、深加工、副产品循环利用，形成盐湖化工、油气化工、新材料、新能源等各产业间纵向延伸、横向融合，资源、产品多层联动发展循环型产业新格局。把循环发展作为生产方式绿色化的基本途径，加强生产过程中副产物在生活系统中的循环利用，生活系统中产生的各类废弃物用于生产过程，推动实现生产、生活、流通、消费各环节融合发展。充分发挥市场的决定性作用，推动物质流、资金流、产品链之间流通互补，实现各类资源集约高效利用。

（三）高效建设现代绿色低碳工业体系

一是加快传统产业绿色转型升级，有色、冶金、能源、化工等传统产业要经历现代化、绿色化的过程，重点发展新能源新材料、生物医药、生态经济、数字经济等新兴产业。严格落实重点领域能耗管控要求，有序推进重点行业结构调整，加快存量产能技术改造，倒逼低效产能有序退出，加强新建项目能耗准入管理，整体提升绿色低碳发展水平。深入实施绿色制造工程，建设绿色工厂和绿色工业园区，鼓励工业企业开发绿色产品，创建工业产品绿色设计示范企业，打造绿色制造工艺、推行绿色包装、开展绿色运输、做好废弃产品回收利用，构建完整贯通的绿色供应链，全面提升绿色发展基础能力。二是依托青海省有色金属资源禀赋，优化产业供能结构，推进有色金属深加工及衍生高性能新产品深度开发。提高加工过程硫平衡能力，推进有色、冶金产业与盐湖化工、氟化工融合发展，实现副产硫酸的高值化利用。升级改造电解铝工艺，提升青海省电解铝及铝锭、铝板带箔等领域的清洁生产水平。推动钛、钠等金属资源深加工，拓宽产业链条推动产业低碳发展。加快有色金属再生产业发展，完善废弃有色金属资源回收、分选和加工网络。三是围绕建材产业绿色高端化、高质化、高新化发展，开展行业绿色化改造升级、新型材料研发和废弃资源回收利用。通过节能技术设备推广、能源管理体系建设、产能整合及技术改造，降低能耗水平，加快低效产能退出。严格落实新增水泥、玻璃项目产能置换要求，引导建材行业向轻型化、集约化、制品化转型。大力发展太阳能光伏玻璃、光热反射超白玻璃，推动特种玻璃在省内建筑、光伏制造等领域的使用。推动水泥错峰生产常态化，合理缩短水泥熟料装置运转时间。推广发展高分子材料、复合材料、环境友好型涂料、防水和密封材料等新型化学建材。四是充分考虑产业布局和能源基础设施建设的长周期性、能源消费的季节性，按照先强度、后总量，预期指标与约束指标相结合的方针，将能源消费“双控”与碳排放“双控”无缝衔接，推行清洁能源，减少对原材料的依赖，不应再纳入能源消费总量控制政策。引导企业就地就近消费新能源，促进产业结构调整、节能技术的广泛应用和节能管理实践，促进从能源消费“双控”向碳排放总量和强度“双控”的快速转变。

（四）加快实施农牧业减排增汇

一是重点围绕农药化肥减量增效、绿色降碳技术推广、农业废弃物再利用、土壤质量治理，开展农牧业降碳增汇。围绕“一控两减”目标任务，实施化肥减量增效、农药减量控害。加强宣传引导，改变农民施肥观念，引导农民自觉采用科学施肥技术。为了支持农业实践，物联网、云计算和大数据等现代技术通过移动互联网平台集成，推动整个农业产业链发展。实施农作物秸秆综合利用，因地制宜推广农作物秸秆肥料化、饲料化、基料化、原料化、燃料化等利用方式。实施农田残膜回收行动，完善废旧地膜和农、兽药包装废弃物等回收处理制度。实施畜禽粪污、秸秆等资源化利用工程，提高农牧业废弃物资源化利用效率。开展盐渍化耕地治理及耕地土壤质量提升试点，提升土壤固碳能力。引进符合青海特色具有碳汇潜力的新品种进行培育，筛选出适合推广种植的高生态价值作物。二是实施乡村能源革命，完善农牧区能源基础设施，推进农牧地区用能清洁化、低碳化转型，加快形成绿色生产生活方式，积极推进低碳示范美丽乡村试点建设。大力推广农牧地区分布式光伏发电应用。重点实施农村电网升级工程，提升农牧地区供电质量。因地制宜，在具备条件的农牧区积极推进燃气下乡，实现燃气到户。有序实施“煤改电”“煤改气”等项目，引导农牧民取暖与炊事用能清洁化、低碳化，积极探索地热、工业余热进行供暖。推广集保温隔热等多功能于一体的新型绿色建筑材料，引导农牧民建设节能型住房。开展“乡村节能行动”，推动高效生产机械、节能家电器材入户到家，提升农牧民用能效率。

（五）科学推进服务业绿色降碳

一是加快推进以绿色低碳旅游交通为突破口、以公共交通为主体的绿色低碳交通体系建设。在条件适宜的自然保护地构建生态廊道，提升道路生态功能和景观品质。推动旅游服务基础设施低碳化升级，在旅游景区建设生态停车场、充电桩、新能源汽车营地。积极推广电瓶车、混合动力车等交通工具在景区内应用。加强智能交通平台建设，大力推进巡游、网约车融合发展，持续降低出租车道路空驶率。积极建设城际充电网络和高速公路服务区快充站配套设施，推动加氢站建设使用。探索交通运输工具清洁能源替代技术，强化新能源和清洁能源汽车推广应用。二是促进批发零售、住宿餐饮绿色低碳发展，引导批发零售企业参与低碳节能活动，支持住宿、餐饮老店开展低碳化节能改造，鼓励新店建设应用低碳节能技术，提高太阳能、风能等清洁能源的使用比例。完善绿色采购制度，增加绿色产品和服务供给。鼓励餐饮行业推行清洁生产工艺，推广绿色食材、绿色餐具，减少一次性用品使用。建立低碳消费常态化宣传机制，倡导绿色消费理念。三是支持物流企业构建数字化运营平台，推进智慧物流发展，提升货运集约化水平，优化仓储布局，减少运输频次及运输过程碳排放。推广清洁能源车、新能源车等绿色低碳运输工具，落实新能源货车差别化通行管理政策。以绿色物流为突破口，带动上下游企业发展绿色供应链，使用绿色包材，减少过度包装和二次包装，实施货物包装减量化。探索建设“零碳物流”产业示范园区，加大推进高比例清洁电力建设力度，为园区物流企业创造全清洁电力使用环境。

（六）全力促进生态系统碳汇

一是以重大生态系统保护和修复工程为抓手，全面提升全省草地、森林、湿地生态系统碳汇功能。严格落实划区轮牧、禁牧休牧、草畜平衡制度，加强草原生态系统保护和治理。推进国土绿化，重点扩大河湟谷地、三江源、祁连山地区森林资源总量。建立以碳汇功能为核心的分级分类体系和动态评估机制，摸底全省现有草地资源质量。实施高寒草甸保护修复，巩固草地生态系统固碳功能。开展湿地保护和修复工作，实现保护生物多样性和提升碳汇功能协同增效。建立湿地分级体系，规范湿地用途，推进湿地自然保护区、湿地公园建设，形成全省湿地保护网络。加强全省历史遗留废弃矿山治理，形成适用于高寒生态系统的矿山生态修复样板。二是建立健全青海省碳汇动态监测系统，加快开展草原、土壤、湿地、冰川、冻土等固碳增汇计量监测方法学和实施途径研究，筑牢碳汇精准核算的数据基础。开展土地利用、土地利用变化与林业生态系统碳汇监测计量体系本地化工作，建立符合青海省情、获得国家认可的生态碳汇核算理论、技术、方法、标准体系。鼓励社会资本参与生态保护修复，培育省内生态碳汇产业，打造生态碳汇市场化运营的新模式。三是协调推进黄河青海流域生态环境保护、水资源水安全管理、黄河文化保护传承弘扬、高质量发展，完善生态补偿、要素保障、金融支持、用能管理等政策保障体系，着力构建“两屏护水、三区联治、一群驱动、一廊融通”的黄河青海流域生态保护和高质量发展格局。实施黄河两岸规模绿化连片提升工程，推进黄河青海流域自然保护区整合优化，加强生物多样性保护，制定生态断裂点修复、野生动植物管护、栖息地建设，全面提升水源涵养能力，着力打造沿黄绿色生态屏障。

（七）稳定发挥草地碳库作用

一是树立“草地碳库”科学理念，建立科学合理的草地碳库管理方法。加快落实草原生态补偿政策，恢复草原，建设人工饲料基地，启动轮牧、禁牧、休牧等计划。鼓励农民和牧民明智地利用草原资源，同时减少超载和过度放牧，实现植被和牲畜之间的平衡，保持草原生态系统的长期稳定。健全草原监管体系，强调依法管理、科学管理，严厉打击非法开垦，确保草原资源可持续发展。二是优化草原生态修复。在实施退化草原生态修复和建立人工草原时，必须考虑本土物种和引进物种之间的关系，以免影响生态平衡。在农牧业交错地区，建设高产人工草地要与改善天然草地相协调，最大限度地减少土壤扰动，同时有效增强生态系统的固碳和减排能力。优化牲畜品种、调整畜群结构、提高载畜量，发展“低碳绿色草原畜牧业”，减少温室气体排放，增强草原碳汇能力。努力实现草原和畜牧业之间的平衡，通过采取适度放牧或割草等措施，探索草地农业系统分区模式，加强牧场合理利用和管理，提高优质牧草种植和畜产品质量，同时减少单位畜牧产品的碳排放。三是创新草原碳交易。结合我国草原多样化特点，探索碳汇交易机制发展创新模式，采取分阶段推进方式，先在草地资源丰富地区试点草地碳汇交易，逐步引入全面碳汇核算方法和标准化管理实践。然后将其应用到交易市场中，进行强制减排和自愿碳交易，鼓励有减排义务的企业，将其减排总量的一部分用于收购生态修复过程中建立的碳汇。通过打造草原碳汇产品，运用市场机制，构建草原碳汇交易补偿生态系统，积极参与国内外碳汇交易，建立相关碳汇交易机构和市场化信息平台，促进碳汇交易健康发展。

（八）稳步提升湿地的碳汇能力

稳步提高青海湿地碳汇能力，必须多管齐下。第一，在发挥湿地、水利、林业、环保等部门技术优势的同时，邀请碳汇测量和监测专家参与合作，全面开展碳汇资源调查和测算，重点关注省内湖泊、沼泽湿地资源，最大限度地利用现有湿地碳汇资源，为推动青海省湿地碳汇交易提供精准的科学数据和理论支撑。第二，国家林业和草原局气候办公室的积极参与至关重要。针对青海省生态文明建设和沼泽湖泊湿地保护的现状，抓住机遇开展试点，项目要立足省内独特的湿地条件，体现改革精神和创新思维，加快将沼泽、湖泊、湿地纳入林草碳汇计量监测体系试点。青海可以率先垂范，为湿地碳汇发展提供必要的技术支撑。第三，通过湿地保护、退耕还湖、退耕还湿等措施恢复水文机制，增强湿地水体对碳元素的吸收和转化，促进湿地生态系统内碳循环的积极进展。通过受控干预实现最佳水位可促进植物光合作用和随后的碳固存，减少了湿地厌氧区的土壤呼吸和甲烷排放，从而增加碳封存和碳汇，在这个过程中，需要精心选择具有高固碳能力的湿地植被，调控外源营养输入也可在一定程度上提升碳汇能力。

（九）全面推进绿色低碳全民行动

一是发挥各种媒体的宣传能力，向社会各界传播节能减碳知识和低碳实践。鼓励公民养成节能、节约、环保的生活方式，强调节约，反对食物浪费，减少使用购物袋，重复利用物资，杜绝过度包装，从个人行为和消费习惯入手，在全体公民中培养节约资源和保护生态的良好风气。启动低碳绿色出行方案，选择步行、骑行和乘公交出行。创建涵盖面极宽的节能降碳社区平台，将社区、宣传栏和黑板报作为宣传载体，介绍、宣传常见易做到的节能环保知识。二是建议在用电高峰时段尽量减少使用空调，确保空调运行时紧闭门窗。日常工作优先使用自然光，养成关掉无人使用会议室灯的习惯。各级政府机关应选用再生纸、铅笔等节能环保办公用品。养成消除待机能耗的行为，推广节能插座等创新技术，减少能源浪费。整理全国节能最佳实践和创新理念，向全省各级政府机构推荐最有效的产品。设计高层建筑电梯时，必须考虑分段运行设计或隔层停开情况，排除上下两层使用电梯机会，要避免不必要地使用电梯。要坚定不移地落实节约型机构建设目标，精心组织节能活动。参与全国范围内的反对食物浪费和资源浪费的行动。创造知识竞赛、征文比赛、专题讲座等形式的信息分享机会，宣传节能环保意识。利用官方门户网站及时公开单位能耗和效率数据，采用排名制度，便于社会全面监测和监督。三是开展青年文明保护示范行动计划和青年环保热心行动。这些项目旨在通过各种活动，从节约水、纸张、食品和电力等简单行动开始，教育和吸引年轻人参与节能和环境保护，在年轻人中培养资源节约文化。动员更多志愿者参加节能降碳社区活动，广泛宣传除碳降碳知识和技能。积极组织绿色校园节能服务活动，指导学生学会从小事做起，从身边的事做起，争当节能除碳降碳的卫士和先行者。运用情感化、艺术化、时尚化的方式，加大宣传力度。利用互联网、手机、动漫、短视频、移动平台等多种手段和媒体，加强节能减碳意识的传播。

参考文献

王杰、李治国、谷继建：《金砖国家碳排放与经济增长脱钩弹性及驱动因素——基于 Tapio 脱钩和 LMDI 模型的分析》，《世界地理研究》2021 年第 3 期。

宁论辰、郑雯、曾良恩：《2007—2016 年中国省域碳排放效率评价及影响因素分析——基于超效率 SBM-Tobit 模型的两阶段分析》，《北京大学学报》（自然科学版）2021 年第 1 期。

严雅雪、李琼琼、李小平：《中国城市雾霾库兹涅茨曲线的区域异质性研究》，《统计与决策》2021 年第 2 期。

胡剑波、闫烁、韩君：《中国产业部门隐含碳排放效率研究——基于三阶段 DEA 模型与非竞争型 I-O 模型的实证分析》，《统计研究》2021 年第 6 期。

赵志耘、李芳：《碳中和技术经济学的理论与实践研究》，《中国软科学》2021 年第 9 期。

张翱祥、邓荣荣：《中部六省碳排放效率与产业结构优化的耦合协调度及影响因素分析》，《生态经济》2021 年第 3 期。

特 色 篇

B.18

2023~2024年现代化新青海建设发展报告

青海省社会科学院课题组*

摘 要： 青海省第十四次党代会提出建设“六个现代化”新青海的奋斗目标，这是新时代新征程青海发展的新愿景。2023年是“六个现代化”新青海建设目标提出后的第一年，现代化新青海建设呈平稳开局、发展良好的态势，在六个方面分别取得了明显进展。同时，也面临的一些突出问题。面对新的战略形势和战略任务，2024年青海省将牢固树立绿色低碳理念，推动产业转型升级；加力打造生态文明高地，实现人与自然和谐共处；持续推进科技创新，不断提升开放发展水平；倾力保障和改善民生，持续有效增进群众福祉；扎实推进乡村振兴，使农村基本具备现代生活条件；不断创新方式方法，推动文明和谐社会建设走在前列；坚持多措并举，把党和政府建设得更加坚强有力。

* 课题组成员：孙发平，青海省社会科学院研究员、教授、博士生导师，主要研究方向为区域经济；崔耀鹏，青海省社会科学院中国特色社会主义理论体系研究中心助理研究员，主要研究方向为党史党建；董华朋，青海省社会科学院中国特色社会主义理论体系研究中心助理研究员，主要研究方向为党史党建；任妍妍，青海省社会科学院中国特色社会主义理论体系研究中心助理研究员，主要研究方向为区域经济、民营经济；杨春月，青海省社会科学院经济研究所研究实习员，主要研究方向为资源利用与区域发展。

关键词： 高质量发展　现代化　青海省

党的二十大报告作出了以中国式现代化全面推进中华民族伟大复兴的战略决策。2022 年 5 月，青海省第十四次党代会按照习近平总书记提出的奋力谱写全面建设社会主义现代化国家青海篇章的总目标和总要求，提出了建设“六个现代化”新青海的奋斗日标。2023 年 7 月，青海省十四届四次全会进一步指出，当前青海正处在一个十分重要而关键的发展时期，我国社会主要矛盾变化在青海表现得尤为突出，发展底子薄、发展不足仍是阶段性特征。因此，要担当实干、建功立业，把习近平总书记对青海工作的重大要求扎扎实实落到实处，投身现代化新青海建设的主战场，交出无愧于人民和时代的优异答卷。

一　2023年现代化新青海建设的总体态势

青海省第十四次党代会提出了今后五年要加快建设“六个现代化”新青海的奋斗目标，即加快建设绿色发展、生态友好、创新开放、文明和谐、人民幸福、政治清明的现代化新青海。目前，“六个现代化”新青海建设开局平稳，总体发展态势良好，在以下六个方面取得明显进展。

（一）绿色发展的现代化新青海建设疾蹄步稳

1. 经济持续恢复

2023 年初，随着疫情防控平稳转段和生产生活恢复，全省经济开局运行良好。前三季度地区生产总值达到 2695. 7 亿元，同比增长 5. 6%，增速超出全国 0. 4 个百分点，呈总体平稳增长的态势。从消费市场来看，前三季度社会零售品消费总额达到 728. 8 亿元，增速相较于第一、二季度的 3. 6%、12. 8%分别提高了 9. 5 个百分点、0. 3 个百分点，较增速 6. 8%的全国平均水平高出 6. 3 个百分点。从进出口水平来看，前三季度进出口总额达 34. 5

亿元，增速为 19.7%，高于全国平均水平 19.9 个百分点。其中，出口 19.6 亿元，增长 13.5%；进口 14.9 亿元，增长 29%。

2. 产业结构持续优化升级

一方面，全省三次产业结构更趋优化合理。2023 年前三季度第三产业增加值同比增长 6.2%，对经济增长贡献率达 50.48%，经济协调发展的新动力和活力明显增强。另一方面，工业产业结构逐步优化，工业产业逐步向绿色循环低碳方向转变，高耗能行业占比明显下降。2023 年前三季度工业增加值同比增长 5.2%，高技术制造业增加值占工业增加值比重为 17.9%，高技术制造业支撑显著，逐渐形成了生态保护引领、资源高效利用、产业相互融合的循环型工业体系。

3. “四地”建设步伐加快

全省绿色低碳转型步伐加快，盐湖产业重点项目稳步实施，2022 年钾肥产量 850 万吨，实现增产 100 万吨目标。清洁能源装机占比达 91.2%，建成海南州、海西州两个千万千瓦级可再生能源基地。A 级旅游景区达 160 个，“大美青海”品牌形象更加彰显。建成全国面积最大的绿色有机畜牧业生产基地。制定碳达峰行动方案，构建“1+16+23”政策体系，零碳产业园加快建设，天合光能、阿特斯等全产业链项目落地。实施减排工程，完成国家下达的主要污染物减排任务，绿色产业体系加快构建，服务高质量发展的能力持续提升。

（二）生态友好的现代化新青海建设加紧推进

1. “中华水塔”更加坚固丰沛

江河源头水源涵养能力不断提升。2023 年 9 月，长江流域、澜沧江流域、黑河流域、青海湖流域监测断面水质均达到或好于Ⅱ类，水质状况为优。黄河干流、黄河上游支流及柴达木内陆河监测断面水质均达到或好于Ⅲ类，水质状况优良。全省 50 个在用县级及以上城市（镇）集中式生活饮用水水源地、27 个国家地下水环境质量监测考核点位水质状况均基本保持稳定。

2. 国家公园建设走在前列

在正式设立三江源国家公园、稳步推进祁连山国家公园设园的基础上，初步划定青海湖国家公园拟建范围面积为 1.16 万平方公里，青海湖国家公园创建任务基本完成，昆仑山国家公园前期工作扎实推进，这一系列提气亮眼的成就，标志着青海打造青藏高原国家公园群迈出了实质性步伐。苏吉湾、阿木赫、措日更、红军沟等 4 个国家草原自然公园试点全面展开。在全国率先完成自然保护地优化整合，109 处各类自然保护地整合优化至 79 处。以国家公园为主体的自然保护地体系初步形成。

3. 生态安全屏障持续筑牢

积极推进山水林田湖草沙冰一体化保护和系统治理，共和盆地沙漠化防治、河湟地区水土流失综合治理等重点项目扎实推进。森林覆盖率增加到 7.5%，草原综合植被盖度增加到 57.9%，湿地面积稳居全国首位。青海湖流域生态环境改善尤为明显，截至 2023 年 10 月，青海湖水体面积达 4546.99 平方公里，水位达 3196.72 米，水质优良率达 100%。青海湖草地综合植被盖度达 60%，裸鲤资源蕴藏量达 11.41 万吨，鸟类种数达 288 种，栖息水鸟数量达 60.6 万只，普氏原羚数量达 3400 余只，高原独有的“草—河—湖—鱼—鸟”共生生态链趋于平衡。

4. 综合治理成效巩固提升

2023 年共争取中央生态环境资金 32 亿元，助力解决突出生态环境问题。前三季度，全省环境空气质量优良天数占比为 95.7%，在全国保持较高水平。西宁市“无废城市”试点创建典型模式在全国推广。截至 2023 年 10 月，玉树州、果洛州、祁连县、泽库县、西宁市城西区、乌兰县被命名为国家生态文明建设示范区，海东市平安区、玉树市、同德县、乌兰县茶卡镇入选全国“绿水青山就是金山银山”实践创新基地。

（三）创新开放的现代化新青海建设纵深推进

1. 创新驱动效能取得新进步

人才队伍建设不断加强。2022 年青海省研究与试验发展（R&D）人员同比增长3.7%。实施提高高校、科研院所科研人员科技成果转移转化收益和加大国有企业科技成果转化激励分配力度等举措，不断完善人才发展体制机制。创新发展动力更加强劲，2022年青海省R&D经费投入再创新高，达到28.84亿元，专利授权量为5276件，每万人口发明专利拥有量4.29件，全省有效注册商标11028件，为现代化新青海建设提供有力科技支撑。《中国区域科技创新评价报告》显示，2022年青海省综合区域创新能力排名全国第21名，较上年提升6名，科技创新水平不断提升，科技创新环境不断优化。

2. 对外开放平台和通道有效拓展

深刻认识"一带一路"、"兰西"城市群、黄河流域生态保护与高质量发展等建设的重要意义，把握点面结合、以点带面的方法论，主动融入、统筹做好国家重大区域战略的布局推进，积极推动与周边地区合作互动。强化基础设施互联互通。2023年兰新高铁兰州至西宁段将正式恢复运行，并实现时速250公里高标运营，以兰新客运专线为依托，加快西宁至成都铁路建设，实现兰州至西宁城市群高效连接；开展与新疆、西藏地区在生态环境保护建设、能源资源开发转化方面的合作交流；推进交界地区在绿色发展和文化、教育、旅游、交通以及自然保护地管理等多领域交流合作。积极开展国际经贸合作。2023年上半年，对共建"一带一路"国家进出口总值8.6亿元，增长14.9%，比全国高出5.1个百分点。同期，对RCEP成员国进出口总值9.3亿元，增长38%，占全省进出口总值的35.9%，较上年同期提升5个百分点。

（四）文明和谐的现代化新青海建设稳健前行

1. 全面依法治省持续推进

坚持科学立法，健全司法权力运行机制，确保司法机关依法独立公正行使审判权、检察权，司法公信力不断提高，司法担当不断彰显。印发《青海省2023年法治政府建设工作要点的通知》，推动法治政府建设稳步前行，为加快建设现代化新青海提供优质法治服务、良好法治环境。出台《深化

“法律九进”助推平安青海法治青海建设实施方案》，深入推进“法律九进”活动规范化、精准化、常态化，着力助推平安青海和法治青海建设见行见效。

2. 社会治理效能明显提升

优化平安青海建设“十个一”工作考核评价体系，出台《关于建立社会治理综合服务中心的指导意见（试行）》，注重对综治、矛盾纠纷调解、信访接待、公共法律服务、诉讼服务的“五大中心”资源整合。截至2023年9月，市县乡三级社会治理综合服务中心全部实体化运行，入驻工作人员1931人，把大量信访纠纷化解在了基层、解决在了萌芽，赴省级信访量从2022年的40%下降到2023年9月的10.9%，实现群众调解信访纠纷“只进一扇门、最多跑一地”的目标。

3. 民族团结进步创建工作扎实推进

坚持开展民族团结进步创建“十进”活动，大力推进中华民族视觉形象工程，全力构建全民共创共建共享的新局面。截至2023年9月，全省所有市（州）和37个县（市、区）建成全国民族团结进步示范区，建成全国民族团结进步示范单位、教育基地42个，命名省级示范区、单位、教育基地和示范点127个，各族群众“五个认同”“四个与共”的理念不断增强，各民族交往交流交融更加深入，中华民族共同体意识不断铸牢，打造了新时代民族团结进步的“青海样板”。

4. 公共文化服务水平明显提升

坚持立足省情实际，统筹推进公共文化事业发展，进一步优化省市县乡村五级现代公共文化服务体系，公共文化服务的设施不断改善、内容更加丰富。截至2022年末，全省共有艺术表演团体12个、公共图书馆50个、博物馆24个、文化馆46个、文化站389个，电视综合人口覆盖率达99.2%，广播综合人口覆盖率达99.15%，出版杂志215.63万册、报纸6769.20万份、图书1407.08万册（张），人均公共文化服务主要指标明显提升，公共文化服务效能显著提高。

（五）人民幸福的现代化新青海建设步履坚定

1. 就业形势总体平稳

2022 年，青海全面落实稳经济一揽子政策和接续政策，累计为企业减负 20.38 亿元，失业保险稳岗返还等指标走在全国前列，有效缓解了失业压力。深入实施就业创业提质增效工程“九大行动”，全省城镇新增就业 6.2 万人，高校毕业生登记就业率 89.1%，就业局势总体保持稳定。通过着力打造优势特色劳务品牌，引导农牧区劳动力有组织有规模转移就业，实现农牧区劳动力转移就业 108 万人次。2023 年前三季度，全省城镇调查失业率平均值为 5.6%，全省城镇新增就业 5.5 万人，农牧民劳动力转移就业 104.2 万人次。

2. 居民收入稳步增加

2022 年全体居民人均可支配收入 27000 元，同比增长 4.2%。城镇居民人均可支配收入 38736 元，同比增长 2.6%；农村居民人均可支配收入 14456 元，同比增长 6.3%；城乡居民人均收入比为 2.68，比上年缩小 0.09。2023 年前三季度，全省居民人均可支配收入 20180 元，同比增长 5.6%，城镇居民人均可支配收入 29168 元，同比增长 4.0%；农村居民人均可支配收入 10536 元，同比增长 7.8%。2022 年，全体居民人均生活消费支出 17261 元，同比下降 9.2%。2023 年前三季度，全体居民人均生活消费支出 15778 元，同比增长 21.8%，居民收入的稳步增加直接促使消费快速提振复苏。

3. 乡村振兴全面推进

持续强化易地搬迁后续扶持。2022 年，全省 2.87 万有劳动能力建档立卡搬迁户中，实际就业 5.48 万人，基本实现户均 2 人就业。聚焦全省 25 个乡村振兴重点帮扶县，将年度 65.1%的财政衔接资金和 74.5%的东西部协作资金用于支持重点帮扶县发展，脱贫成果持续巩固。2022 年全省脱贫人口人均纯收入达到 13035 元，同比增长 9.5%，比全省农牧民人均可支配收入增速高 3.2 个百分点，脱贫群众实现稳定增收。全年 4 万户农牧民居住条件得到改善，脱贫地区水、电、网等基础设施更加完善、保障能力不断提升。在200个村开展乡村振兴试点，初步探索形成了同仁市特色村寨、都兰县路衍经济等一批具有代表性、能复制、可推广的乡村振兴经验模式。

（六）政治清明的现代化新青海建设不断加强

1. 党组织政治功能和组织功能明显增强

持续完善维护党的集中统一领导的组织制度，严格执行党内政治生活、请示报告等制度，进一步优化党内政治生态，各级党组织的政治功能不断增强。坚持健全党的组织体系。截至2023年7月，省、市、县、乡、村五级党组织均按照行政区划建立起来，各领域党组织基本实现应建尽建，党组织的组织功能不断增强。实施党的创新理论学习教育计划，教育引导广大党员进一步坚定理想信念、进一步强化党性修养，保证了党组织功能效用的有序发挥，夯实了党在青海的执政根基。

2. 党员干部作风持续好转

开展6名领导干部严重违反中央八项规定精神问题以案促改专项教育整治和全省作风突出问题专项整治。发布党员干部违规吃喝“十严禁”。对部分党员干部违规吃喝等典型问题分批进行通报曝光，严防严抓“躺平式”“侧卧式”干部，密集释放严字当头信号，推动形成“干部要干、思路要清”的浓厚氛围。加大“四风”问题查处力度，督促党员干部严于律己、敢干会干。截至2023年6月，全省共查处“四风”问题76起，批评教育帮助和处理88人，给予党纪政务处分57人。

3. 人民满意的服务型政府建设持续加强

坚持推进和深化“放管服”改革，政府行政审批效能持续提高，营商环境进一步优化，市场主体活力和社会创造潜力不断激发，政府服务能力明显改善。开展第四届青海省“人民满意的公务员”和“人民满意的公务员集体”评选活动，激励广大公务员干事创业热情，交出不负人民的满意答卷。出台《青海省人民政府关于加快数字政府建设的实施意见》，创新政府治理理念和方式，形成数字治理新格局，提升政府治理现代化水平。

二　2023年现代化新青海建设中存在的主要矛盾与问题

（一）投资与消费的动力不足

受经济基础、外部环境等因素影响，青海省的投资主要来源于政府，社会融资不足。受“国投破产”、“盐湖违约”、经济下行压力大等因素影响，社会招商引资难度进一步加大。2023 年青海民间投资连续 6 个月为负增长，前三季度民间投资累计增速同比下降 16.8%。消费复苏仍需加力。2023 年前三季度，全省金融机构人民币各项存款余额同比增长速度高于贷款余额增长速度，企业投资需求不强，居民消费意愿不足。旅游消费市场开始复苏，但 2023 年前三季度旅游总收入尚未恢复到疫情前水平，文旅产业全面复苏有待时日。

（二）生态保护与治理的任务繁重

生态环境风险加大。气象灾害多发频发，草地退化、土地沙化、水土流失等问题依然突出。青藏高原气候暖湿化趋势愈发明显，冻土消融、积雪融化、局部湿地退化、病虫害加剧、荒漠化等生态环境风险加大。资源环境瓶颈制约加剧，节能减排降碳任务艰巨，绿色转型仍需加力。生态治理难度加大。生态环境质量持续改善的基础还不牢固，季节性、局部性的波动反弹仍然存在，生态保护修复和环境治理难度加大、成本上升。多元化投入机制尚未形成，生态补偿范围标准偏小偏低，横向生态补偿政策有待进一步落实。城乡生活污水垃圾、危废医废处理处置等环境基础设施能力不足、建设滞后，未能完全发挥对污染防治的支撑保障作用。

（三）创新驱动能力偏弱

技术要素支撑不足。科技水平发展相对落后，导致出现盐湖资源高质化应用等技术支撑不足、清洁能源协同创新网络效应低等问题。人才要素相对短缺。新能源、新材料等高新技术产业人才比例低，人才引进难与留不住人才的问题长期并存，人力资本对经济贡献率低。统一市场建设滞后。虽然青海在重大交通基础设施建设、商品统一市场建设等均取得积极成效，但劳动力、资本、技术、信息、产权等要素统一市场的建设明显滞后。

（四）文明和谐社会推进压力较大

推进依法治省压力较大。现行司法体制有待进一步改革，法律监督机制运行不畅且尚未形成监督合力，推进全社会尊法、学法、守法、用法的力度亟须加强。创新社会治理压力较大。部分地区党建核心领导作用发挥不足，社会治理的体制机制不健全、方式方法不完善，共建共治共享的治理体系尚未形成，影响着社会治理效能的提升。推进民族团结进步压力较大。民族团结宣传教育方式比较单一，促进各民族交往交流交融的各类文化资源与服务在内容上尚不够充分，服务效能不够明显，把创建工作融入各地区、行业和领域的力度有待加强。推进公共文化服务压力较大。文化事业发展较为缓慢、创新发展不足、城乡发展不均衡、文化人才短缺、数字化发展不充分，从而制约着公共文化服务水平的提高。

（五）创造高品质生活的基础薄弱

企业用工需求减弱。经济压力导致企业用工需求减弱，而高校毕业生人数增加，社会就业岗位相对紧缺，高校毕业生等重点群体就业任务艰巨。城乡医疗资源配置不均衡。部分地区医疗服务水平相对落后，基层医疗机构服务能力弱，有序分级诊疗格局尚未形成，医疗保障领域发展不平衡不充分问题依然存在，地区之间、不同群体之间医疗保障水平差异依然较大。城镇住房保障能力有待提高，保障性住房后续管理有待加强。社保基金刚性支出增大，保发放的压力较大。共享经济、平台经济迅猛发展，其欠薪案件和矛盾纠纷凸显，构建和谐劳动关系要打“持久战”。

（六）推进党和政府建设的任务繁重

部分基层党组织运行效能有待提升。部分基层党组织存在组织活动不够规范、功能作用发挥不够充分、联系服务党员和群众不够紧密等问题，运行效能有待提升。党员理论学习有待加强。部分党员对理论学习缺乏主动性和积极性，理论学习往往停留在较为浅显的层面，导致理想信念不牢、党性修养下降，患上“软骨病”，完成党组织任务的综合素质能力不足。党风廉政建设任重道远。一些党员干部工作作风不够扎实，形式主义、官僚主义问题尚未完全根除，一体推进“三不”任重道远。服务型政府建设还需加强。对服务观念认识不足，行政服务体制不够完善，深化“放管服”改革适应性不强，服务型政府建设的步伐有待加快。

三　2024年现代化新青海建设的形势分析

2024 年是推进现代化青海建设的重要一年，奋力谱写全面建设社会主义现代化国家的青海新篇章，机遇与挑战并存，但机遇大于挑战。面对新的国际环境、国内环境和省情环境，要从战略上、全局上分析和判断形势，把握历史主动、应对风险挑战、抢抓发展机遇，担当起推动现代化新青海建设的责任与使命。

（一）国际环境

当前国际形势复杂多变，全球格局发生深刻调整，保护主义、单边主义和逆全球化抬头，新一轮科技革命和产业变革不断发展，世界百年未有之大变局加速演进。受重大气候灾害频发、地缘政治冲突升级、疫情全球大流行等影响，世界经济不稳定因素增加，CPI 持续上涨，经济下行压力进一步加大。这迫使青海加快产业转型升级的步伐，降低成本，增加收益。青海出口商品的价格优势可以更好地融入“一带一路”建设。民族问题国际化趋势增强，给世界各国独立自主地解决国内民族问题带来更多外部干扰，特别是西方反华势力利用所谓的西藏、台湾问题遏制中国，给青海民族团结进步事业带来冲击和挑战。环保、能源、气候变化越来越引起世界各国的关注，“培育绿色生态，推动绿色发展”成为世界各国努力的方向。但是，全球碳排放总量仍在增加，碳达峰拐点尚未出现，温室效应愈发明显，碳排放总量成为人类文明进步重要的约束变量。中国作为负责任的大国，始终秉持人类命运共同体理念，尽己所能为全球可持续发展贡献力量。青海清洁能源资源品类齐全，多能互补优势明显，生态固碳增汇潜力巨大，有责任、有基础、有能力为“双碳”目标作出贡献，且能够在能源革命、能源安全和应对气候变化等方面取得长足发展。日本核废水排海事件引发全球关注和抵制，而青海一如既往地把生态保护放在最突出最重要的位置，这将为现代化新青海建设带来发展机遇。

（二）国内环境

2022年以来，随着国内外疫情形势逐渐趋缓，我国不断优化疫情防控政策，多样化经济需求得以释放，国内经济保持增长，发展质量不断提升。2023年前三季度，我国GDP分别增长了4.5%、6.3%、4.9%。国家经济走势持续向好和高质量发展的稳步推进，为青海经济发展提供良好的国内环境，增加了民间消费与投资信心。以人工智能、量子信息、物联网等为代表的新一代信息技术的突破及应用，能够为青海提高科技创新能力培育新动能。长江经济带高质量发展、黄河流域生态保护和高质量发展等重大国家战略在推动中国式现代化建设中发挥的支撑和服务作用不断增强，而青海作为青藏高原重要核心区域，肩负着筑牢国家生态安全根基、持续改善生态环境质量、推动高质量发展的重大任务，其生态环境地位、资源安全地位、能源安全地位无可替代。青海可以与国家有关部委、黄河流域各省份签署更多联动合作协议，利好效应多重叠加将在项目资金、技术攻关、人才培养等方面为建设现代化新青海带来更多发展机遇。国家就着力保障和改善民生出台一系列政策：运用降、贷、返、补、提、扩等扩岗激励措施调动企业用人积极性；强调构建优质均衡的基本公共教育服务体系；发布《国家基本养老服务清单》，推进基本养老服务体系建设；加强医保基金使用常态化监管；积极稳步推进城中村、老旧小区改造等。这一系列切实举措将为青海补齐民生短板提供政策机遇。

（三）省情环境

青海正处在一个十分重要而关键的发展时期。我国社会主要矛盾变化在青海表现得尤为突出，发展底子薄、发展不足仍是阶段性特征，推进高质量发展、生态环境保护、筑牢中华民族共同体意识以及加强党的建设的任务依然艰巨，绿色低碳转型发展任重道远，解决制约现代化新青海建设的深层次问题面临挑战。但是，现代化新青海建设蕴藏着更多的发展机遇。习近平总书记对青海工作作出一系列重要讲话和重要指示批示，明确了打造生态文明高地、建设产业“四地”的高质量发展路径，青海在国家大局中的战略地位日益凸显，所拥有的水丰、光富、风好、地广的自然禀赋优势越来越凸显其巨大潜力。只要顺势而为、应势而动，就可以把青海高原资源能源优势变成产业优势、经济优势，实现在一些领域走在全国前列。青海深入贯彻习近平总书记关于民族工作的重要思想和中央民族工作会议、中央统战工作会议的精神，全面加强民族工作，不断推动青海民族团结进步事业高质量发展。印发《关于加快把青藏高原打造成为全国乃至国际生态文明高地的行动方案》，全面开启了谱写新时代青海生态文明建设的新篇章。《青海省“十四五”乡村产业发展规划》的推进实施，使乡村产业振兴取得明显成效。《“十四五”时期教育强国推进工程实施方案》的贯彻落实，将进一步推进青海教育领域政策制度健全和优化，推动全面深化教育综合改革，均衡优质教育资源，逐步提升教育教学质量，培养更多优秀人才。“健康青海2030”行动计划的实施，将进一步加强公共卫生体系建设，筑牢人民健康防线，提高全民健康素养。通过扩大普惠性养老和托育服务供给，推动发展紧贴民生、应急适用的消费状态，提高公共服务可及性和均等化水平，推动优质公共服务资源向农牧区、向基层倾斜，人民群众获得感、幸福感、安全感将更加充实、更有保障、更可持续。

四　2024年现代化新青海建设的重点任务

（一）牢固树立绿色低碳理念，推动产业转型升级

1. 加快建设世界级盐湖产业基地

加快突破制约镁资源高效利用关键技术，加大盐湖资源勘探力度，主动

融入“双循环”格局，壮大盐湖产业集群，引领盐湖产业发展。

2. 加快打造国家清洁能源产业高地

以国家“双碳”目标为导向，加快能源结构低碳转型，强化新型电力系统建设，培育新能源领域领军企业，发挥行业规模效应降低新能源开发非技术成本，构建源网荷储一体化发展格局。

3. 加快打造国际生态旅游目的地

坚持生态优先，推动生态旅游服务国际化、标准化，挖掘青海地方特色资源，进行精准旅游宣传推广，扩大国际旅游市场。

4. 加快打造绿色有机农畜产品输出地

推进产业融合发展，开展绿色生产技术联合攻关，以品种培优、品质提升、品牌打造和标准化生产为主，提升农牧业质量效益和竞争力，支持品牌企业主动融入“一带一路”倡议，全方位扩大农畜产品品牌市场。

（二）加力打造生态文明高地，实现人与自然和谐共处

1. 在“坚定不移做‘中华水塔’守护人”上有高站位

扎实开展“中华水塔”保护行动，实施重要生态系统保护和修复重大工程，推动重要江河湖库生态保护治理，推进水土流失综合治理，实施生物多样性保护重大工程，高质量推进完成木里矿区以及祁连山南麓青海片区生态环境综合整治和黄河流域生态保护问题整改。

2. 在“建立以国家公园为主体的自然保护地体系上走在前头”方面有高标准

高质量建立健全以国家公园为主体的自然保护地体系，为全国生态文明建设提供更多青海经验和青海样板。高标准持续建设好三江源、祁连山国家公园，高标准推进青海湖国家公园创建，加快昆仑山国家公园前期工作，积极推动构建青藏高原国家公园群。加强可可西里世界自然遗产地管理，争取正式设立坎布拉世界地质公园。加快完成自然保护地整合归并优化，提升自然生态空间承载力。

3. 在“实现碳达峰方面先行先试”上有高起点

积极稳妥推进碳达峰碳中和，稳步实施碳达峰十大行动，有序推进重点

领域节能降碳，坚决遏制“两高”项目盲目发展。加快零碳产业园区建设，推动西宁国家低碳城市试点和格尔木工业园区零碳化改造。积极融入国家碳排放交易市场，提高生态系统碳汇能力。

4. 在“绿水青山向金山银山转化”方面有高品质

深入推进环境污染防治，持续深入打好蓝天、碧水、净土保卫战，守好“绿水青山”。积极探索生态资源变资产的可行路径，为“生态家底”贴上价格标签。建设商品交易平台，打通“绿水青山”向“金山银山”的转换通道。深入挖掘“绿水青山”的经济价值，努力走出一条“以生态促发展”的致富之路。

5. 在绿色转型发展上有高效能

科学用好双碳目标倒逼机制，按照国家要求、基于省情实际，系统筹划，从长远发展角度协调好推进碳达峰碳中和的节奏进度。加快发展方式绿色转型，统筹做好绿色低碳科技创新支撑，继续支持具备条件的园区行业先行先试，有序推进重点领域节能降碳和固碳增汇，深入推进绿色低碳生活创建行动，推动重点用能单位减排降碳，大力提升公众低碳意识，引导全社会形成低碳生活新风尚。

（三）持续推进科技创新，不断提升开放发展水平

1. 推动重点领域技术攻关

着力构建完善的科技创新生态，夯实绿色有机农牧业发展中的技术保障，持续发展清洁能源技术，攻坚新材料技术，提升对国家公园建设、生态系统保护和修复等重点领域技术攻关，强化科技创新战略支撑，让科技创新为现代化新青海建设不断注入源头活水。

2. 壮大科技创新主体和人才队伍

深入实施人才强省战略，加强技术技能型人才队伍建设，建立健全人才发展体制，激发全社会创造力和市场活力。

3. 持续深化对外开放

进一步优化营商环境，深度融入“一带一路”对外开放战略通道建设，

加强与共建“一带一路”国家人文交流和民生合作，搭建广域经贸合作平台，健全开放安全保障体系，构建开放型经济新体制。

（四）倾力保障和改善民生，持续有效增进群众福祉

1. 推动实现高质量充分就业

实施就业提质增效行动，强化就业政策与产业、投资、财税、金融等政策协同配合。突出做好新开工及重点企业常态化用工服务保障，动态跟进建设投产和阶段性用工需求。突出高校毕业生、脱贫人口、就业困难人员等重点群体，全面做好就业帮扶和就业援助。拓宽市场化社会化就业渠道，完善灵活就业的支持性政策，健全零工服务模式，支持和规范新就业形态发展。加强劳务品牌宣传推介，持续挖掘培育壮大特色劳务品牌，推动有组织有规模转移就业。加强就业工作调度，做好监测预警，预防规模性失业风险。

2. 不断提高公共服务质量

加快推进教育现代化，提高学前教育、义务教育、高中教育服务质量，缩小城乡特别是牧区教育差距；增强职业技术教育适应性，培养更多“青海工匠”；推动高等教育内涵式发展，加强一流大学和一流学科建设。全力推进医疗事业高质量发展，深入推进健康青海行动，深化医疗、医药、医保、医养、医改“五医”联动改革，进一步整合优质资源，不断提升高原医学研究综合实力，打造高原医学研究高地。加强医疗卫生援青合作，创新医疗援青载体模式，构建全方位、多渠道、立体化医疗卫生帮扶格局。高度重视住房保障，优化住房供给体系，构建以政府为主提供基本保障、以市场为主满足多层次需求的住房供应体系。

3. 持续建设多层次社会保障体系

提高社会保障法治化水平，坚持社会保障制度的统一性和规范性，持续提升社会保障公共服务能力。探索研究新就业形态从业人员职业伤害保障试点，推进工伤保险异地就医直接结算，稳妥推进企业职工养老保险全国统筹，持续扩大企业年金覆盖面。深入实施全民参保计划，推进灵活就业、农民工等重点群体精准扩面。着力提升基金监管效能，严厉打击欺诈骗保等违法行为。

（五）扎实推进乡村振兴，使农村基本具备现代生活条件

1. 始终坚持农业农村优先发展

逐步推动“三个转向”，围绕使农村基本具备现代生活条件这个目标，扎实推进乡村发展、乡村建设和乡村治理。优先安排农村公共服务，推进城乡基本公共服务标准统一、制度并轨。推进农业绿色发展，优先满足“三农”要素配置。强化农村金融服务创新和财政资金管理使用，加大国家重点县脱贫人口小额信贷投放力度，探索建立“带得准”“带得稳”“带得久”的联农带农富农长效机制，确保公共财政更大力度向“三农”倾斜。优先考虑“三农”干部配备，充实地方各级党政班子。

2. 始终把巩固拓展脱贫攻坚成果摆在突出位置

牢牢守住不发生规模性返贫的底线，不断增强脱贫地区和脱贫群众内生动力。不断完善防返贫监测帮扶机制，在常态化做好监测帮扶的基础上，继续调整提高监测对象识别参考标准，进一步扩大监测帮扶范围，修订完善全省防止返贫监测帮扶工作指南。

3. 着力破解农牧区生态生产生活良性发展的瓶颈制约

培育高质量庭院经济、路衍经济等乡村新业态，加大产业就业帮扶力度，实施“乡村匠人”培育工程，统筹科技特派团员、“组团式”帮扶人才等组建产业顾问库和专家团，支持脱贫产业发展。继续采取“六个一批”就业帮扶举措，开展好就业帮扶车间（工坊）提质扩面工作，提升带动效应。

（六）不断创新方式方法，推动文明和谐社会建设走在前列

1. 深入推进法治青海建设

紧紧围绕保障和促进社会公平正义，深化司法体制综合配套改革，全面落实司法责任制，全面加强司法制约监督。加强国家机关监督、民主监督、群众监督和舆论监督，形成法治监督合力。持续开展普法宣传工作，在各族群众中弘扬社会主义法治文化，在全社会形成尊法、学法、守法、用法的良

好氛围。

2. 着力推动社会治理创新

把党的建设作为贯穿社会治理的一条红线，以党建引领社会治理，不断把党的领导优势转化为社会治理效能。创新社会治理体制机制，坚持政治引领，持续推进法治、德治、自治融合发展，促进专项、系统、依法、综合、源头“五大治理”相结合，推动形成综治中心、网格化、信息化融为一体的社会治理模式。

3. 持续深化民族团结进步创建

完善宣传教育体系，针对不同群体采取差异化教育宣传形式，不断提升宣传教育工作的效能。创新推动“民族团结+”融合发展行动，把创建工作与推动经济高质量发展、打造生态文明高地、建设平安青海、改善民生福祉、实施乡村振兴战略等任务深度融合，为促进各民族交往交流交融提供有利条件。

4. 完善现代公共文化服务体系

坚持以群众的多元需求为突破口，转变自上而下的单一供给方式，运用新技术推进文化信息资源共享，构建数字化公共服务平台，实现公共文化供给和群众需求有效对接，让群众感受到实实在在的文化惠民成果。继续加强基层公共文化设施建设，培养基层文化人才，强化大数据技术在基层文化建设的应用，提高农牧区文化建设工作的精准性，实现城乡区域文化融合发展。

（七）坚持多措并举，把党和政府建设得更加坚强有力

1. 全面加强党的组织建设

坚持大抓基层鲜明导向，统筹推动各领域基层党建晋位升级，不断增强基层党组织政治功能和组织功能。严把党员“入口关”“管理关”，着力锻造一支高素质、强能力的党员队伍。健全用党的创新理论武装党员干部的工作制度体系，切实抓好党的创新理论的学习、思悟和运用。

2. 持之以恒抓好正风肃纪

完善作风建设长效机制，大力弘扬伟大建党精神和真抓实干的优良作风，注重引导党员干部明大德、守公德、严私德，不断激发党员干部干事创业热情。突出政治监督和担当作为监督，推动形成正气充盈的良好政治生态。锲而不舍地纠治“四风”问题，不断巩固拓展中央八项规定执行成果。坚持“三不”一体推进理念，加大惩治预防腐败力度，坚决打赢反腐败斗争攻坚战持久战。

3. 持续推进服务型政府建设

树牢公共服务理念，转变政府职能，完善服务方式，健全服务体制机制，不断提升政府提供公共产品和公共服务的能力水平。持续推进法治政府建设。坚持统一“不见面审批”标准，强化相对集中行政许可权改革保障，加快促进体制创新与“互联网+”融合，持续深化“放管服”改革，助推服务型政府建设。

参考文献

信长星：《坚定不移沿着习近平总书记指引的方向前进　奋力谱写全面建设社会主义现代化国家的青海篇章——在中国共产党青海省第十四次代表大会上的报告》，2022年5月23日。

薛军、莫昌伟：《牢记嘱托　感恩奋进　抢抓机遇　实干为要　为实现习近平总书记擘画的现代化新青海宏伟蓝图而团结奋斗　中共青海省委十四届四次全体会议召开》，《青海日报》2023年7月22日，第1版。

孙发平、史可双：《论中国式现代化与“六个现代化新青海”建设》，《青海社会科学》2023年第1期。

《2022年青海省生态环境状况公报》，青海省生态环境厅，2023年6月。

《水体总面积达4546.99平方公里　青海湖连年扩容会带来哪些影响》，青海省人民政府网站，http://www.qinghai.gov.cn/zwgk/system/2023/10/14/030027353.shtml。

《经济发展动力不断积聚　高质量发展稳步推进》，《青海日报》2023年10月22日，第1版。

B.19 兰西城市群青海部分发展报告

刘 畅*

摘 要： 兰西城市群凭借其自身资源禀赋、区位优势、经济基础取得了较大的战略突破和经济发展，但随着进入新发展阶段针对新发展任务，兰西城市群历史遗留的和新发展环境下的目标冲突导致的部分发展局限性也凸显出来。本报告通过分析兰西城市群青海部分近年来的发展情况，梳理出青海部分发展存在的城乡发展差距偏大、居民收入增速放缓、开放型经济发展滞后、创新驱动动力匮乏等问题，提出相应对策建议，以期为提升青海部分发展质量提供参考。

关键词： 兰西城市群 青海部分 高质量发展

2022年，“中国特色新型城镇化道路”的内涵不断丰富，城镇化水平不断提升，兰西城市群紧紧围绕着如何构建大中小城市和小城镇、城市群科学布局，将新型城镇化发展与区域经济发展和产业布局紧密衔接，秉持与资源环境承载力相适应的原则，在城镇化发展方面取得了良好成效。

一 2022年兰西城市群青海部分发展情况

（一）兰西城市群青海部分的地区生产总值和人口总量情况

根据《青海统计年鉴》及各地区统计公报数据，从各地区的情况来看，

* 刘畅，青海省社会科学院经济研究所助理研究员，主要研究方向为区域经济协调发展。

2018~2022 年兰西城市群青海部分各市州的 GDP 大体都呈上升趋势（见表1），可见兰西城市群整体经济发展水平有所提升。作为青海的省会，兰西城市群两大中心之一的西宁，相比周边城市市场体系较为完备，有良好的产业群基础。近年来，积极融入“一带一路”建设，不断扩大开放程度，坚持生态优先、绿色发展，以创新驱动产业融合升级。2022 年西宁市实现地区生产总值 1644.35 亿元，青海省全省 GDP 为 3610.1 亿元，西宁市占本省 GDP 的比重超 40%，比上年增加 95.56 亿元，增长 6.17%。2022 年西宁市人均生产总值为 6.63 万元，人均生产总值省内排名第 2，低于全国平均水平 8.57 万元。兰西城市群青海部分 2022 年生产总值约 2619.07 亿元，约占全省生产总值的 72.5%，常住人口约占全省常住人口的 58.9%。

表 1　2018~2022 年兰西城市群青海部分各市州 GDP

单位：亿元

城市	2018 年	2019 年	2020 年	2021 年	2022 年
西宁	1286.41	1328.00	1372.98	1548.79	1644.35
海东	451.50	487.73	514.60	554.71	562.79
海南	158.18	174.66	192.73	193.61	200.27
海北	83.53	91.72	95.09	100.40	100.77
黄南	88.33	100.95	109.39	110.45	110.89

资料来源：2019~2022 年《青海统计年鉴》、青海各市州统计公报。

（二）兰西城市群的产业发展现状

产业发展水平是一个城市群发展水平的重要推动力，当前，兰西城市群各个城市产业结构体系逐步优化升级，调结构、转方式已初步取得一定成效，地区生产总值有所提高。一个区域产业结构的优势决定了第三产业占 GDP 的比重，决定该区域的产业竞争力优势，区域由低收入水平向高收入水平发展，表现为第一产业降低至一个较低的比重，第二产业比重经历由低到高再回落的过程，第三产业比重提高至 70%左右，第三产业的发展直观表现为生产和消费实现了协调发展。从兰西城市群的产业结构现状来看，各个城市的第三产业发展发展水平存在较大差异，核心城市及其周边城市的第三产业比重较高。2022 年，除海南外，其他 4 市州三产占比较高，海南州工业对生产总值贡献最大，海南、海北、黄南一产占比还在 20%以上，可见兰西城市群城镇体系格局还有待进一步优化（见表 2）。

表 2　2022 年兰西城市群青海部分市州产业结构情况

单位：%

城市	一产占比	二产占比	三产占比
西宁	3.80	37.60	58.60
海东	15.78	38.90	45.32
海南	27.00	42.50	30.50
海北	31.10	16.70	52.20
黄南	29.01	24.82	46.17

数据来源：2022 年各市州统计公报。

（三）兰西城市群合作发展取得的成效

兰西城市群建设发展以来，甘青两省坚持以习近平新时代中国特色社会主义思想为指导，贯彻党的十九届五中全会精神，紧抓兰州—西宁城市群国家战略重大机遇，全面贯彻国家《兰州—西宁城市群发展规划》《兰州—西宁城市群发展规划甘肃实施方案》《兰州—西宁城市群发展规划青海实施方案》，共同推动兰西城市群发展取得实效。

一是构建联席会议制度，促进兰西城市群合作协议落地见效。2021 年 12 月，为全面落实《兰州—西宁城市群发展规划》，促进城市群“1+3+10”合作框架协议落地见效，青甘两省发改委在西宁组织召开了联席会议，对兰西城市群发展“十四五”规划实施方案及 2022 年重点任务进行说明及部署，联席会议制度为兰西城市群高质量发展提供了的制度保障，对于统筹规划青甘两省重大决策部署、推进发展任务、城市群重大工程统筹推进有重要的推动作用。

二是加强区域产业联动，推进兰西城市群产业一体化协同发展，主动融入长江经济带、黄河流域生态保护和高质量发展等区域产业链供应链体系，构建融入“双循环”新发展格局的西宁特色产业链。主动融入“双循环”新发展格局，加快推进“兰西城市群”制造业高质量协同发展，紧紧围绕合力打造“锂电池—新能源汽车”制造产业集群等方面签订《兰西城市群制造业战略合作协议》，推动形成政府统筹、部门联动、企业推进交流对接机制。青海部分打造甘河、南川电力特区，推动实现供电多元化、用电优质化，南川园区获批国家第五批增量配电业务改革试点，成为青海经济技术开发区内首家增量配电业务改革试点区域。《兰州—西宁城市群要素市场一体化改革实施方案》，围绕探索建立畅通有序的跨区域要素流动体制机制，为促进兰西城市群协同发展提供政策支持。

三是着眼通道经济，全面启动铁路海关指定监管场地建设。签订《兰西城市群对外开放领域交流合作协议》，拟定了《推进兰州—西宁国际班列合作运行工作方案》，主动调研企业需求，积极对接青藏铁路公司。自2019年12月起，陆续开通了3列木材、燕麦国际货运进口班列，打通了进口国际班列经二连浩特、阿拉山口等方向抵达西宁的中通道和西通道，推动了国际物流通道建设，实现了国际货运班列常态化运行。

二　兰西城市群青海部分发展存在的问题

当前，兰西城市群青海部分仍处在新型工业化、新型城镇化的快速发展阶段，特别是在兰西城市群的竞合格局中，总体呈现“水平不高、结构不优、引力不强、特色不显”的特征，新型城镇化建设和进一步融入兰西城市群建设任重道远。

（一）区域经济发展不均衡，城乡发展差距仍然偏大

在兰西城市群规划中，兰州和西宁被同等定位为核心城市，西宁在

“一带一路”中的定位与兰州相似，但两市在职能、作用方面具有较大差别，在诸多经济社会指标上存在劣势；尤其是与中、东部地区交通廊道稀缺，与我国内地的联系大量依靠兰州（陆路）、西安（航空）、成都（航空）中转，属于节点而非支点，西宁在“一带一路”发展大格局中，存在被边缘化的可能。而作为青海省省会，虽然西宁集聚了全省约42%的人口，经济总量占全省近50%，但与兰州类似，它们与中西部较发达省会，如成都、西安等城市比较，城市综合竞争力与社会经济发展体量尚有较大差距。核心城市的相对落后使得兰西城市群当前的综合竞争力也与我国中西部地区主要城市群存在一定差距。截至2022年，在国际航线数量、民用航空客运量及货邮运量、公路客运量及公路货运量、国际游客数量、国内游客数量、全面旅游总收入等多项指标对比中，西宁与兰州之间存在不同程度的差距，西宁作为兰西城市群核心城市的能级依然较弱，综合实力亟待增强。

（二）城市功能供给与城市建设品质的不匹配

西宁作为高首位度省会城市和区域性中心城市，面向全省乃至青藏高原提供公共服务，非户籍人口占比达30%，新生儿非户籍比重达33.3%，外州市购房比重超过68%。市辖区人口密度超过每平方公里1.5万人的城市建设用地较多，如城中区的南关街社区，高达8.7万人/千米^2，文化街社区、石坡街社区高达8.1万人/千米^{2}和7.1万人/千米^2，导致出现城市交通拥堵、公共服务设施配置不能满足市民需求等问题。由于西宁长期呈现高首位度，对其他市州消费市场的虹吸作用明显，节假日市州人口向西宁市场集聚，导致交通拥堵、路边停车位等公共资源供给不足等矛盾进一步加剧。

从青海部分的基本公共供给水平来看，优质卫生资源总量不足、分布不均，发展不平衡不充分的问题依然突出，医疗卫生服务整体水平和效率仍需提高；卫生专业人才队伍“村（社区）紧缺、县区乡镇较弱、市级不强不精”的问题长期存在且日益突出；大医院一床难求、小医院门庭冷落的现象依旧存在，人民群众看病难、看病贵、看病远的问题还没有彻底解决。特别是新冠疫情发生后，更加暴露出全市公共卫生应急管理基础设施滞后、技术力量薄弱、救治能力不强等突出问题和短板弱项。随着老龄化程度不断加深，青海对于养老服务的需求更加迫切，但是由于养老服务分布极不均衡，西宁市成为全省最大的养老地，“候鸟式”居民对户籍管理等社会服务要求进一步提高，提升公共服务质量和市民满意度的难度进一步加大。

（三）城市生态环境敏感脆弱，优化建设空间不足

兰西城市群青海部分整体地貌复杂，生态环境脆弱，经济水平相对较低，耕地占补平衡压力大，虽然长期坚决执行最严格的耕地保护制度，建立健全耕地保护机制，从严查处违法违规占用耕地行为，创新耕地占补平衡模式，以保障国家粮食安全和国土安全为“国之大者”“省之要情”，有效遏制了耕地数量大幅度下降的趋势。但是随着人们对高品质生活的追求日益凸显，建设用地需求日益增加，以中心城市西宁为代表的主要城市在谨守耕地红线的前提下，建设用地空间不断收窄，同时，耕地后备资源主要位于高海拔的脑山地区，生态敏感性较高，补充耕地的难度较大，经过多年的开发、利用、整理，耕地后备资源中面积大、条件好、易开发的地块已所剩无几，现有后备资源大多位置偏僻、土地贫瘠、生态环境限制较多、开发条件较差，开垦投资大，即使开发成耕地，也极易造成生态环境破坏，不能形成持久、稳定的生产能力。

（四）区域发展不协调，经济联系不紧密

兰西城市群青海区域共有 5 个地区，但是各地区发展不协调，经济联系有待进一步提高。首先从经济发展水平来看，2022 年西宁市生产总值 1327.82 亿元、财政收入 101.79 亿元超过海东、海南、黄南、海北的生产总值、财政收入之和，排名靠后的海北、黄南与西宁市的地区生产总值相差数倍可见地区发展差异巨大，地区财政收入悬殊也较大，这使区域内地区之间开展合作交流会存在较大难度。其次从人口规模来看，西宁市人口规模最大，其余地区人口规模较西宁市差异很大，这会造成人口资源分布不均，影响其他地区的经济发展。最后从城市化率来看，虽然地区城市化水平排名继

续提升，但是各地区的差异仍然明显，城市化的水平将直接影响区域经济发展，相较于西宁市其他地区城市化水平仍有待提升，这对西宁市的经济辐射效应也会产生一定影响。西宁市集中了众多资源，这样会导致周围地区发展乏力，不利于区域协调发展，这种现象也极大地限制了西宁经济辐射效应，进而不利于提高其带动周围地区经济发展的能力，只有将资源进行整合，让城市群的各地区共同发展，才能将西宁市的经济辐射效应发挥到最大。

三 兰西城市群青海部分增强发展竞争力的对策建议

为了更好促进兰西城市群整体性快速发展，青海部分应积极抓住“加群”后带来的资源倾斜、发展机遇，努力打造城市群青海部分的“发力点”，来弥合兰西城市群中青海、兰州两部分的区域经济发展不均衡现象，建设兰西城市群一体化、现代化经济发展体系，从而实现兰西城市群整体性高质量发展。

（一）加快产业发展，提升青海部分产业竞争力

充分发挥青海的原有资源禀赋和区位优势，结合兰西城市群带来的优势资源，坚持做大做强实体经济。促进青海传统实体经济产业的转型升级、夯实实体经济发展的制造业基础以及强化实体经济的科技支撑，真正实现以实体经济为主导的高质量发展，为城市集群整体发展打好坚实保障。主动推动传统实体经济产业的产业结构调整和优化升级，以供给侧结构性改革为主线、科技创新驱动为引领，在青海传统优势产业如锂电、有色、冶金、装备制造、生物制药等领域精益求精，实施产业基础再造和技术链提升工程。同时与甘肃部分优质产业资源联手合作发展，做大做强产业基础产业规模，打造出产品的上下游输出地，形成国家级甚至世界级的产品输出基地。立足于青海当地气候较为干燥冷凉、绿色能源充足、地广人稀等地域特点，积极促进工业互联网与制造业融合发展，引进和培育云计算、物联网、大数据等既符合基本产业政策导向，又被能源消耗量制约发展规模的特色产业。同时，

不能孤立地提出和实施传统实体经济产业的升级提升和新兴数字经济产业的基本建设、发展政策。

立足于民族地区基本实际，结合青海特有的资源禀赋，以最少的资源消耗和环境代价来谋取最大的发展效益，打开绿水青山向金山银山的转换通道，释放绿色发展强劲动力。要响应国家基本发展战略，大力发展循环经济。将过去单一的“资源—产品—废弃物”的线性生产模式转化为“资源—产品—再生资源”的循环生产模式，将资源效益最大化，培育、打造青海部分生态产业示范区、重要能源基地高质量发展先行区、生态产品价值实现区。同时，青海可以利用地理位置的特殊约束和生态环境的严重制约，以及兰西城市群整体性经济迫切增长的现实压力，倒逼地区内产业提高资源利用效率、提升产品附加值，加快产业集聚。

（二）促进城乡公共服务均等化，改善青海人居环境

充分发挥兰西城市群青海部分西宁—海东都市圈的主观作用和辐射能力，对外一要争取国家对于基础设施的政策、基金支持；二要积极与中部发达地区联手，加强在医疗、教育等公共服务领域对口支援，大力引进东部中部地区人才与资金；三要充分利用兰西城市群的机遇和优势，基于资源共享和利益共分的良性竞合战略，通过政府有意识的引导城市群内主体相互帮扶和相互促进，形成竞合主体有动力有利益的可持续发展局面。从而打造惠及兰西城市群整体的基础公共服务资源共建共享平台，并通过城市群、都市圈的影响能力和辐射效应，带动优势资源向偏远农牧区及经济基础薄弱地区倾斜，大力增强青海部分经济落后地区公共服务和公共产品的有效供给，改善各级各类公共服务基础设备设施，增强基本公共服务能力和均等化水平，影响带动周边区域基本公共服务设备设施和配套措施完备化、现代化、适应化，缩减青海部分城乡基础公共服务差异。

借助数字经济，突破兰西城市群间传统公共服务“痛点”，促进青海城乡公共服务均等化进程。通过依靠兰西城市群发展建设，培育壮大数字基础设施，从而推动教育、医疗、住房保障等基础公共服务数字化转型，实现网

上看病、线上教育、在线政务等数字化时代的公共服务提供方式，且较为容易覆盖到山区、草原的特殊环境地区，从而有效弥补传统公共服务供给中的资金、人才、设施不足问题。

（三）弱化行政区限制，加强与周围地区的合作

兰西城市群的整体发展格局中亟须打破地方保护主义的狭隘发展观念，弱化行政区的限制，促进兰西城市群整体性的融合和一体化的发展。作为兰西城市群中青海一极的西宁，更要主动与兰州对接协调。第一，从政策制度上破除省域之间城市之间的行政藩篱。要实施更加积极主动的开放合作战略，构建起两省政府之间的合作机制，形成城市群间合作与发展的基本格局。基于两省的经济差异性，青海部分以西宁为代表的城市群需主动破除以往的隔阂，积极与以兰州为代表的甘肃部分城市群展开对话与合作，在政策规划中要明确城市群一体化发展战略，在制度实施中要打破两省之间行政的封闭状态。这样既能大幅度提升区域之间的行政效率，同时也是对基础公共服务的一种倒逼。通过切实的政策促使城市群之间更加“同城化”的发展，在经济增长方面建立起资源共享利益共分的机制，在基础公共服务方面建立起共建共治共享平台，从而破除区域之间的限制，帮助青海部分城乡尽快实现基础公共服务均等化。

第二，要加强统筹规划，促进两省之间的产业合作。要厘清政府和市场之间的关系，运用好“看得见的手”与“看不见的手”，充分发挥市场在资源配置中的基础性作用。基于以西宁为代表的青海部分起点低、底子薄的基本现状，兰西城市群中青海部分需通过有意识的引导、规划、实施两省之间重大项目的合作，打破行政壁垒，将兰西城市群中各部分紧密团结在一起，相互取长补短，打造兰西城市群一体化发展的重大示范区、先行区。促进省域间基本生产要素的流动，消除政策性障碍，实现资源的合理有效配置，将过去的单个城市要素聚拢能力转换为兰西城市群整体性的城市网络化能力，从而激发市场活力，形成两省之间一体化的基本要素市场，建立起兰西城市群现代经济共同体。

（四）紧抓“一带一路”倡议机遇，持续深化对外开放

青海部分中心城市西宁要立足“一带一路”节点城市，加强与同为兰西城市群中心城市的兰州和以西安为中心的关中平原城市群以及以成都、重庆为中心的成渝城市群间的合作交流。要积极抓住“一带一路”建设机遇，将引进来和走出去有机结合，全面扩大对内对外开放格局。兰西城市群整体性的开放战略，只两省间、城市群内的开放是远远不足的，更要充分利用其沟通西北西南、连接欧亚大陆重要枢纽的独特地理位置。青海省一方面要找准自己在兰西城市群中的基本定位，自我剖析其自身优劣，与甘肃部分形成错位发展和分工协作的良性发展态势，结合兰西城市群一体化发展的良好大平台，升级、转化、精高端自身产品。另一方面要积极促进产业集群、产业循环发展，努力打造具有行业重要影响力的研发制造基地、先进制造和现代服务相融合的复合型产业功能区，打造对外开放的先行区、新高地。对内与关中平原城市群、成渝城市群等遥相呼应，相互扶持；对外与中亚、东欧等在多领域开展深度合作，将其地理位置优势转化为经济优势。青海部分要积极建设、带动西宁—海东都市圈的发展，将城市群整体发展带来的资源和优势通过城市圈辐射出去，带动周边其他城市、乡镇发展，缩减区域经济差距，切实打牢兰西城市群一体化发展的经济、产业基础，实现城市群整体性高质量高效益综合发展。通过积极对内对外开放，全面打开内部外部市场，弱化行政边界，实现与周边多层次多领域合作。

（五）筑牢生态底线，适应兰西城市群青海部分绿色发展要求

兰西城市群青海部分在生态方面具有重要的战略价值，兰西城市群的发展规划也侧重生态发展。因此，为了实现兰西城市群青海部分生态保护优先与经济发展共赢的目标，发展以循环经济为主的经济模式应当作为兰西城市群青海部分的主要发展模式。兰西城市群青海部分的城镇化发展既要立足青海省的省情与兰西城市群的实际，又要融合国家发展战略，既要合理布局优势产业，也要注重补短板，争取实现满足区域经济发展需求与人口产业协调

发展的双赢局面。利用优势产业带动弱势产业以及相关配套产业的发展。对于青海部分的经济发展水平较好的市州而言，在强化自身发展，增强竞争力的同时，要对周边市镇发展起到引领带动作用。西宁市作为中心城市，实现产业集聚是核心目标，在产业集聚过程中，也要积极引导劳动密集型产业向边缘城市转移，将人口居住压力、交通拥堵压力向周边市镇适当释放，营造良好政策环境、营商环境，吸引人才回乡工作。结合青海省的主体功能区划分，兰西城市群青海部分的发展重心集中在西宁—海东地区，因此在发展过程中要充分发挥中心城市西宁的经济带动作用，带领副中心城市海东市及边缘市镇实现经济良好发展。

坚持耕地保护和生态保护优先，确保粮食安全和生态安全，划定落实“三条控制线”，形成“一核两轴、两屏三区”的国土空间开发保护总体发展格局。推进美丽城市建设。把握好省部共建、支持西宁率先开展试点机遇，注重三美协同、城乡融合，协同推进美丽城市、美丽城镇、美丽乡村建设，探索形成高原美丽城市试点的支撑体系、实践体系、行动体系、制度体系和保障体系，加快推进“城市客厅”和“魅力空间”项目建设，确保示范市建设工作短时间内取得显著成效。实施城市“微改造”，加强老旧小区改造和社区建设，建设完整居住社区。开展重点街道景观建设，打通城市景观廊道。开展城市记忆修复行动，推进历史名城名镇和历史街区整体环境提升、文化品牌打造、风貌保护修复等项目建设，留住城市历史、城市记忆。

参考文献

谯喜龙、颜晨：《发挥兰州中心城市带动作用　实现兰西城市群高质量发展》，《兰州日报》2021 年 12 月 23 日，第 2 版。

陈文烈、李小琴、李生芳：《兰西城市群助推青海农牧区高质量发展研究——基于青海涉藏六州的经验数据》，《青海民族大学学报》（社会科学版），2021 年第 4 期。

陈瑾宇、张娟：《兰西城市群协同创新网络的结构洞与中间人研究》，《工业技术经济》2023 年第 7 期。

周恒、杨永春：《兰西城市群“双核分离”结构探讨：区域经济一体化背景下民营企业的投资网络》，《地理科学进展》2023 年第 5 期。

张晓容：《以兰西城市群高质量发展引领现代化新青海建设》，《青海日报》2023 年 4 月 25 日，第 4 版。

B.20

对口援青工作的成效、问题及发展对策

胡　芳*

摘　要：　本报告从工作机制、资金、人才、教育、医疗、科技、“三交”等领域总结梳理了对口援青的工作成效，认为对口援青工作尚存在援助力度亟待加强、援助政策亟待完善、项目实施与资金管理机制亟待完善、产业帮扶方式和成效亟待提升、人才建设与组织保障工作亟待加强等问题，在分析对口援青工作发展趋势的同时，提出了加大资金援助规模、完善援青工作机制、提高人才智力支援水平、夯实对口援青工作基础、加大科技援青力度、以科技创新带动产业发展、持续深化跨区域交往交流交融、推动文艺援青与生态旅游高质量发展等对策建议。

关键词：　对口援青战略　援青干部　高质量发展

对口援青是以习近平同志为核心的党中央着眼推动区域协调发展、促进共同富裕作出的重大战略部署，是中国特色社会主义制度优越性的重要体现。自2010年中央第五次西藏工作座谈会做出对口支援青海省涉藏州县的重大战略部署以来，中央国家机关，部分央企和北京、上海、天津、江苏、浙江、山东6个发达省市对口支援青海省直有关部门、6个州及所属32个县（市），从政策、资金、人才、项目等方面给予青海大力支持、无私援助，各领域的援青工作成效显著，有力地推动了青海涉藏州县的经济社会发展和民生改善，为青海经济跨越发展、社会和谐稳定和民族团结进步作出了重要贡献。

* 胡芳，青海省社会科学院文史研究所研究员，主要研究方向为青海文学、民俗文化。

一　对口援青工作开展的现状及成效

对口援青重大战略实施以来，在援受双方的共同努力下，对口援青的工作机制建设、资金援青、人才援青、教育援青、医疗援青、科技援青、产业援青等取得了令人注目的成绩，援受双方合力开创了对口援青工作“多级互动、广泛参与、扩围提质、升级加力”[①] 的新局面，为青海的跨越式发展注入了前所未有的物质和精神力量。

（一）合力加强组织协调与部署指导，援青工作机制日趋完善

党的十八大和中央第六次西藏工作座谈会以来，习近平总书记对东西部协作和对口援青作出新的部署、提出了更高要求。中组部、中央统战部、国家发改委、人社部等援青工作牵头部门不断加大对口援青工作的指导协调力度，相继制定、印发了援青干部、项目、资金管理等方面的制度文件。截至2022年8月，援青中央国家机关先后出台支持青海涉藏工作的政策文件113个，6个援青省市签订省际政府战略合作协议[②]，从行业政策、项目安排、产业发展、业务工作等方面给予大力支援与帮扶。省委、省政府先后印发了《关于做好新形势下支援帮扶合作交流工作的意见》《关于进一步深化支援帮扶工作机制的意见》《对口支援青海省涉藏州县项目管理办法》等政策文件，分别与国务院国资委、各省市援青部门签订中央企业对口援青协同机制、六省市对口援青工作协同机制，对口援青工作机制呈现出了制度化、规范化、科学化发展的态势。

---

① 《中共青海省委“中国这十年·青海”主题新闻发布会答记者问》，《青海日报》2022年9月1日，第3版。

② 胡贵龙、潘雨洁：《“数”读六省市十二载援青工作“成绩单”》，中国新闻网，https://baijiahao.baidu.com/s?id=1741509234130075859&wfr=spider&for=pc，最后检索时间：2023年11月17日。

（二）持续改善基础设施和人才保障，资金与人才援青有序推进

资金援青和人才援青是对口援青的首要工作，为青海涉藏州县的经济社会发展和民生改善提供了重要支撑。据统计，对口援青工作开展以来，各支援方累计落实2600多个项目、147亿元资金，80%以上用于县及县以下基层保障改善民生。其中，援建农村道路1200多公里、卫生厕所21688座，解决了28万人、141万只牲畜安全饮水和1.3万户、5.1万人用电问题，帮助改善近1/3农牧区人口的住房条件，[①] 极大地改善了青海涉藏州县的基础设施条件。人才智力援青方面，通过选派援青干部、开展行业培训、专家行等活动，以及采用柔性引才引智等方法，形成了人才援青的长效机制。先后有五批1421名援青干部、2000余名教育医疗人才、477名专家和科技骨干赴青工作服务，在青海脱贫攻坚、疫情防控、产业“四地”建设、持续深化交流合作等方面作出了积极贡献。其中，援青干部是人才援青的中坚力量，2019~2022年，第四批援青干部协调实施重点领域项目694个、累计签订合作协议181个，各支援团队通过“青洽会”协调签约相关项目109个、签约金额510亿元，引进企业119家、总投资880亿元[②]，为青海发展作出了重要贡献。各支援方还培训青海省各类高层次急需紧缺人才2800余人，培养培训各类干部人才14万多人次，有效提高了当地干部人才队伍建设水平和农牧区农牧民能力素质。

（三）大力推进“组团式帮扶”，教育与医疗援青持续深化

教育援青与医疗援青是对口援青的重点工作。党的十八大以来，教育部和援青六省市对青海的高等教育、基础教育、职业教育进行了“组团式”

① 胡贵龙、潘雨洁：《“数”读六省市十二载援青工作“成绩单”》，中国新闻网，https：//baijiahao.baidu.com/s? id=1741509234130075859&wfr=spider&for=pc，最后检索时间：2023年11月17日。

② 胡贵龙、潘雨洁：《“数”读六省市十二载援青工作“成绩单”》，中国新闻网，https：//baijiahao.baidu.com/s? id=1741509234130075859&wfr=spider&for=pc，最后检索时间：2023年11月17日。

的帮扶，助推青海教育加快发展。教育部与青海省委、省政府通过出台相关文件、签订战略合作协议、召开工作会议等方式推动教育援青走深走实。据统计，“十二五”“十三五”期间，教育部通过中央专项下达青海省教育基建项目近 234 亿元，6 个帮扶省市安排帮扶资金 15.1 亿元，实施援建项目近 320 个，丰富了教育资源供给。[①] 高等教育方面，清华大学、北京师范大学、天津大学等 10 余所高校通过“多对一”模式“团队式”支援青海三所高校，选派 170 余名院士、专家学者到青海高校任职任教，打造三江源生态、地理学、民族学等一批优势特色学科，实施各类科研项目 3900 多项，助推青海高等教育内涵式发展。[②] 基础教育方面，通过推进异地办班、加强师资培训、建立结对帮扶等方式，推动了青海省涉藏州县基础教育的提质发展。据统计，各支援帮扶省市 310 余所中小学与青海涉藏 6 州中小学建立了结对帮扶关系，各层面往来交流近 6 万人次，培训各类干部人才 14 万多人次，搭建远程教育信息平台覆盖 108 所学校，设立异地高中、中职班 30 个，培养学生万余名等。[③] 职业教育方面，援青省市开展了“学校多对一、专业一对一”的整体性帮扶，省内 8 所高职院校与省外 8 所高职院校签订了对口合作协议，从学校管理、专业建设、教师成长、合作办学等方面进行全面帮扶。医疗援青方面，各援青省市采取医疗人才“组团式”帮扶、搭建远程医疗信息通道、引进新技术与新项目等方式，帮扶医院 43 个，远程医疗覆盖受援州、县、乡镇医院 81 家，支持引进新技术、新项目 400 余项，新建

① 马嘉宾、胡希召：《教育“组团式”援青助力青海教育高质量发展》，中国教育新闻网，https://baijiahao.baidu.com/s?id=1741519913565394987&wfr=spider&for=pc，最后检索时间：2023 年 11 月 17 日。

② 张子琪：《教育援青持续发力　支援帮扶省市 5 年实施援建项目 320 个》，新华社网站，https://baijiahao.baidu.com/s?id=1768679240675653947&wfr=spider&for=pc，最后检索时间：2023 年 11 月 17 日。

③ 胡贵龙、潘雨洁：《“数”读六省市十二载援青工作“成绩单”》，中国新闻网，https://baijiahao.baidu.com/s?id=1741509234130075859&wfr=spider&for=pc，最后检索时间：2023 年 11 月 17 日。

临床科室42个[①]，填补了400余项医疗技术空白，全面改善了涉藏州县四级医疗卫生服务设施与水平。此外，“心佑工程青海行”“光明行”“健康行”等免费巡回诊疗活动持续开展，累计筛查包虫病、白内障患者80238例，救助先心病儿童400余名，减免医疗费用2700余万元[②]，为受援地基层各民族民众带来了民生福祉。

（四）有效增强受援地“造血”功能，产业与科技援青提质增效

产业援青和科技援青是对口援青的重要工作。产业援青方面，受援双方以项目建设为载体、以产业对接为平台、以援青干部人才为纽带，积极探索行之有效的产业支援方式。据统计，各支援方支持受援地建设各类产业园区13个，吸引入驻企业184家，在支援地区开设特色农畜产品销售窗口、门店34个[③]。商务部大力支持青海省改善商贸流通，培育认定3个国家级、2个省级外贸转型升级示范基地，在中亚、南亚、中东、欧洲等地设立19个青海特色商品国际营销网点，建成综合性进口商品展销中心13个。援青央企加强了与青海在新能源开发、电网建设等方面的战略合作，各支援省市加大了对受援地特色农牧业、绿色产业等方面的支持帮扶。青海省则先后实现了向江苏、湖北、北京、上海、浙江、山东外送新能源电量。科技援青方面，在科技部指导支持和省委、省政府的大力推动下，建立了“5+6+8”[④]的科技援青工作格局和“三位一体”[⑤]有机结合的科技援青工作机制，青海

① 胡贵龙、潘雨洁：《“数”读六省市十二载援青工作“成绩单”》，中国新闻网，https://baijiahao.baidu.com/s?id=1741509234130075859&wfr=spider&for=pc，最后检索时间：2023年11月17日。

② 解丽娜：《把力量汇成海　把岁月写成歌——对口援青十周年综述》，《青海日报》2020年9月15日，第9版。

③ 解丽娜：《把力量汇成海　把岁月写成歌——对口援青十周年综述》，《青海日报》2020年9月15日，第9版。

④ “5+6+8”中的“5”指科技部、中科院、工程院、国家自然基金委、青海省人民政府，“6”指北京、上海、天津、浙江、江苏、山东6个对口支援省市，“8”指湖北、山西、陕西、甘肃、四川、广东、安徽、重庆8个“科技援青”合作省市。

⑤ “三位一体”指国家支持、对口支援和促进技术转移。

对外科技合作空间正在逐步扩展，科技创新驱动能力得到了有效提升。据统计，“十三五”以来，累计有150余个科研团队服务青海创新发展，联合实施研发项目300余项，向青海省转移转化技术成果500余项，合作共建研发平台和机构20余个；全省共支持科技援青和东西部合作专项项目80项，支持省级财政科技经费5253万元，通过科技计划合作的省外创新主体达到456家。[①] 2023年4月，青海省正式启动“数据援青”工作，组建成立青海绿色算力产业联盟，中国能建、重庆亿众、雨色大数据等重点项目签约落地，中国电信青海公司与上海临港、南京智算中心等签订“数据援青”合作协议，江苏无锡与海东两市签订“数据援青”战略合作协议，等等，“数据援青”工作正在逐步推进。

（五）积极促进民族交往交流交融，“三交”和文化援青成效显著

对口援青工作实施以来，援受双方以铸牢中华民族共同体意识为主线，以“携手奔小康”行动为主要抓手，广泛开展结对子、文艺展演、文旅合作、文艺援青等交流活动，各层面交往交流交融日益密切，形成了党政引领、经贸搭台、文化带动、民间互动的良好局面。“携手奔小康”行动开展以来，援受双方建立了以县、乡结对帮扶为主线，以部门、产业园区、学校、企业等多领域帮扶为补充的多层级全覆盖结对帮扶体系，共建立结对关系1095个。[②] 2022年8月，第三次对口支援西藏工作会议后，青海会同各支援省市印发了促进各民族交往交流交融十项行动的意见，提出了“百千万”工程目标，而京玉民族团结共建交流、浙江海西共启亚运交流年等活动，深化了青海与东中部地区的交往交流交融。援受双方通过深入推进党政领导与机关干部交流互访、优秀中小学生赴发达省市研学、社会各界代表参

① 青海省科学技术厅：《科技援青　激发青海经济社会高质量发展新动能》，《中国农村科技》2022年第6期，第36~39页。

② 《情系三江源，携手奔小康——党的十九大以来对口援青工作综述》，共产党员网，https：//www.12371.cn/2022/07/05/ARTI1657011896502811.shtml，最后检索时间：2023年11月17日。

观交流等活动，促进了援受双方干部群众观念互通、情感融合，促进了民族团结进步，推动了中华民族共同体建设。文化援青方面，各支援方通过援建博物馆、图书馆、文化馆，培训三馆工作人员，极大地改善了涉藏各州县的文化基础设施建设。中国文联、援青省市文联与青海省文联在文艺人才培养、优秀文艺作品创作、资金项目扶持等方面积极协作，初步达成了40余项涉及采风创作、交流展示、专业培训等方面的支援合作意向。北京、山东、江苏等支援省市和青海省加强了文旅产业合作，于2019年11月成立“援青文旅联盟”，签订《援青文旅章程》，并相继开展了“水韵江苏牵手大美青海”“山东人游海北”等活动，青海省也加大了对各支援方的旅游宣传推介活动，文旅援青正在成为对口援青的新亮点。

二　对口援青工作中存在的突出问题

对口援青战略实施以来，各方面工作卓有成效，但也存在一些需要高度重视并亟待解决的突出问题。

（一）对口援青力度亟待进一步加强

对口援藏、援疆、援青是党中央着眼于国家长治久安作出的重大战略决策，而三地对口支援的工作开展时间不一，援助规模也存在很大差别。如对口援藏工作于1994年启动，涉及18个省区市，而对口援疆于1997年启动，涉及19个省区市，对口援青于2010年启动，涉及6个省区市。相对而言，对口援青工作启动最晚，且涉及省市较少，对口援青的资金量、干部人才数量、项目数量均远低于援藏、援疆力度。如“十三五”期间，央企持续加大援藏援疆力度，在西藏实施产业项目9900个，累计投资1342亿元[1]；在

---

[1] 《“十三五”累计投资1342亿元　央企加大援藏建藏力度》，经济参考报网站，http：//www.capwhale.com/newsfile/details/20210917/0fee16a7628247e99d933bf18b1b29a5.shtml，最后检索时间：2023年11月17日。

新疆实施投资项目3.2万个，累计投资7670.5亿元；[①] 在青海实施援青项目353个，累计投资11.32亿元。党的十八大以来，对口援藏干部近7000名[②]，对口援疆干部2.1万名[③]，对口援青干部1421名。

（二）援助政策亟待进一步完善

国务院《关于开展对口支援青海省藏区经济社会发展工作的指导意见》中没有提出类似对口援藏、援疆的“援助资金按支援省市上年度地方财政一般预算收入的1‰安排”的要求，各支援方在安排援助资金方面缺乏政策和法律依据，存在随意性与不确定性，援青资金规模较小。另外，青海省涉藏各州的援助项目虽然取消了州县配套资金，但因省级财政承担的配套资金比例高达30%，省级财政负担较重，配套资金难以筹措，在很大程度上影响了援青项目的实施与成效。

（三）项目实施与资金管理机制亟待进一步完善

援受双方在制定和争取援助项目方面，存在调查研究不够、沟通协调不足、针对性不强等问题。有的受援方在争取援助项目时缺乏长远规划和可持续性，存在以争取物资、争取无偿支援为主的现象，缺乏主体性和主动性；有的支援方也存在重政绩轻民生、重物质轻精神等现象。部分项目存在重建设轻运维情况，缺乏后续运维措施和开支来源，不能持续发挥效益。资金管理方面，存在部分对口地区资金下达速度慢、执行效率低等现象，有些州县财政存在无对口帮扶资金专门账户现象，各类财政资金通盘使用，不利于监管，且对口帮扶资金绩效评价导向也需进一步强化。

---

① 张一鸣：《“十三五”投资7670.5亿元，央企援疆加速跑》，《中国经济时报》2021年9月15日，第2版。

② 李昌禹：《近7000名援藏干部助力西藏发展》，中国西藏网，http://www.tibet.cn/cn/instant/local/202208/t20220818_7260816.html，最后检索时间：2023年11月17日

③ 曹志恒、关俏俏、尚升：《同心援疆结硕果——新时代援疆工作综述》，中国青年网，https://baijiahao.baidu.com/s?id=1777122055259327024&wfr=spider&for=pc，最后检索时间：2023年11月17日。

（四）产业帮扶方式与成效亟待进一步提升

青海涉藏州县普遍存在工业经济发展缓慢、产业发展能力不足、招商引资难度大、发展园区经济的经验与实力不足等现实困境，尤其是果洛、玉树两州，直到目前仍以传统畜牧业为主，经济结构极为单一。因此，各支援省市与对口帮扶地区受援方的产业发展存在较大梯度与差异，且当地产业发展需求与支援方产业之间匹配度不高，产业契合度低，产业转移与承接难度较大。从特色生物产业来看，青海涉藏州县的特色生物产业普遍存在产业规模小、加工链条短、产品附加值低、市场开发缓慢、品牌培育滞后、市场认知度低等不足，难以引进市场主体合作开发，合作共赢难度大。青海省科技创新能力较弱，涉藏州县的科技力量和创新能力尤为薄弱，科技援青工作中缺乏主体力量的积极参与，受援地州县科技力量的参与度不高，尤其是基层企业的科研力量主动性较差。从文化旅游业来看，部分对口地区具备深度开发文化旅游的资源条件，但受当地经济发展水平、交通便利程度、融资引资能力、市场化水平等因素制约，加之受国家生态保护优先的严格限制，援受双方合作开发文化旅游产业的成效较为缓慢。

（五）人才建设与组织保障工作尚待进一步加强

青海涉藏州县的基层人才力量较为薄弱，存在对口援青的机构人员配备不完善、经费和工作制度不到位、管理队伍水平不高、高技能人才缺乏、劳动者受教育程度低和专业技能较弱等现象，如县级对口支援工作部门为挂牌机构，没有编制与人员，运转效率不高。干部人才援青与受援地需求也存在一定偏差，人才援青主要集中在教育、医疗领域，管理、科技、产业等方面的人才数量较少，选派人才援助不能完全满足新阶段新形势的发展要求，且教育、医疗帮扶仍需大力提高。对援青干部的支持保障也有不尽完善的地方，受当地经济发展水平限制，援青干部的生活、福利和工作待遇均有待提高，对其先进事迹的宣传推介也有待加强。此外，援青干部与援藏干部，甚至不同地区的援青干部之间，津贴、子女待遇、政治待遇方面也存在较大差距，成为引发思想不稳定的重要因素，需引起有关部门高度重视。

三　对口援青工作发展形势分析与预测

根据《青海省国民经济和社会发展第十四个五年规划和二〇三五年远景目标纲要》中“推动对口援青更加精准有效”的相关内容，结合对口援青工作的发展现状，做以下形势分析与预测。

（一）对口援青工作将持续深入和提升完善

随着近期援受双方党政领导频繁互访、密切交流、精心部署，援青工作将呈现出高层次推动、高水平推进的新态势。援受双方将进一步完善对口支援体系，加快构建政府、企业和研究机构等广泛参与的对口协作体系。对口援青将从给资金、建项目的“输血”式援青，向产业援青、科技援青、智力援青等增强青海“造血”能力的全面援青转变，将从对口支援省市无偿单向援助向援受双方合作共赢转变。

（二）人才援青方式将更趋于多元化

援受双方将持续加大柔性引才育才工作力度，探索构建“科技在青、人才可以在外”的人才工作新机制。将加大对接支援方高端人才来青开展团队式服务的力度，推进博士点、博士后工作站、流动站及院士专家工作站建设，引进“候鸟式”人才和银发专家等高端人才和优秀团队。将持续推广“师带徒”“导师制”“专家行”等人才传帮带制度，加强受援地的科技、教育和医疗人才培养。将进一步健全人才关爱机制，解决医疗保障、住房安置、子女入学等实际问题，营造干事创业的良好环境。

（三）教育医疗领域帮扶合作将持续深化

援受双方将继续加大教育援青、医疗援青的规模与力度，持续强化支援方名校名师、名院名医等对口帮扶力度，“组团”式帮扶机制将进一步完善。教育援青将更精准有效，将针对青海产业发展需求有计划地培养技术性人才，扩大异地中职班的办学规模。高等教育援青将持续深化，将继续推动高水平大学对口援青。推动支援省市与青海省级医院、州中藏医院建立医共体、医联体，推进省内外三级医院对口帮扶县级医院全覆盖。

（四）产业援青将更加精准有效

随着产业“四地”建设逐步推进，援青工作将聚焦生态文明高地和产业“四地”建设展开，援受双方将加大生态保护、盐湖化工、清洁能源、绿色有机农畜产品、国际生态旅游等重点领域的合作。随着国家数字化战略的深入实施，科技援青、数据援青将成为对口援青的新场域、新领域。围绕党的二十大提出的“全面推进乡村振兴”的重要任务，援受双方将围绕培育乡村新产业新业态进行深度交流协作。援受双方将加强在优势产业链方面的互利合作，将持续加大援青产业园区建设，尤其是将加大在双碳领域的开发合作力度。

（五）民族交往交流交融将持续强化

随着对口援青工作全方位、多层次开展，以及“石榴籽”“百千万”等工程的落地实施，东中部地区与青海的交流将更加频繁与密切，援受双方将广泛开展“结对子、走亲戚、交朋友、手拉手”活动，尤其是加强青少年、基层人才与干部之间的交流活动，民族团结共建活动将更加务实见效。同时，文化交流将更加广泛深入，青海将持续加大文化外宣推介活动力度，对口支援省市将持续加大文艺家到青海采风、培训文艺人才、支援红色文化场馆建设等方面的力度。援受双方将加大生态旅游和文化旅游合作，合力共建大美青海全域生态文化旅游格局。

四　推动对口援青工作高质量发展的对策建议

对口援青反映了以习近平同志为核心的党中央对青海各族人民的高度重

视与关爱，是推动现代化新青海建设的重要抓手。当前，对口援青工作正处于深入实施阶段，面对新形势新任务，要全面贯彻党的新时代治藏方略，在总结运用好成功经验的同时，靶向发力，精准施策，全面推动对口援青工作高质量发展。

（一）加大资金援助规模，完善援青工作机制

一是针对目前援青资金量相对较少且不规范的实际情况，向中央和国家争取提高支援省市援青资金标准的有利政策，尽量争取与西藏、新疆近似水平的援助标准，为各支援省市加大援助资金量提供政策与法律依据。二是加大与国资央企的沟通协作力度，争取加大央企在青海油、气、管、网、水、电、路等领域的投资建设力度，加大与央企在清洁能源、生态保护、绿色发展、大数据建设、就业安置等领域的合作力度。三是建立援受双方省市、州、县三级衔接配套的协作机制，结合青海发展短板和实际需求，重点统筹、谋划实施援建项目，集中解决青海涉藏州县急、难、愁、盼的实际困难与问题；加强县级对口支援工作机构建设，核定编制和工作经费，确保对口援青资金与项目高效运转。四是尽快成立由援受双方组成的省级层面的对口援青协调联席会议制度，建立常态化、全局性的统筹协调机制，加强援受双方党政主要领导以及青海党政领导与央企之间的高层互访交流与沟通协作，统筹协调解决对口援青工作中存在的实际问题，推动对口援青从单向支援向合作共赢转化。

（二）提高人才智力支援水平，夯实对口援青工作基础

一是调整和优化援青干部人才结构，继续发挥支援方在科技、教育、医疗、管理等方面的优势，根据受援地的实际需求，在增加教育、医疗援青人才数量的同时，有针对性地选派涉藏州县急需的企业经营管理、生物技术研发、商务金融、市场营销策划、新能源新材料、数字技术等方面的高层次专业人才。二是做好柔性引才引智工作，建立援青人才库。建立“户口不迁、关系不转、双向选择、自由流动”的柔性人才引进机制，根据青海涉藏州

县发展需求，采取项目合作、聘请顾问、短期兼职、远程教学、专家流动课堂等形式，柔性引进教育、医疗、科技、产业等领域的高端人才，援受双方在项目、职称、住房、交通等方面给予引进人才相关激励，有效提高对口援青工作的智力支撑作用。三是加大对受援地基层人才的培养培训力度，打造“本土化、扎根型、带不走”的人才队伍。完善受援地基层干部到东中部发达地区挂职交流的机制，加大对当地党政干部和专业技术人才的异地培训力度，加快推进对医疗、教育、科技、企业、农业等本土人才的“传帮带培”力度，不断提升涉藏州县人才队伍整体素质和社会就业整体水平。四是建立援青人才库。支持组建或引进市场化、专业化、规模化的人力资源服务公司，通过搭建“互联网+人才”的对口援青人力资源服务平台，向受援地提供“一站式”的人才资源服务，吸引东中部支援省市人才向青海涉藏州县流动。

（三）加强“组团式”帮扶力度，推动教育医疗援青提质升级

一是持续加大高水平大学对青海高校的“团队式”支援帮扶力度，从学校管理、学科建设、师资培训、支教帮扶、教研合作等方面全方位、多层次地支援帮扶，建立青海高校教师、优秀大学生到名校异地交流机制，引进更多的名校名师到青海短期执教，推动青海高等教育质量提升。二是以促进就业为导向，加强与支援方在职业教育方面的协作，围绕青海经济社会发展和产业“四地”建设，优化职业教育专业设置，加强“订单式”“定向式”职业技能培训，加大异地班办学规模，加大职校毕业生在支援地就业的力度。三是充分利用互联网技术和远程平台，持续加强开放优质网络教育资源、在线学业帮扶活动、空中课堂、空中教研等线上教育活动，共享优质教育资源，形成线上空中课堂、线下名师送教相结合的教育授青新局面；加大远程会诊系统建设力度，建立远程专家联合诊疗模式，持续加强按需开展远程会诊、远程查房、远程培训等新型医疗服务模式，不断提升受援地的医疗技术能力和服务水平。四是持续加大高水平医院对青海医院尤其是涉藏州县医院的支援帮扶力度，强化学科建设、科室管理、业务培训、手术带教、专

家会诊、技术攻关等方面的支援帮扶，给受援地培养一批实操水平高、留得住、带不走的高原医疗人才队伍，不断提高受援地医院整体的管理、医疗、教学、科研、护理水平。

（四）加大科技援青力度，以科技创新带动产业发展

一是创新科技援青工作机制。建立科技援青联合推进机制和科技对口合作机制，根据青海产业发展的科技需求，鼓励青海的企业、产业园区、高校、科研院所加大与对口支援省市的科技方面的对接与合作力度，与产业结构基本相似相近或研究方向基本一致的企业、园区、高校与科研院所建立结对合作关系，联合共建创新服务平台，引进先进的科技成果，促进先进实用的技术在青海的推广和转化。二是促进科技与特色产业的深度融合发展。通过联建新型产业技术研发机构、打造高端创新平台、引进高新技术项目和企业、发挥企业家和科技领军人才重要作用等方式汇聚科技资源，提升青海生态保护、盐湖产业、清洁能源、新材料、特色农牧业、生物资源等特色产业的科技含量和技术创新能力。三是建立援受双方在双碳领域的合作开发机制，共同推进双碳战略落地。充分利用东中部地区的人才科技优势，建立青海涉藏州县林草碳汇能力监测系统和生态价值实现机制，在引导高端技术和资金向青海涉藏州县输入的同时，鼓励受援地碳汇配额优先向援助地企业流动，实现援受双方互惠共赢。四是把握好国家实施“东数西算”“双碳”战略的时代机遇，构建大数据产业协作发展新格局。全面加强与国家部委的沟通衔接，积极争取国家部委在国家级行业级数据资源、产业布局方面的支持，打造绿色大数据中心、绿色智算中心、绿色算力中心，争取将青海打造成国家战略数据存储和灾备的承接地。加大与中国电信、中国联通、中国移动等通信企业沟通合作力度，发挥好海东零碳数据中心、中国移动（青海）高原大数据中心、三江源国家大数据、青海零碳大数据产业实验室等数据平台的作用，推动其升级提效。各地各部门要借助援助地和单位的数据资源和产业优势，强化区域协作，加强业务培训，争取汇聚一批数据资源，落地一批重大项目，培育和壮大青海绿色大数据产业。

（五）持续深化跨区域交往交流交融，推动文艺援青与生态旅游高质量发展

一是聚焦“三交”工作，持续强化党政、企业、青少年、基层干部各个层面的互访交流。依托青海省国家公园建设的契机，加强援受双方青少年在自然教育、自然体验等方面的学习交流，鼓励支援方青少年开设自然教育课程、到青海参加自然体验方面的夏令营活动，增加东中部地区青少年对青海的了解。充分利用青洽会、文化旅游节、环湖赛等重大节庆活动，邀请支援方的党政领导、企业和社会团体到青海参观考察，增进援受双方的情谊。二是持续强化“石榴籽”行动，广泛开展援受两地结对子、交朋友、心连心等联谊活动，加强各民族民间交往交流交融。通过持续强化“携手奔小康”“百千万”等工程，全面推动基层干部、青少年、各族群众走出青海，融入全国，推动支援地干部群众深入了解青海、懂得青海、喜欢青海。三是丰富拓展文艺援青的内容与范围，持续推进文化交流交融。一方面，青海要持续推动特色文化走出去，加大对青海史前文化、昆仑文化、河湟文化、三江源文化、热贡艺术、格萨尔文化等特色文化的对外展示推介力度。另一方面，还要联合中国文联，组织援青省市文学、舞蹈、音乐、美术、戏剧、曲艺、电影等领域的艺术家们来青海开展创作采风调研活动，挖掘青海珍贵的原生态文艺资源，展现在大美青海的人文之美，并加大支援地对青海演艺、动漫、影视、非遗等产业的扶持力度，培育壮大青海本土的特色文艺产业。四是持续加大生态旅游合作。争取国家有关部委对青海打造国际生态旅游目的地的指导支持，有序扩大青海省开放区域，创建生态旅游示范省和国家级自驾车旅游示范省，提升青海旅游对外开放和国际化水平。发挥好援青旅游联盟的作用，争取支援省市从人力、物力、财力、智力等方面加强对青海生态旅游的帮扶合作，与支援省市签订旅游合作协议，强化大美青海的生态旅游推介，将生态旅游打造成青海的旅游金名片。

B.21

青海非物质文化遗产保护与发展调查报告

阿 琪*

摘 要： “十四五”以来，青海积极出台非遗保护发展相应政策，不断因地制宜探索适应青海本土特色的非遗传承保护措施和创新保护发展策略。目前，青海在健全政策法规、加强系统性整体性保护、注重宣传展示和文化交流、着重培养传承人推动非遗创新发展等相关举措基础上，应对现有的发展问题，应当在积极促进非遗保护发展融入国家重大战略、应用新技术开拓非遗保护发展多元途径、结合现代教育体系加强对传承人的培养和文化交流、生态优先加强非遗社区建设和文化生态保护等方面持续推进，赓续历史文脉，坚定文化自信，扎实做好非物质文化遗产的保护与发展工作。

关键词： 非物质文化遗产 非遗保护与发展 青海省

“十四五”以来，国家将非物质文化遗产保护传承纳入国民经济和社会发展整体规划。“加强民族优秀传统手工艺保护和传承”“推动非遗传承人认定和管理工作更加科学、规范”“强化非物质文化遗产系统性保护”等要求已经成为近期乃至今后非遗工作的主要推动方向，标志着我国的非遗保护发展进入加强系统性保护、保护传承与开发利用并重的阶段。

青海是多民族聚居地区，少数民族人口占比大，各族人民在生产生活中形成了丰富的非物质文化遗产。在加强地区协作交流、以铸牢中华民族共同

---

* 阿琪，青海省社会科学院社会学研究所助理研究员，主要研究方向为农村社会、非物质文化遗产研究。

体意识为主线促进各民族非遗保护传承、推动非遗助力乡村振兴等号召之下，青海省需要加强利用多民族特色文化优势，多措并举、大力推进省域内各项非物质文化遗产保护和可持续发展。

一　青海省各级非物质文化遗产项目保护与发展概况

《青海省“十四五”文化和旅游发展规划》中从非物质文化遗产传承体系建设、非遗整体性保护、非遗传承设施建设和非遗资源整理研究四个方面对非遗的传承与发展做出了规划。2021 年以来，青海省积极开展非遗名录保护体系构建，并在此基础上形成了省级及以下非遗代表性项目保护体系，加强了对代表性传承人的评估和动态管理，建立了一批非遗就业工坊等非遗保护传承、宣传、展示和传习场所，并开展了非遗数据库的相关工作。

（一）青海省非物质文化遗产代表性项目发展概况

根据第五批国家级非物质文化遗产代表性项目名录，青海省现有联合国教科文组织人类非遗代表名录 6 项［热贡艺术、花儿、黄南藏戏、格萨（斯）尔、河湟皮影戏、藏医药浴法］，国家级非物质文化遗产代表性项目 88 项；截至 2023 年，共有省级非物质文化遗产项目 335 项，市州级非遗 888 项，县区级非遗 1705 项①，全省四级非遗名录项目共计 3016 项。

就已经公布的前五批国家级非遗项目概况而言，青海省目前在国家级非遗的 10 个类目中有 3 类数量较少，民俗类项目和传统音乐类项目占比最高，整体分布较为均衡（见图 1）。从非遗项目所属民族来看，青海国家级非遗项目主要集中于藏族、土族、蒙古族等少数民族，且存在较多类似花儿、格萨（斯）尔和热贡艺术等多区域、多民族共享的非物质文化遗产。就 2006～2023 年陆续公布的六批省级非遗项目而言，青海省目前认定的非遗项目数量多、门类较为齐全，全省各市州均有分布，地域覆盖面较广（见表 1）。

---

① 资料来源：青海省文旅厅非遗处。

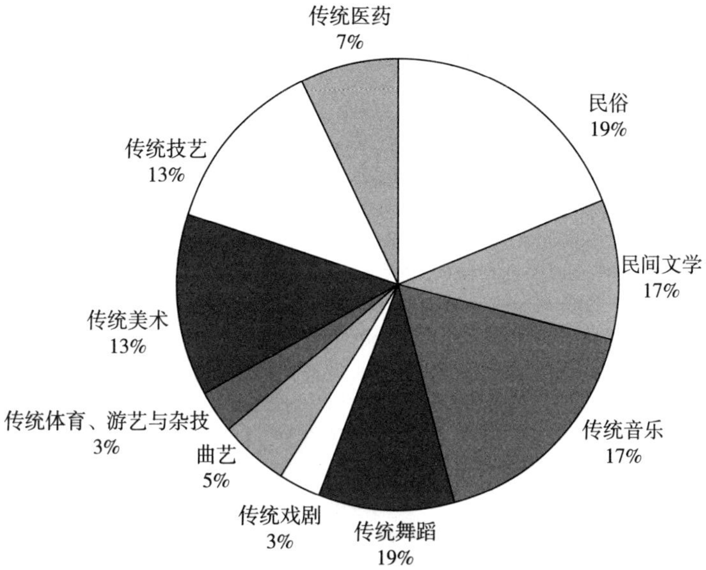

图 1　青海省国家级非物质文化遗产代表性项目分布

资料来源：中国非物质文化遗产网，https://www.ihchina.cn/。

表 1　青海省各批次国家级非物质文化遗产代表性项目

批次	项目数量	项目名称
第一批（2006 年）	19 项	格萨（斯）尔、拉仁布与吉门索、花儿（老爷山、丹麻土族、瞿昙寺、七里寺花儿会）、藏族拉伊、锅庄舞（玉树卓舞）、土族於菟、藏戏（黄南藏戏）、土族盘绣、塔尔寺酥油花、热贡艺术、灯彩（湟源排灯）、加牙藏族织毯技艺、土族纳顿节、热贡六月会、土族婚礼、撒拉族婚礼
第二批（2008 年）	38 项	康巴拉伊、汗青格勒、藏族婚宴十八说、藏族民歌（玉树民歌）、回族宴席曲、藏族扎木聂弹唱、佛教音乐（青海藏族唱经调）、弦子舞（玉树依舞）、锅庄舞（称多白龙卓舞）、锅庄舞（囊谦卓干玛）、藏族螭鼓舞、则柔（尚尤则柔）、藏戏（青海马背藏戏）、皮影戏（河湟皮影戏）、贤孝（西宁贤孝）、青海平弦、青海越弦、青海下弦、传统箭术（南山射箭）、赛马会（玉树赛马会）、土族轮子秋、石雕（泽库和日寺石刻）、藏文书法（果洛德昂洒智）、湟中堆绣、陶器烧制技艺（藏族黑陶烧制技艺）、藏族金属锻造技艺（藏刀锻制技艺）、撒拉族篱笆楼营造技艺、藏医药（藏医药浴疗法）、藏医药（藏药阿如拉炮制技艺）、藏医药（七十味珍珠丸赛太炮制技艺）、那达慕、元宵节（九曲黄河灯俗）、青海湖祭海、抬阁（芯子、铁枝、飘色）（湟中县千户营高台）、藏族服饰（玉树州）、藏族服饰（门源县）、土族服饰、撒拉族服饰

续表

批次	项目数量	项目名称
第三批（2011年）	7项	阿尼玛卿雪山传说、佛教音乐（塔尔寺花架音乐）、青海汉族民间小调、安昭、雕版印刷技艺（同仁刻版印刷技艺）、碉楼营造技艺（藏族碉楼营造技艺）、银铜器制作及鎏金技艺
第四批（2014年）	9项	骆驼泉传说、祁家延西、蒙古族民歌、藏族民歌（藏族酒曲）、撒拉族民歌、锅哇（玉树武士舞）、藏族鎏钴技艺、藏医药（藏医放血疗法）、藏族服饰
第五批（2021年）	15项	藏族民间传说（年保玉则传说）、阿柔逗曲、藏族唐卡（化隆唐卡）、藏族唐卡（班玛马尾钉线绣唐卡）、藏族唐卡（藏娘唐卡）、藏族刺绣（贵南藏族刺绣）、蒸馏酒传统酿造技艺（青海青稞酒传统酿造技艺）、蒙古包营造技艺、传统帐篷编制技艺（青海藏族黑牛毛帐篷制作技艺）、中医诊疗法（海西民间青盐药用技艺）、藏医药（尤阙疗法）、庙会（贵德六月庙会）、蒙古族服饰、德都蒙古全席、尖扎达顿宴

资料来源：中国非物质文化遗产网，https：//www. ihchina. cn/。

（二）青海省非物质文化遗产传承人发展概况

2021~2023年展开的各级非遗传承人统计结果显示，截至2023年12月，青海省有各级非遗代表性传承人共计4245人。其中，国家级传承人88人、省级传承人342人、市州级传承人1185人、县区级传承人2630人。[①]现有的传承人在民族分布上以藏族、土族等少数民族为主；在性别分布上男性传承人多、女性传承人少；在年龄分布上以中老年传承人为主。

已经去世的16位传承人主要为格萨（斯）尔、汗青格勒等民间文学项目的传承人和热贡艺术、石雕（泽库和日寺石刻）等传统美术项目的传承人（见表2）。青海部分非遗项目存在多民族共同传承的情况，有个别传承人存在同时传承两个项目的情况（见图2）。

① 资料来源：青海省文旅厅非遗处。

表 2　国家级非遗传承人和已去世传承人数量及所在批次

单位：人

批次	人数	已去世
第一批(2007 年)	8	2
第二批(2008 年)	10	2
第三批(2009 年)	22	5
第四批(2012 年)	17	5
第五批(2018 年)	31	2

资料来源：青海省文旅厅非遗处。

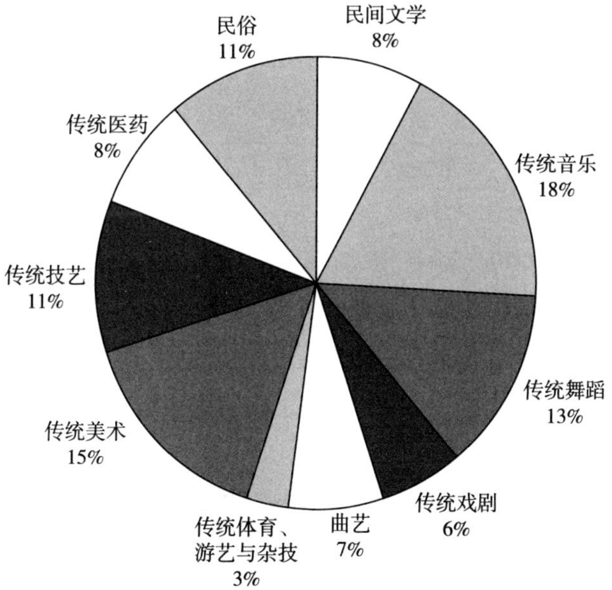

图 2　青海省国家级非物质文化遗产传承人项目分布

资料来源：中国非物质文化遗产网，https：//www. ihchina. cn/。

（三）青海省文化生态保护区建设概况

截至 2023 年 8 月，我国共设立国家级文化生态保护区 16 个、国家级文化生态保护实验区 7 个，涉及 17 个省份。其中，青海有国家级文化生态保护（实验）区3个，即热贡文化、格萨尔文化（果洛）、藏族文化（玉树）生态保护（实验）区（见表3）。设立省级文化生态保护（实验）区5个，即土族（互助）、德都蒙古（海西）、循化撒拉族、河湟文化（海东）、河湟文化（西宁）生态保护实验区（见表4）。

表3　国家级文化生态保护（实验）区

序号	文化生态保护(实验)区	地区	试验区批复时间	保护区批复时间
1	热贡文化生态保护区	黄南藏族自治州	2008年8月	2019年12月
2	格萨尔文化(果洛)生态保护区	果洛藏族自治州	2014年8月	2023年7月
3	藏族文化(玉树)生态保护实验区	玉树藏族自治州	2017年1月	—

表4　省级文化生态保护（实验）区

序号	文化生态保护(实验)区	地区
1	土族文化生态保护实验区	互助土族自治县
2	德都蒙古文化生态保护实验区	海西蒙古族藏族自治州
3	循化撒拉族文化生态保护实验区	循化撒拉族自治县
4	河湟文化生态保护实验区	海东市
5	河湟文化生态保护实验区	西宁市

围绕非物质文化遗产保护和发展主题，2021年11月，为进一步加强非物质文化遗产区域性整体保护，青海省文旅厅根据《中华人民共和国非物质文化遗产法》《国家级文化生态保护区管理办法》等法律法规制定了《青海省级文化生态保护区管理办法》，注重将非遗项目和传承群体还原到具体的文化空间进行整体性保护，强调全方位、立体化、多层次的保护。

此外，青海省还设立了多个非遗（青绣）就业工坊、国家级非遗生产性保护示范基地、省级非遗生产性保护示范基地和省级非物质文化遗产传承基地，并在此基础上全力推进非遗保护工作。

二　青海省非物质文化遗产保护的主要举措

近年来，青海因地制宜形成了适应本土的非遗保护模式，健全完善了非遗相关的政策法规体系、强化了非遗的系统性整体性保护、推动融入和服务国家重大战略、积极开展非遗宣传展示活动。

（一）出台政策法规，提供有力支持和保障

在出台政策方面，根据国家相关政策和“十四五”规划等文件出台《青海省非物质文化遗产条例》，制定《关于进一步加强非物质文化遗产保护工作的若干措施》《关于加强我省文化生态保护实验区的意见》《关于贯彻落实中国传统工艺振兴计划的实施意见》等文件，印发《青海省省级文化生态保护区管理办法》《青海省非物质文化遗产代表性传承人认定管理办法》《青海省非遗代表性传承人传承活动评估细则》《青海省非遗工坊认定和管理办法》等，将非遗保护全面纳入了法制化保护传承体系，为非遗保护传承提供了坚实制度保障。

在计划方案方面，通过拟定《青海省非物质文化遗产传承发展工程实施方案》和《“青绣”三年提升行动计划（2021-2023年）》等方案，充分发挥非遗赋能作用，加强非遗工坊建设，推进非遗助力乡村振兴工作，认定省级“青绣”工坊40家、培育工坊70家，直间接带动贫困及低收入家庭脱贫增收，3家省级“青绣”工坊入选国家“非遗工坊典型案例”，土族盘绣入选全国首批劳务品牌。

（二）保护文化生态，加强非遗系统性、整体性保护

在保护文化生态方面，青海依托非遗资源打造了3个国家级、5个省级文化生态保护（实验）区，并通过完善非遗名录体系、举办各类展示展演活动、加强保护区内非遗传习设施建设、开展传承群体培训、推进核心区域整体性保护、培育打造特色文化品牌等，有效推动了区域性整体保护，文化

生态保护（实验）区建设基本实现了“遗产丰富、氛围浓厚、特色鲜明、民众受益”的目标。

在融入国家战略方面，在《黄河流域非物质文化遗产保护传承弘扬工作方案》“加强黄河流域非遗调查研究和非遗系统性保护，加快推进黄河流域非遗整体性保护”的号召下，青海省文旅相关部门联合发布《黄河青海流域文化保护传承弘扬规划》。规划中提出“打造河湟文化品牌”“以文塑旅，以旅彰文”等发展目标，整合利用黄河流域自然生态、历史文化、非物质文化遗产和优秀民族民间文化等资源，自然生态环境和文化生态保护双管齐下，有效保护黄河文化资源，打造河湟文化品牌。跨区域打造“黄河生态文化保护区”“黄河生态旅游示范区”“黄河文化遗产廊道建设区”，推进黄河文化遗产廊道、黄河国家文化公园（青海段）建设，助力青海省打造国际生态旅游目的地。

（三）重视宣传展示，大力推进非遗文化交流

在宣传交流方面，线上宣传中围绕“非遗过大年，文化进万家”、文化和自然遗产日、非遗购物节等节庆活动，组织开展了各类非遗主题宣传展示活动；并通过开展“云上非遗影像展”“我眼中的青海非遗”等摄影活动宣传展示展销千余次。线下展示中组织参加了中国非遗博览会、中国成都国际非遗节、黄河非遗大展等活动，同时，省内各市州围绕特色非遗资源，举办热贡六月会、格萨尔文化旅游节、玉树传统赛马节、土族纳顿节、花儿会、拉伊大赛、那达慕民俗节等活动，全方位展示和宣传了青海丰富多彩的优秀传统文化。通过文旅融合推出热贡黄南非遗之旅、河湟民俗非遗之旅、德都蒙古族非遗之旅等3条精品非遗主题旅游线路。

在教育宣传方面，开展非遗进校园活动、将传统工艺纳入高校人文素质课程和中小学相关教育教学活动，为大中小学校组织开展体现地域特色、民族特色的传统工艺体验，西宁市“非遗进校园”入选全国优秀实践案例。在学术方面深入挖掘河湟文化、昆仑文化，出版了《青海非遗图典》《青海非遗丛书》《青海民间青绣图录》《青海省文化生态保护实验区探索与实践》

等相关成果。

在数字化保护方面，组织实施了国家级非遗代表性传承人记录工作和“青海文化记忆工程”，加强了记录成果的转化利用，完善了非遗信息的存储和展示，提高非遗的传播力和影响力；通过建立非遗数据库、非遗宣传网站等平台，向公众展示非遗事项及相关文化资源，有效促进非遗的传承和发展。

（四）着重培训培养，积极推动传承人全面发展

在管理体系方面，制定《青海省非遗代表性传承人传承活动评估细则》《青海省非遗工坊认定和管理办法》，修订《青海省省级非物质文化遗产保护专项资金管理办法》，起草《青海省非遗技能人才职称评定暂行办法（征求意见稿）》，健全非遗保护工作机制。依托“国家非遗记录工程”和“青海文化记忆工程”，完成对39名国家级非遗代表性传承人和33个省级非遗代表性项目的记录工作，不断完善非遗代表性项目、代表性传承人四级名录体系。

在培养培训方面，持续开展非遗传承人群研培计划，加强基层非遗保护队伍建设，通过线上线下多种渠道开展各类培训400余期，培训1.8万余人次。通过各类研培活动和国际国内交流活动，加强非遗传承人的专业素养和技能水平，推动非遗传承人全面发展、自主创新。同时，通过促成非遗传承人与高校、研究机构建立合作，在学术领域积极探索、推动非遗保护与传承，为非遗传承人的成长提供更加多元的发展平台、开拓更加广阔的发展空间。

三　青海省非物质文化遗产保护和发展对策

中共中央办公厅、国务院办公厅《关于进一步加强非物质文化遗产保护工作的意见》中提出了“加强革命老区、民族地区、边疆地区、脱贫地区非物质文化遗产保护传承”的要求，坚持以铸牢中华民族共同体意识为主线，促进各民族非物质文化遗产保护传承，树立和突出各民族共享的中华文化符号和中华民族形象。

面对新形势、新任务、新要求，青海的非物质文化遗产在保护和发展方

面还存在以下问题：非遗保护和发展融入国家重大战略方面还需深入推进；文化生态保护在积极应对青海的生态价值方面还需持续加强；非遗保护和发展中的新技术应用和新渠道开发还需持续探索；益于非遗传承人自主成长、创新发展的培养体系还有待完善。

（一）积极促进非遗保护和发展融入国家重大战略

一是做好非遗保护发展与乡村振兴的融合推进。非物质文化遗产在区域内的保护发展应当在总结借鉴“助力精准扶贫”的基础上与乡村振兴有效衔接，进一步探讨非遗助力乡村振兴的思路和举措，实现非遗发展与乡村振兴的双赢局面。在实施乡村振兴战略和新型城镇化建设过程中，发挥非物质文化遗产服务基层社会治理的作用，将非物质文化遗产保护与美丽乡村建设、农耕文化保护、城市建设相结合，保护文化传统，守住文化根脉。①

二是推动非遗保护发展在跨区域协作战略中发挥重要作用。在黄河流域生态保护和高质量发展等国家重大战略中重视和强调非物质文化遗产保护传承，在多个区域之间建立保护协同机制，搭建平台、共同发展，深入研究、打造品牌，积极利用黄河流域丰富多样的非物质文化遗产资源的传承发展优势、有效推动非遗保护发展在战略中发挥重要作用。

（二）生态优先加强非遗社区建设和文化生态保护

一是提高区域性整体保护和非遗社区建设水平。非遗社区不仅是丰富多样的非遗项目活动的展示、保护和发展的平台与载体，并且其本身整合了多方面、多主体来建构地方认同，在各级层面为共享非物质文化遗产形成共同体创造基础条件。文化生态保护区应当发挥自身文化底蕴，结合非物质文化遗产与物质文化遗产、自然遗产建设文化共同体代表。② 对中国民间文化艺术之乡、中国传统村落、中国美丽休闲乡村、全国乡村旅游重点村、历史文

① 中共中央办公厅、国务院办公厅：《关于进一步加强非物质文化遗产保护工作的意见》。

② 韩成艳、高丙中：《非遗社区保护的县域实践：关键概念的理论探讨》，《中央民族大学学报》（哲学社会科学版）2020 年第 3 期，第 70~77 页。

化名城名镇名村、全国“一村一品”示范村镇等文化载体中的非物质文化遗产资源进行挖掘、培育和发展，建设非物质文化遗产特色村镇、街区，突出地域文化特色，提升乡土文化内涵。

二是文化生态保护与自然生态保护共同推进。青海是“三江源”，生态地位、生态价值突出，在对非遗进行系统性、整体性保护的过程中，在非物质文化遗产及其得以孕育、发展的文化环境之外，还要注重自然生态环境整体保护，突出地域和民族特色。促进文化生态保护区建设与国家文化公园建设有效衔接，提高区域性整体保护水平。

（三）应用新技术开拓非遗保护的多元发展途径

一是加快推动非遗资源数据库建设，实践非遗数字化转型。非遗数字化转型包含了非遗资源的数字化采集、存储和管理，利用相关技术对非遗通过文字、图片、音频、视频等多种载体进行采集和处理，有助于促进青海各地非遗记录、建档等数字化保护工作的深入开展，有效提升非遗保护和发展质量。

二是促进非遗产业数字转型。党的十八大以来，以习近平同志为核心的党中央高度重视数字经济发展，2018 年提出了“促进数字经济和实体经济融合发展，加快新旧发展动能接续转换，打造新产业新业态”“加快推进数字产业化、产业数字化”① 的重要方略。非遗相关文化产业的转型升级要求各地在非遗发展中充分利用新技术、新媒体，积极推出线上展演展示和宣传活动，利用社交媒体、短视频应用等网络平台，与观众互动，探索非遗传播新模式。

三是充分利用互联网渠道开展非遗产品销售。在非遗产品销售端上，充分利用互联网经济新业态、新渠道，推动文化资源与市场对接，多角度展示各地非遗旅游精品路线和非遗文创产品的新模式。组织非遗电商运营培训班，拓宽非遗周边产品销售及传播渠道，帮助各类非遗工坊负责人了解网络销售动态、提升销售能力。

---

① 2018 年 8 月 23 日，习近平致首届中国国际智能产业博览会的贺信。

（四）结合现代教育体系加强对传承人的培养和文化交流

一是壮大传承人队伍，积极开展培训和研修。鼓励技艺精湛、符合条件的中青年传承人加入各级非物质文化遗产代表性项目、代表性传承人队伍，推动传统传承方式和现代教育体系相结合，创新传承人培养方式，培养高水平大国工匠队伍。鼓励支持高校毕业生参与非遗保护传承工作，采取助学、奖学等方式，鼓励年轻人学习、掌握相关技能，成为后继人才。通过组织参加培训、提供展示平台、对接市场渠道等方式，为青年传承人提供有力支持，为其成长成才营造良好环境。[①] 开展国际交流与合作。通过双边、多边渠道，组织传统工艺传承人、企业和行业组织代表开展国际交流和研修培训，以及技术领域的研究与合作，开阔视野，借鉴经验。

二是加大对非遗传承人的支持扶持力度。通过提供必要的传承场所、经费资助等方式，支持传承人开展授徒、传艺、交流活动。对国家级非遗代表性传承人开展传习活动给予补助，鼓励支持各地对本级非遗代表性传承人提供传习补助。组织国家级非遗代表性传承人参加研修培训，实现全覆盖。采取有效措施提高非遗代表性传承人技能艺能，增强使命与担当意识，弘扬工匠精神。实施中国非遗传承人研培计划，促进传统传承方式和现代教育相结合。支持传承人设立非遗传承所和工作室。[②]

三是充分发挥非遗保护协会、研究会等民间组织的作用。了解传统民间艺人、表演者、民间文化的真实需要，重视农村地区非遗传承人认定工作，重新审视非遗传承人认定标准界限，积极吸纳当地民间文化精英与技术精英，尊重地方文化发言权，加强农村地区非遗认定制度设计，给予政策倾斜，甚至可以吸引进城的民间精英返乡参与民间文化保护工作。[③]

---

① 《“十四五”非物质文化遗产保护规划》（文旅非遗发〔2021〕61 号）。

② 《“十四五”非物质文化遗产保护规划》（文旅非遗发〔2021〕61 号）。

③ 唐穆君：《非物质文化遗产传承人认定制度的反思——基于乡村秩序裂变语境》，《广西社会科学》2020 年第 2 期，第 139~143 页。

B.22
青海在铸牢中华民族共同体意识上走在前列研究

鄂崇荣　朱奕瑾*

摘　要：　青海在铸牢工作上具有深厚的历史底蕴和现实基础。长期以来，青海始终坚持以习近平总书记关于加强和改进民族工作的重要思想为新时代民族工作的根本遵循，始终坚持以铸牢中华民族共同体意识作为新时代党的民族工作的“纲”，不断巩固提升铸牢中华民族共同体意识工作成果，创新推进民族团结进步示范省建设，青海铸牢中华民族共同体意识工作走在全国前列。

关键词：　青海省　铸牢中华民族共同体意识　走在前列

中华民族共同体意识，是国家统一之基、民族团结之本、精神力量之魂，① 是中华民族绵延不衰、永续发展的力量源泉。2021 年 6 月 7~9 日，习近平总书记在青海考察时强调：“青海是稳疆固藏的战略要地，要全面贯彻新时代党的治藏方略，承担起主体责任。要全面贯彻党的民族政策，铸牢中华民族共同体意识，深化民族团结进步示范省建设。”② 青海多民族聚居，

---

* 鄂崇荣，青海省社会科学院副院长、博士、研究员，主要研究方向为青海民族宗教、国家文化公园；朱奕瑾，青海省社会科学院民族与宗教研究所助理研究员，主要研究方向为民族伦理学、民族文化。

① 《中共中央办公厅　国务院办公厅印发〈关于全面深入持久开展民族团结进步创建工作铸牢中华民族共同体意识的意见〉》，新华社，https：//www. gov. cn/zhengce/2019 - 10/23/content_ 5444047. htm，最后检索时间：2023 年 10 月 17 日。

② 《习近平在青海考察时强调　坚持以人民为中心深化改革开放　深入推进青藏高原生态保护和高质量发展》，新华网，http：//www. xinhuanet. com/2021 - 06/09/c_ 1127546612. htm，最后检索时间：2023 年 10 月 17 日。

多宗教并存，少数民族占总人口的比重达到49.47%，民族区域自治面积占全省的98%，是全国少数民族人口占比最高和民族区域自治面积最大的省份；[①] 有6个少数民族自治州，同时有大量的少数民族散杂居人口。青海在铸牢工作上具有深厚的历史底蕴和现实基础。进入新时代，青海坚持以习近平总书记关于加强和改进民族工作的重要思想为新时代民族工作的根本遵循，始终坚持以铸牢中华民族共同体意识作为新时代党的民族工作的“纲”，不断巩固提升铸牢中华民族共同体意识工作成果，创新推进民族团结进步示范省建设。截至2023年9月，青海省8个市州、82%的县（区）均已建成全国民族团结进步示范区，[②] 铸牢中华民族共同体意识工作走在全国前列。

一　青海在铸牢中华民族共同体意识上走在前列的历史基础与实践探索

青海作为连接川藏和新疆的枢纽，是河西民族走廊、河湟民族走廊、唐蕃古道等诸多民族走廊的连接汇通之地，在中华民族共同体形成过程中发挥了独特作用。

（一）历史基础

1. 在交往交流交融当中增进共同性

一部青海史，就是一部民族迁徙史，是青海各民族先民往来、迁徙、交流、融合以及主动融入中华民族共同体的历史。历史上伴随着人口的迁移流动，青海各民族在活动地域上相互交错、经济上相互依存、文化兼收并蓄、情感上相互亲近，甚至许多民族在血缘上渗透融合，你中有我、我中有你，

① 鄂崇荣：《牢牢把握“六个必须坚持”，推动青海在铸牢中华民族共同体意识上走在前列》，《党的生活（青海）》2023年第3期，第9~11页。

② 孙文振整理《班果：深化青海民族团结进步示范省建设》，《中国民族报》2023年9月4日。

谁也离不开谁。如关于羌人的渊源，《尚书·舜典》中记载“窜三苗于三危”，《史记·五帝本纪》进一步解释“西羌之本，出自三苗”，一些学者认为原居住于江淮地区的三苗为青海等地土著羌人注入了新鲜血液，推动了当地社会的发展。再如土族以吐谷浑为主源，在历史发展过程中部分吐谷浑人分化融入周边民族当中，不断吸收羌、鲜卑、汉、藏、蒙古等民族成分形成土族等。青海各民族通过吸收分流而不断补充新的血液，在交往交流交融中共同性不断增强，形成文化交融、文化共享、文化互鉴和文化共创等局面。

2. 在包容差异中推进一体性

历代中央政府在治理民族宗教事务时，既强调天下一统，又注重因俗而治，“修其教不易其俗，齐其政不易其宜”。青海自然地理、人文生态呈现多样性，历代中央政府在治理青海地区时既承认治理对象和地区的差异性，同时又强调大一统核心的存在，不断促进了一体化进展。如西汉宣帝元年，赵充国引兵攻先零羌，同时实行屯田，此时羌人分化为生羌户、熟羌户。此后，历代中央王朝在青海实行联姻和亲、多封众建、茶马互市、因俗而治、土流参治等政策，推行土官制、土司制、僧官制、千百户制等包容差异的政策措施，这些政策在考虑包容多样中增进了一体性，促进了民族宗教上层对中央政权的认同和服从，推动了其主动融入中华民族共同体的自觉性，推动了青海与内地一体化进程。

3. 在内向发展中不断增强中华文化认同

历史上，青海各民族内向发展，南凉、吐谷浑、唃厮啰等一些少数民族建立的地方割据政权，也都有浓厚的中国一体意识，或自认是中原政权的分支，或主动归附于中原政权。许多民族上层通过朝贡觐见、主动归附、领受封赏、寺庙供奉万岁牌、悬挂赐额牌匾，以及服从征调、从军卫国等多种形式表达归附中央政权的自觉性。如南北朝时期，地方政权吐谷浑王朝的第九代王阿豺曾登临西山（今西顷山）眺望垫江（今白龙江）源头，感叹道：“水尚知归，吾虽塞表小国，而独无所归乎？”公元 423 年二月，他正式派使至建康，通贡于南朝刘宋政权，被封为安西将军、沙州刺史、浇河公、督塞表诸军事，这一事例成为中国历史上地方少数民族政权维护国家统一、内向中华的典型。明代以来，中央政权对青海各教派许多高僧均普遍给予册封，如明成祖封班丹藏布为“灌顶净觉弘济大国师”，乾隆封隆务寺一世夏日仓活佛“隆务呼图克图宏修妙悟国师”称号。许多寺院里悬挂着皇帝赐封的匾额，供奉着万岁牌，如塔尔寺、拉加寺等寺院至今仍分别悬挂着乾隆皇帝御赐的“梵教法幢”“嘉祥寺”等匾额，青海省海东市乐都区瞿昙寺隆国殿、平安区洪水泉清真寺等著名寺院都供奉过“皇帝万岁牌”，这些均折射出各宗教寺院通过对皇权或中央政权的朴素认同，增进对中华文化的认同。西宁办事大臣定期主持祭祀青海湖的制度，也成为中央政权展示国家权威的重要载体，成为中央政权联系青海少数民族的重要仪式。

4. 党的统战民族宗教政策感化归聚人心

青海解放以来，青海民族工作在党的坚强领导下，走过了光辉历程、取得了巨大成就、积累了弥足珍贵的经验，为新时代青海各族人民铸牢中华民族共同体意识夯实人心基础。1949 年 9 月 5 日，西宁和平解放后，青海鲜明提出“建立各族友爱合作大家庭”“各民族一律平等，实行团结互助”“青海各民族大团结万岁”等口号，坚持“慎重稳进”基本方针，调解历史上形成的各民族之间以及民族内部的纠纷[①]；至 1959 年，青海全省各地累计调解了各种民族纠纷 2 万多起。这些民族纠纷的解决，对消除民族隔阂，改善民族关系，增强民族团结起到了积极作用。1951~1986 年，先后成立 6 个民族自治州、7 个民族自治县，少数民族散杂居地方建立 35 个民族乡（后又撤乡建镇合并 7 个）。[②] 青海正确执行党的统战民族宗教政策，一些成功经验和生动事例成为全国典范。如 1950 年 9 月至 1952 年，青海省委始终严格遵守党中央和西北局的指示，先后十七次争取青海省尖扎县昂拉部落千户项谦，晓以党的民族政策，耐心争取他归向人民政府。清剿昂拉地区叛乱以及政治争取项谦的圆满成功，影响感化了当时整个牧区千百户、蒙旗长、部落头人、宗教领袖等许多上层人士，使其纷纷自觉接受中国共产党的领导，

① 开哇：《70 年青海民族工作欣欣向荣》，《中国民族报》2019 年 7 月 16 日，第 1 版。
② 开哇：《70 年青海民族工作欣欣向荣》，《中国民族报》2019 年 7 月 16 日，第 1 版。

创造了青海争取少数民族上层人物的成功范例，得到了中央的高度肯定。

青海正确执行党的统战民族宗教政策，促使青海各族人民人心归聚，对伟大祖国、中国共产党高度认同。如20世纪50年代，各民族组成的青藏驼队为进军西藏、护送班禅返藏、运粮援藏、修筑青藏公路、资源勘探开发等做出了不可磨灭的贡献。再如1958年10月，青海湖金银滩草原被选为新中国第一个核武器研制基地，为了支持和拥护国家的国防建设需要，世居在此的1200多户牧民仅用三天时间便全员搬至祁连和刚察等地。

（二）实践特色

近年来，青海省委、省政府始终把民族团结进步事业融入经济社会等各项工作，各地在民族团结进步创建实践中，初步形成既有普遍共同性，又有各自特点的经验亮点。

1. 西宁将铸牢中华民族共同体意识植入城市治理等工作

西宁市作为高原典型移民城市，承载着青海省近42%的人口，对全省发挥着重要人口聚集和文化辐射作用。全市常住人口中，汉族人口为176.3万人，占71.43%；各少数民族人口为70.5万人，占28.57%。“省会隆起、全省受益”，西宁是首个荣获全国民族团结进步示范市的省会城市，西宁市认真贯彻习近平总书记“要把社区作为民族团结进步创建的重要阵地”重要指示，及时研究制定《西宁市创建全国铸牢中华民族共同体意识示范市实施方案》，以铸牢工作为主线，推进社区“石榴籽家园”建设，积极构建各民族相互嵌入式社会结构和社区环境，实现了全国民族团结进步示范市与全国文明城市、全国森林城市、全国卫生城市、全国首批市域社会治理现代化试点城市多城联创、协同推进，使铸牢工作与现代文明教育同频共振，各族群众在思想观念、精神情趣、生活方式上不断向现代化迈进。此外，西宁等地通过开展“法律进寺院”系列法治宣传活动，宗教场所悬挂国旗、定期举行升旗仪式等活动，不断增强了宗教教职人员的“四种意识”。

2. 海东将铸牢中华民族共同体意识融入乡村振兴

海东作为青海的门户地区，是多宗教并存、多文化交融的多民族聚居地区，海东市境内生活着汉、回、藏、土、撒拉、蒙古、东乡族等39个民族。其中，少数民族人口89.1万，占海东市总人口的51.5%。海东市是多民族交往交流交融的重要展示地，是青藏高原民族团结进步示范新高地。海东市在全国率先颁布实施《海东市移风易俗促进条例》，先后制定印发了《关于铸牢工作打造青藏高原民族团结进步示范新高地的实施方案》《关于深入开展铸牢工作大宣教工作的实施方案》，与无锡签订《“十四五”协作框架协议》，深入践行对口援青和东西部协作战略部署，促进与无锡等地合作交流。从20世纪80年代开始，以海东地区回族、撒拉族群众为主力的拉面匠走南闯北、东奔西走开启拉面店模式，海东曾先后与100多座城市签订了《少数民族流动人口跨区域服务管理协作协议》，与拉面主要聚集地政府签订《拉面从业人员共管共治协议》。2022年底，海东市拉面从业者共经营3万余家拉面店铺，覆盖国内外290个大中城市，拥有18.35万从业者，拉面产业年经营性收入达160多亿元。在海东市和拉面从业人口流入地各级党委政府鼓励、引导和支持下，18万拉面人在与当地不同民族交往交流交融过程中不断铸牢了中华民族共同体意识。作为青绣“主产区”和“集聚地”，海东市有力推动青绣产业发展，“互助盘绣”“撒拉族刺绣”等成为展示民族团结进步、特色文化的重要载体。海东市的民和等县积极探索“民族团结进步+文旅”新模式，走特色产业发展之路，激发乡村振兴动力，为铸牢工作奠定了坚实的物质基础。

3. 海北将铸牢中华民族共同体意识融入红色课堂

海北藏族自治州总面积3.41万平方公里，总人口29万人，藏、回、蒙古等少数民族占总人口的66.8%。海北州于2015年12月被国家民委命名为全国涉藏地区首个、青海首家“全国民族团结进步创建活动示范州”，2021年1月被国家民委命名为新一轮全国民族团结进步示范州。海北被誉为中华民族挺起脊梁的地方，强国之梦开始的地方。近年来，海北州按照习近平总书记提出的“要把红色资源利用好、红色传统发扬好、红色基因传承好”的重大要求，深入挖掘中国第一个核武器研制基地的红色文化内涵，将铸牢工作融入红色课堂、红色文旅，依托一址（中国第一个核武器研制基地旧址）、一馆（青海原子城纪念馆）、一团（“两弹一星”精神宣讲团）、一院（“两弹一星”理想信念教育学院），有力推进金银滩—原子城—同宝山国家5A级旅游景区创建工作，实施改造原子城纪念园，提升原子城红色文化特色小镇基础设施，全力打造“全省一流、全国知名”的爱国主义教育基地、理想信念教育基地、红色旅游胜地和新青海精神高地。红色课堂教育使当地干部群众和外来游客在处处感受爱国主义教育的浓厚氛围中不断铸牢中华民族共同体意识，并在这一过程中传承了红色基因、赓续了红色文化。

4. 海南将铸牢中华民族共同体意识嵌入网络空间

海南州总人口44.7万人，生活着汉族、藏族、回族、蒙古族、土族等20多个民族，其中少数民族占海南州全部人口的77.76%。[①] 海南州按照打造青藏高原大数据云计算产业聚集区、全球领先的藏语区信息化等发展愿景与目标定位，建成全国首个100%利用清洁能源运营的大数据产业示范基地，自主研发的“云藏”搜索引擎覆盖77个国家和地区，用户访问量超56亿人次。[②] 不仅丰富了西藏和涉藏地区群众的网络精神生活，而且牢牢掌握了全球藏文互联网信息舆论高地，在提升我国涉藏网络空间治理能力、进一步弘扬中华优秀传统文化、做好海外藏胞工作等方面发挥了积极作用，成为进一步铸牢中华民族共同体意识的最大增量。

5. 海西将铸牢中华民族共同体意识融入中华文化符号打造

海西是青海省区域面积最大的民族自治州，三万年前，沱沱河沿岸和可可西里等地就有人类活动的踪迹。海西州蒙古、藏、回、土、撒拉等少数民族人口为19.09万人，占海西总人口的40.8%。海西地处巍巍昆仑山下，是承载昆仑文化的核心区域，境内有诸多与昆仑神话相关的风物、遗迹、传说和民俗。近年来，海西紧紧依托昆仑山与昆仑文化的独特渊源，聚焦打造以昆仑文化为主体的柴达木多元文化，出版文学刊物《大昆仑》，组织学者出

---

① 资料来源：共和县人民政府网站，http：//www.gonghe.gov.cn/html/1808/610339.html，最后检索时间：2023年10月20日。

② 《以“四大产业”高质量发展聚力泛共和盆地崛起》，《青海日报》2023年7月6日，第1版。

版《昆仑文化与民族区域文化研究》《昆仑文化历史传承与当代重构研究》等昆仑文化研究丛书，举办“昆仑文化与中华民族共同体意识学术论坛”，宣传推介昆仑旅游资源，促进生态文化旅游融合发展，吸引了许多海内外中华儿女敬拜昆仑山，弘扬昆仑文化，为树立和突出各民族共享的中华文化符号做出了海西贡献。

6. 黄南将铸牢中华民族共同体意识融入文化旅游高质量发展

黄南州总面积1.89万平方公里，汉族人口为1.9万人，占6.74%；各少数民族人口为25.8万人，占93.26%，[①] 是典型的多民族和睦相处、多文化融合发展的地区。黄南州是国家藏羌彝文化产业走廊核心区和国家级热贡文化生态保护区，已建成各类非遗传习中心128个，全州文化旅游业经营主体590余家，从业人员4.2万人。自2008年热贡文化生态保护区设立以来，经过10余年建设，藏戏，“六月会”，以及以唐卡、堆绣、泥塑、木雕、彩绘、壁画、石刻为主要文化表现形式的“热贡艺术”得到了长足发展，走出了一条深挖特色资源发展文化产业，深入推动铸牢工作。黄南与援建地区天津市组织开展“津青一家亲”访学教育活动，每年组织黄南州200名农牧民家庭子女到津京研学，天津市“坐着地铁游黄南”宣传推介也卓有成效。2022年，热贡文化生态保护区入选黄河主题国家级旅游线路；2023年，国家知识产权局发布黄南州藏蕃唐卡艺术有限公司和热贡画院获准使用“热贡唐卡”地理标志专用标志。黄南州各类文旅产业成为各民族交往交流交融的有效载体，各族群众对中华民族大家庭的归属感不断增强。

7. 果洛将铸牢中华民族共同体意识融入基层党建

果洛州常住人口中，汉族人口为1.5万人，占7.07%；各少数民族人口为20万人，占92.93%。果洛州针对地处青甘川三省交界地带实际，客观分析基层政权的短板弱项，基层社会治理的难点堵点，影响群众生产生活的桎梏瓶颈等，坚持以铸牢中华民族共同体意识为主线，在各县过去基层党建方

---

① 资料来源：《黄南州第七次全国人口普查公报（第一号）——全州常住人口情况》。

面探索积累的工作经验与亮点基础上①，与时俱进，整合统领，创造性提出“四联三卷”② 工作机制，构建州县乡村四级党组织思想联动、工作联动、督查联动、考核联动的严密体系，推动社会治理重心向基层下移，以基层党建之力夯实铸牢之基、治理之魂。各族群众对习近平总书记、对中国共产党发自内心地感恩和热爱，“感恩共产党、感恩总书记、感恩新时代”“热爱领袖、忠诚核心、心向北京”“国旗是最好的护身符，共产党是最大的靠山”等朴素生动的文化认同氛围日益浓厚。

8. 玉树将铸牢中华民族共同体意识融入保护“中华水塔”行动

青海打造好全国乃至国际生态文明高地，不仅是推动国家生态文明建设的重要力量，更是铸牢中华民族共同体意识的重要内容。玉树州地处“中华水塔”核心区，汉族人口为 1.4 万人，占 3.29%；各少数民族人口为 41.1 万人，占 96.71%，③ 是全国 30 个少数民族自治州中主体民族比例最高、生态地位突出的自治州。“一方有难、八方支援”的玉树抗震救灾和灾后重建工作铸牢了玉树各族干部群众的中华民族共同体意识。近年来，玉树州高擎生态立州和“绿色感恩、生态报国”理念，积极探索建立管护新模式，采取乡级设立管护站、村级设立管护队、按社划分管护分队、按牧群组划分管护小组的方式，形成了纵向到底、横向到边的网格化管护格局，确保“一江清水向东流”。许多牧民真正享受到生态保护和体制改革红利，成为生态环境的保护者，积极清理垃圾，记录野生动物的踪迹，观测水位变化，及时制止乱砍滥伐林木和乱捕滥猎野生动物等行为，他们不仅是生态管护员、宣传员、科技推广员，还是民族团结维护者、铸牢中华民族共同体意识践行者。

---

① 如班玛县形成“班玛经验”并打造升级版、久治县创新发展“十户长制”、达日县“牧长制”和网格化+大数据、玛多县“六位一体”服务管理、甘德县“四级联户制”、玛沁县“十化党建”等治理模式。

② “四联三卷”工作机制基本内涵：州级干部联乡、县级干部联村、机关联基层、党员联群众，时代出卷、干部答卷、人民阅卷，走好新时代果洛赶考之路。

③ 资料来源：《玉树州第七次全国人口普查公报（第一号）——全州常住人口情况》。

二　青海铸牢中华民族共同体意识的当代经验启示

青海牢记习近平总书记“在青海不谋民族工作，不足以谋全局”的殷殷嘱托，接续奋斗、久久为功，创新推进民族团结进步创建工作，努力推动铸牢工作从自在走向自觉、从自觉走向自为。

（一）久久为功是不断铸牢中华民族共同体意识的持续推力

青海自1983年便开展“民族团结进步宣传月”活动，经40年持续奋斗，青海在民族团结进步四级党委书记负总责、民族团结进步专项考核、动态管理、第三方评估等多项机制等多方面走在了全国前列，形成了民族团结进步创建工作的“青海样板”，推动铸牢工作也从自在走向自觉。2019年青海省制定出台了《青海省促进民族团结进步条例》，这是青海省第一部以促进民族团结进步为立法宗旨的地方性法规。2020年9月，时任全国政协主席汪洋同志在青海调研时强调，铸牢中华民族共同体意识，青海有条件走在全国前列。[①] 2020年8月中央第七次西藏工作座谈会后，中共中央在《关于推进新时代四川云南甘肃青海省涉藏工作的意见》文件中明确提出支持青海率先创建民族团结进步示范省，[②] 青海因时而进，及时出台《关于创建全国民族团结进步示范省的决定》和《实施意见》，开启了新时代青海民族团结进步事业新征程；2021年出台《关于以铸牢中华民族共同体意识为主线推进新时代青海民族工作高质量发展的实施意见》[③]，开启新时代青海民族工作高质量发展新征程。2022年5月，青海省第十四次党代会提出“全面推进民族团结进步示范省建设，在铸牢中华民族共同体意识上继续走在前

---

① 《汪洋在青海调研时强调　高质量高标准做好援青工作　助力涉藏州县在全面现代化进程中不掉队》，新华网，http://www.news.cn/politics/leaders/2022-06/30/c_1128791483.htm，最后检索时间：2023年10月20日。

② 《谱写新时代青海民族团结进步事业新篇章》，《青海日报》2021年3月10日，第9版。

③ 2021年青海省委民族工作会议上研究出台，此文件共建立26项工作机制，在全国首创民族团结专项考核机制、实施创建工作第三方评估及建立示范单位动态管理等。

列”等目标要求。2023年，青海省委统战工作会议提出“深入铸牢中华民族共同体意识，把民族团结进步创建摆到全局位置，进一步细化实化铸牢中华民族共同体意识的政策举措，推动创建工作从‘数量领先’向‘示范引领’转变提升”等新要求[①]。历届青海省委、省政府领导接续奋斗，不断建立健全书记、省长为“双组长”的领导机构，紧握铸牢“接力棒”，形成党委主导、政府负责、全社会参与的党政军民齐抓共建的大创建格局，[②] 推动了青海民族工作高质量发展。

（二）增进民生福祉是不断铸牢中华民族共同体意识的认同基础

青海省委、省政府始终把改善民生、凝聚人心作为经济社会发展的出发点和落脚点，以小财政办大民生，不断加强教育、医疗卫生、社会保障、劳动就业等民生领域投入，编制实施青甘川三省交界地区、较少民族聚集地区发展专项规划，[③] 农牧区人居环境整治有序推进，城乡面貌焕然一新。青海在增进民生福祉中有力夯实铸牢工作的物质基础，不断增强各民族的获得感、幸福感、安全感，各族群众国家意识、公民意识和法治意识不断增强。

（三）交往交流交融是不断铸牢中华民族共同体意识的重要途径

青海顺应各民族人口大流动、大融居的历史大势，推动各民族空间共聚、经济共融、文旅共推、社会共治。加强少数民族流动跨区域联动协作工作，与河北、四川等多个省（市、区）续签《少数民族流动人口跨区域联动协作机制》，帮助这一群体融入城市，安居乐业，促进各民族交往交流交融。与此同时，充分借助对口援青、兰西城市群、东西部协作等平台作用，启动实施各族青少年交流计划、各族群众互嵌式发展计划、旅游促进各民族

---

① 《省委统战工作会议召开　陈刚讲话　吴晓军主持》，《青海日报》2023年3月30日，第1版。

② 《同心共绘民族团结进步新图景——“牢记嘱托感恩奋进”系列述评之四》，《青海日报》2023年3月10日，第1版。

③ 《同心共绘民族团结进步新图景——“牢记嘱托感恩奋进”系列述评之四》，《青海日报》2023年3月10日，第1版。

交往交流交融计划，促进了各族群众间跨区域交往交流交融。积极引导一些优秀外出务工者和非遗传承人成为促进民族团结、交往交流交融的生力军。

（四）国家公园日益成为铸牢中华民族共同体意识的重要载体

国家文化公园象征着国家精神，是承载中华文明、促进民族团结进步、增强中华文化认同的重要空间。[①] 青海是全国唯一一个拥有长征、长城、黄河、长江四大国家文化公园的省份，并且拥有三江源国家公园、祁连山国家公园、青海湖国家公园（创建）。青海初步利用这一叠加优势，在建设进程中深入传播国家公园理念，双轮驱动自然与人文，不断赋予国家公园建设以铸牢中华民族共同体意识的意义，不断增强了园区各族干部群众认同感、归属感和凝聚力，在维护好多样性与增进一体性等多方面找到平衡点。

三　影响青海铸牢中华民族共同体意识走在全国前列的制约因素

青海集西部地区、民族地区、贫困地区和高海拔地区为一体的特殊省情，发展底子薄、任务重、发展不足，城乡之间、区域之间发展不平衡不充分问题依然突出，[②] 铸牢中华民族共同体意识的物质基础还显薄弱。此外，一些地区由于换届调整，新进入统战民宗部门工作的同志，对党的民族宗教政策、基本宗教知识、民族风俗习惯掌握不深，同时一些县（市）民族团结进步创建工作人员队伍中借调人员占一定比例，将铸牢工作作为事业，精深思考、潜心研究、守正创新的人才较少。同时，个别地区和部门领导和相关负责人较少从系统观念思考铸牢中华民族共同体意识是“新时代党的民族工作的主线，也是民族地区各项工作的主线”，甚至个别人中仍存在“铸牢中华民

① 《“老委员”话“新”履职》，《青海日报》2023 年 2 月 25 日，第 4 版。

② 信长星：《坚定不移沿着习近平总书记指引的方向前进　奋力谱写全面建设社会主义现代化国家的青海篇章——在中国共产党青海省第十四次代表大会上的报告（2022 年 5 月 23 日）》，《青海日报》2022 年 6 月 6 日，第 1 版。

族共同体意识是统战、民族宗教部门的事情”“在少数民族干部群众中铸牢中华民族共同体意识，汉族干部群众中无需加强”等认识偏差。一些外来游客也认识不到“保护好青藏高原生态就是对中华民族生存和发展的最大贡献”“民族地区作为资源富集区、水系源头区牺牲自我发展，生态报国”的深刻道理。此外，“民族团结进步+”的新业态需不断升级，铸牢工作需进一步融入生态文明高地、生态环境治理、碳达峰碳中和产业“四地”等多领域多方面，需深度贯穿于生态保护、文明创建、乡村振兴、非遗传承、文旅发展等多个领域。此外，铸牢中华民族共同体意识的工作形式与内容需进一步创新。

四　青海在铸牢中华民族共同体意识上走在前列的思考建议

（一）全面加强政治引领，在推进青海实现中国式现代化进程中铸牢中华民族共同体意识

一是始终坚持党的全面领导。历史和实践证明，中国共产党是助力各民族地区实现中国式现代化的关键要素，是带领各民族走向独立和实现民族大团结的密匙。青海作为多民族聚居、多文化交汇地区，坚持党的全面领导，将习近平总书记关于加强和改进民族工作的重要思想学深悟透，知行合一，并将学习成果运用到民族工作的实践探索中，将铸牢中华民族共同体意识嵌入青海实现中国式现代化的各个方面，是夯实铸牢工作走在前列的重要保障。二是持续完善铸牢工作的工作机制体制，在现有基础上进一步健全四级党政一把手负责的责任制，并强化各级党委主体责任，将铸牢工作纳入各级党委政府重要议事日程及巡查检查、监督考核等方面，持续加强基层党组织和基层政权建设，引导各族人民牢固树立“四个与共”共同体理念，同心协力、砥砺前行，为青海在铸牢工作上走在前列构筑坚实的制度基础。三是加强培育各族人民的社会主义核心价值观，将铸牢中华民族共同体意识融入文明创建、民族团结进步等国民教育中，做好国家通用语言文字普及攻坚工

程，提升各族群众对铸牢工作的政治认同、文化认同，使铸牢工作提质增效，为青海在铸牢中华民族共同体意识上走在前列巩固重要的思想基础。

（二）搭建实践平台，在增强中华民族的凝聚力和向心力中铸牢中华民族共同体意识

一是借助活动节点搭建文化交融平台。深入挖掘青海各民族交往交流交融的历史文化与感人事迹，充分利用赛马节、热贡六月会、那达慕大会等传统节日以及环湖赛、青洽会、文化旅游节等新兴节点，在加大各民族共享节日庆典活动的文化传承与保护的同时，引导各族群众共歌唱、同欢舞，进一步增强对中华文化的认同。二是借助互联网打造网络文化交流共享平台。随着互联网的快速发展及其在现代生活中扮演的重要角色，对促进各民族交往交流交融、增强各族人民的凝聚力和向心力的作用日趋重要。应充分重视网络发展的双刃剑，在充分利用微信、短视频、微博等平台宣传民族团结、铸牢工作的同时，也应加强顶层设计，加强网络舆论引导，加强网络规章制度，实施法制化管理，充分发挥好网络舆情在推动铸牢工作上的正向引导作用。三是借助主题活动搭建各族群众学习平台。充分利用各单位、社区、学校等开展的演讲比赛、征文比赛、网络问卷、趣味运动会等活动，将党的民族政策、民族团结及铸牢中华民族共同体意识的相关知识穿插其中，让各族群众寓铸牢中华民族共同体意识于生活各类活动中，激发他们将维护民族团结、铸牢中华民族共同体意识植入心中、印入脑中。

（三）始终坚持人民至上，在最大限度满足各族人民美好需要的进程中铸牢中华民族共同体意识

一是在推动青海实现高质量发展进程中不断彰显铸牢中华民族共同体意识的意义，鼓励各级政府将铸牢工作与其他工作联系起来，通过主动对接兰西城市群、东西部协作、乡村振兴等重大国家战略，探索如何将铸牢中华民族共同体意识渗入各项民生工作，真正做到铸牢工作的有形、有感、有效，让各族群众获得感更多、幸福感更高、安全感更强。二是努力将构建中华民

族共同体意识宣传教育常态化，通过新方法、多形式、挖内涵的方式，将民族团结与铸牢中华民族共同体意识融入工作生活的各个方面，努力打造以点连线、以线带面、面促整体的联动链，久久为功不断引导全省各族人民共同构筑起民族团结和铸牢中华民族共同体意识的坚实根基。三是充分利用好社区，引导各社区全面建设好“石榴籽家园”，充分利用民族文化墙、活动室、文化长廊、宣传栏等扎实推进全方位、浸润式的铸牢中华民族共同体意识宣传教育，使广大居民在耳濡目染中接受民族团结教育。

（四）深化文化认同，在中华文化浸润中铸牢中华民族共同体意识

一是深刻理解习近平总书记提出的“铸牢中华民族共同体意识是新时代党的民族工作的主线，也是民族地区各项工作的主线”的重要指示，根植青海文化特色，充分利用“互联网+”“民族团结进步+”等模式并加以创新升级，将铸牢中华民族共同体意识工作渗入青海文化名省建设中，融入国家文化公园建设、文旅发展等战略政策，在推动青海文化繁荣发展的同时深入推进铸牢中华民族共同体意识。二是坚持文化浸润，全面推进中华民族共有精神家园建设。深入挖掘青海特色文化资源并加以传承保护与创新发展，坚持以社会主义核心价值观引领群众、用中华优秀文化凝聚群众，持续扩展中华民族精神家园的纵深度，进一步加强各族人民的“五个认同”。三是深度融入国家文化发展战略，借助共建“一带一路”、国家文化公园建设等平台，加快特色文化挖掘保护与传承创新，加强青海与其他地区的文化和旅游交流，深化跨区域文化产业和旅游业合作，持续推进实施文化数字化战略，引导文化产业园区和各类非遗工坊规范发展，发挥集聚辐射效应，在提升其运营管理水平过程中赋予其铸牢中华民族共同体意识的意义。

皮书

智库成果出版与传播平台

皮书定义

皮书是对中国与世界发展状况和热点问题进行年度监测，以专业的角度、专家的视野和实证研究方法，针对某一领域或区域现状与发展态势展开分析和预测，具备前沿性、原创性、实证性、连续性、时效性等特点的公开出版物，由一系列权威研究报告组成。

皮书作者

皮书系列报告作者以国内外一流研究机构、知名高校等重点智库的研究人员为主，多为相关领域一流专家学者，他们的观点代表了当下学界对中国与世界的现实和未来最高水平的解读与分析。

皮书荣誉

皮书作为中国社会科学院基础理论研究与应用对策研究融合发展的代表性成果，不仅是哲学社会科学工作者服务中国特色社会主义现代化建设的重要成果，更是助力中国特色新型智库建设、构建中国特色哲学社会科学“三大体系”的重要平台。皮书系列先后被列入“十二五”“十三五”“ 十四五”时期国家重点出版物出版专项规划项目；自 2013 年起，重点皮书被列入中国社会科学院国家哲学社会科学创新工程项目。

S 基本子库
UB DATABASE

中国社会发展数据库（下设 12 个专题子库）

紧扣人口、政治、外交、法律、教育、医疗卫生、资源环境等 12 个社会发展领域的前沿和热点，全面整合专业著作、智库报告、学术资讯、调研数据等类型资源，帮助用户追踪中国社会发展动态、研究社会发展战略与政策、了解社会热点问题、分析社会发展趋势。

中国经济发展数据库（下设 12 专题子库）

内容涵盖宏观经济、产业经济、工业经济、农业经济、财政金融、房地产经济、城市经济、商业贸易等12个重点经济领域，为把握经济运行态势、洞察经济发展规律、研判经济发展趋势、进行经济调控决策提供参考和依据。

中国行业发展数据库（下设 17 个专题子库）

以中国国民经济行业分类为依据，覆盖金融业、旅游业、交通运输业、能源矿产业、制造业等 100 多个行业，跟踪分析国民经济相关行业市场运行状况和政策导向，汇集行业发展前沿资讯，为投资、从业及各种经济决策提供理论支撑和实践指导。

中国区域发展数据库（下设 4 个专题子库）

对中国特定区域内的经济、社会、文化等领域现状与发展情况进行深度分析和预测，涉及省级行政区、城市群、城市、农村等不同维度，研究层级至县及县以下行政区，为学者研究地方经济社会宏观态势、经验模式、发展案例提供支撑，为地方政府决策提供参考。

中国文化传媒数据库（下设 18 个专题子库）

内容覆盖文化产业、新闻传播、电影娱乐、文学艺术、群众文化、图书情报等 18 个重点研究领域，聚焦文化传媒领域发展前沿、热点话题、行业实践，服务用户的教学科研、文化投资、企业规划等需要。

世界经济与国际关系数据库（下设 6 个专题子库）

整合世界经济、国际政治、世界文化与科技、全球性问题、国际组织与国际法、区域研究 6 大领域研究成果，对世界经济形势、国际形势进行连续性深度分析，对年度热点问题进行专题解读，为研判全球发展趋势提供事实和数据支持。

法律声明